网球力量训练理论与实践

钱光鑑　史　兵　马孝刚　著

人民体育出版社

图书在版编目（CIP）数据

网球力量训练理论与实践 / 钱光鑑, 史兵, 马孝刚著. -- 北京 : 人民体育出版社, 2021（2023.8重印）
ISBN 978-7-5009-5972-4

Ⅰ. ①网… Ⅱ. ①钱… ②史… ③马… Ⅲ. ①网球运动—运动训练 Ⅳ. ①G845.2

中国版本图书馆CIP数据核字(2021)第031625号

*

人民体育出版社出版发行
北京建宏印刷有限公司印刷
新　华　书　店　经　销

*

710×1000　16开本　17.75印张　348千字
2021年4月第1版　　2023年8月第2次印刷
印数：4,001—4,300册

*

ISBN 978-7-5009-5972-4
定价：76.00元

社址：北京市东城区体育馆路8号（天坛公园东门）
电话：67151482（发行部）　　邮编：100061
传真：67151483　　邮购：67118491
网址：www.psphpress.com

序

骨骼肌有力量，运动更健康。

在日常生活和运动中，人体随时随地都在使用各种各样的技术动作，都是由骨骼启动关节带动肌肉产生的。在长期的研究中，我发现了力量大的源动力来自骨骼作用于关节带动肌肉一起用力，我在《力量防伤术》一书中提出了“骨骼力量”后，在《伟大的人体力量》一书中强调了“骨骼力量” 的重要性，在《力赢天下》一书中说明了“骨骼肌”力量的重要性，在本书中强调了“骨骼肌”力量的重要性，主要是想帮助大家关注、重视、提高、发展“骨骼肌”力量。因为，骨骼是人体的四纵六横、七梁八柱，具有支撑负重、运动杠杆、保护身心、储能造血、防治伤病的功能和作用，而关节作用肌肉的力量已众所周知。

骨骼是人体的主心骨，也必然是运动的主心骨和健康的顶梁柱。因此，强大的身心力量首先需要加强“骨骼力量”，肌肉力量也将随之提高。有了骨骼力量带动肌肉力量的提升才能防伤防病、运动自如。只有达到真正的“骨骼肌”有力才能拥有真正的人体力量。

加强全身心力量从提高骨骼肌力量开始！

钱光鑑

2020.5.18

前 言

提高网球水平，从力量开始。

从小到大、从少到多、从轻到重，这是运动的基本规律。而从输和受伤开始，才能真正感受到运动的“真谛”。许多著名球星、大牌明星都是从无数次失败走向成功的。世界著名的网球四大顶级赛事（温布尔登网球公开赛、法国网球公开赛、美国网球公开赛和澳大利亚网球公开赛）在成就了许多冠军的同时，也产生了大量的失败者。究其失败的最大原因，往往是缺乏力量，如身心力量、技术力量等。当然，冠军也常伴有常人未遇的伤病，这也是“无力”的代价。

网球是一项攻防兼备、考验体能的运动项目，没有力量是难以打好网球的，几个小时一场的赛事绝对是对“网球人”的综合考验和极限挑战。

网球是“极力”运动，在运动中有各种发力、受力的用力需求，因此，一定要有积极的用力意识。要强调用力的整体概念、控制力量和力量技术，充分发挥技术力量，达到力量的平衡发展；要整体用力、整体应力、全身用力才有技术效果；动作中要掌握有快有慢、有收有放、有压有弹的运动节奏；用力时要做到上下平衡、前后平衡、左右平衡、内外平衡、正反平衡，才不会受伤；以力补短、以力克敌、以力制胜，才会在对抗中立于不败之地。

网球是全身运动，因此，一定要有全面意识。力量训练主要是加强运动员的体能实力和能力，积极依靠力量方法，全面提高速度力量、耐久力量、柔韧力量、灵敏力量、反应力量、协调力量、平衡力量和身心力量，打好力量基础，才能成为战无不胜的网球明星。

网球是不规律的运动，在运动中一定要有高度的用力核心意识，建立以颈力量核心、手力量核心、腕力量核心、肘力量核心、肩力量核心、腰腹力量核心、膝力量核心、踝力量核心、足力量核心为各核心区的身体重心平衡和技术核心走向。

本书在网球训练和比赛中提出“力量优先”的命题，第一是基于力量是生命之源、健康之本、体能之首、技能之要等自然规律与加速提高网球运动技术水平的自然思维，以及在网球训练中防治伤病的迫切需求；第二是面对网球项目竞争多元化和全民参与加速化所追求的身心全面发展的科学思考；第三是既使网球水平提高得更快，又使网球运动深入生活促进大众健康，使力量成为当今网球发展的核心要素。我是力量训练工作者，有责任为网球力量训练讷言敏行。力量是一切运动的基础，也必然是网球运动的基础，任何事物都靠力量推动，网球项目也必然在力量中前行。

如何打好网球、如何掌握和改进网球技术、如何增强网球运动所需的体能、如何提高网球运动技术水平、如何在网球比赛中取胜、如何科学训练、如何降低受伤风险、如何在网球运动中得到快乐和幸福感，力量有绝对的“发言权”。如何享受网球、如何品味网球、如何创意网球，力量绝对是最好的基础和杠杆。

针对网球这项运动，加入力量元素，将是一个崭新的创举和改变；使力量这一自然现象融入网球运动，是一个全新的尝试和实践。我提出编写网球力量训练教材，得到了广泛的响应。我与陕西师范大学体育学院院长史兵先生共同指导研究生马孝刚同学，从力量的角度编写本书，展现了现代网球知识和训练比赛的“新世界”，相信会使网球人眼前一亮，同时，本书也可以成为网球力量训练的教科书，从而科学地提高网球力量水平和防治运动伤病。

如何让顶级网球运动员拥有顶级的力量、如何让世界级力量造就出世界级的网球运动员、如何让更多的人打网球，我们除了提供全面的网球力量理论知识和专项力量训练的技术规范外，还专门研定了“网球力量素质参考标准”和“网球力量训练最新方法”，让不同等级、不同水平、不同年龄的网球运动员在科学指导下增强和提高网球力量素质，引领并带动全面素质和网球运动技术水平的提升和发展。如果有效，不图大家感谢，只请大家使用，并不断提问和联络，我们共同再研发。

亚洲举重联合会副主席

中国举重协会副主席

钱光鑑

2020年5月18日

目　录

第一章 网球力量概述

【本章提要】本章主要介绍力量对网球运动的重要性，通过加强运动员的力量素质提高运动员比赛成绩和竞技水平，结合国内外力量学和网球相关文献，为力量在网球运动中的重要性提供可靠依据。同时，介绍网球力量的概念和力量的分类，总结出目前网球运动员缺乏力量训练的现状，建议运动员加强力量训练，以提高网球技战术水平。

随着网球运动的迅速发展，现代网球较20世纪有很大区别，在重视网球技战术训练的同时，对网球运动员的力量素质也提出了更高的要求，运动员的力量、速度和耐力等素质都有了很大提升。运动员在一场比赛中的击球速度通常在150千米/小时左右，发球速度能达到200千米/小时，比赛中挥拍击球次数达300多次，回合之间的时间仅数秒，每1分种的击球次数有十几次，而一场高水平的比赛通常需要持续3小时以上，需要网球运动员具有良好的力量素质，以提高比赛过程中的竞技能力。以单一技术为主导的运动员很难进步，需要集身体素质与技术于一身，才能在漫长的比赛中保持较高的竞技水平。

有统计显示，国内男子网球运动员的力量素质相对较低，运动员在比赛后半段或关键时刻常表现出注意力不集中等现象，更有部分运动员出现了较为严重的损伤，种种情况大多由于运动员身体内外部力量较差所致。运动过程中运动员通过地面反作用力于身体的骨关节力量拉动肌肉，使肌肉收缩伸展，转动身体躯干部位的骨骼肌击球。这一切力量的来源都是地面对人体的作用力，人体是由骨骼、关节、肌肉等组成，人体力量是由骨骼关节运动通过肌肉收缩伸展和运动所产生[1]，也就是说，在骨骼肌用力收缩的过程中，通过固定骨骼肌一端使骨骼肌起止点靠拢而拉动肌肉产生力量。运动员在比赛中所产生的力量也是由此发生，击球速度、力量和角度都需要力量作为支撑点。例如，想要提高发球速度就需要提高运动员蹬地、转体和手臂鞭打等动作相关部位骨骼肌的力量，所以，提高身体各环节力量是提高击球力量的主要途径之一。从网球运动的特点看，速度力量和力量耐力是网球运动的主要力量素质。爆发力是网球运动最重要的专项素质之一，网球运动的技术动作很多都需要爆发力来完成。如移动能力就需要腿部具有良好的爆发力；发球需要上肢和腰背的爆发力等。

网球运动不仅是上下、前后、左右多方向的移动，而且还有变化无穷的微转动作，动态中多角度、多方向、多幅度、多程度、多起伏充满了众多的不确定性，没有强大的力量特别是骨骼肌力量来控制就会失去平衡，没有力量引导技术就会失误，没有力量保证就会出现伤病。总之，以力量为主导的训练已成为世界网球发展的大趋势。

[1] 钱光鑑. 伟大的人体力量 [M]. 北京：人民体育出版社，2017.

第一节 网球力量绪论

职业网球赛事中的男子网球比赛每年有数百场，女子比赛每年有60站左右，职业选手要维持较高的国际排名，一般每年要参加20站以上的比赛，平均每2～3周就要打一站比赛，有时要连续参赛4～5周。历史最久、水平最高、影响最大的职业网球赛事为温布尔登网球公开赛、美国网球公开赛、法国网球公开赛和澳大利亚网球公开赛，这四大赛事均是以运动员个人身份参加的单项比赛，设有男、女单打，男、女双打和混合双打。比赛奖金数额巨大，单打冠军可获得数十万美元的奖金。以国家和地区为单位参加的团体比赛可反映国家和地区的网球总体水平，男子团体最高水平的赛事为戴维斯杯网球赛，由4场单打和1场双打组成，赢3场者为胜方。女子团体最高水平的赛事为联合会杯网球赛，由1场单打和1场双打组成，赢1场者为胜方。戴维斯杯网球赛和联合会杯网球赛以及奥林匹克运动会（简称奥运会）、亚洲运动会上的网球比赛，运动员是为国家的荣誉而战。现在国际上的网球比赛大都是有奖金、有积分、有排名的比赛，亦称ATP和WTA排名赛，大致分为发展巡回赛、挑战赛、大奖赛、大师赛、大满贯赛。发展巡回赛是最低级别的比赛，大满贯赛是最高级别的比赛，级别越高，奖金和积分就越高。上述这些比赛均采用单淘汰制，低水平选手不能越级报名参加高级别的比赛，高水平选手也不愿轻易降格参加低级别的比赛，从而提高了比赛的对抗性和观赏性，为运动员创造了公平竞争的良好环境。比赛需要运动员具有良好的力量素质，才能在后期比赛中维持自身的竞技能力，训练期间的力量训练计划应当贯穿在全年或多年训练中，运动员才能在高强度、高密度的漫长赛期获得胜利。

影响骨骼肌爆发力量发展的主要因素是骨骼肌的力量和收缩速度，增强力量和提高收缩速度都能增加爆发力。适宜的力量有助于灵敏素质的培养，可更好地控制和操纵自己的身体，力量素质是其他各项身体素质的基础。针对网球项目的特点，网球运动员的力量素质应着重发展上肢、下肢和腰腹力量。速度力量科学化控制，是从定性和定量两个方面去完成的。定性控制速度力量训练总体方向，保证速度力量训练和专项对力量的要求高度一致；定量控制则主要是从负荷上完成对速度力量训练具体过程的控制。力量训练控制的目标就是对运动员现有的肌肉工作能力进行专门的生物学改造，使其生理功能得以提高，并向专项化要求的方向靠拢。运动员想要改变网球的运动轨迹，拉大击球的角度来调动对手，离不开力量的辅助。为此，网球运动发展中需要运动员和教练员重视网球力量的训练和有意识地提高运动员各方面的力量素质。只有提高运动员的力量和技战术素养才能更容易获取比赛的胜利，靠单纯的技战术训练是很难提高竞技能力的。

一、网球力量的概念

网球力量是指网球运动员身体的力量素质。力量是运动的基础，力量素质是网球运动员专项对抗能力、专项速度、专项技术掌握与完善的基础和保障。力量训练可以保证运动器官工作的实效性，即动作效果的准确性和有效性；力量训练是运动员技战术的基础。因此，力量训练需要坚持系统性、计划性和连续性的训练原则。专项力量训练是力量训练的核心，发展专项力量应采用负重的专项技术练习，更重要的是改进“健身房”式的训练，使其在练习形式、负荷和力度上尽可能接近专项。力量分类的细化促使力量训练在任务、方法、要求和检测等方面日趋细化。周期耐力性项目的教练员对力量训练的重视程度日趋加强，力量已被视为增加有氧耐力的能力，兼顾能量供应和神经—骨骼肌系统，衔接有氧与无氧能力的“媒介”。

国外通常把体能称作“strength and conditional”，就是指专项力量体系及其相关运动素质，可见力量训练的重要作用。力量素质分类如图1-1所示，如快速力量、耐力力量、最大力量、相对力量和绝对力量等，针对人体各环节所需要的力量素质其种类也是不同的。网球运动员力量训练中各种技术以及身体各环节所要的力量区别很大。例如，女子网球运动员的身材会比较纤细，身体的绝对力量较小，这就需要教练员在训练时针对女子网球运动员身体各环节部位的力量训练进行严格控制。本文主要

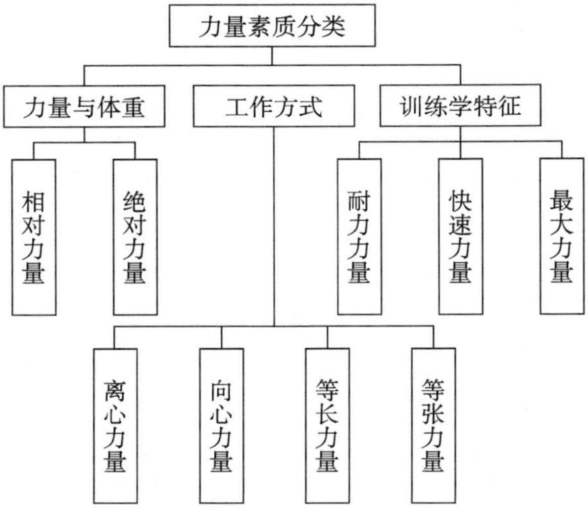

图1-1　力量素质分类

阐述的是网球运动的各项力量素质，并结合各项技术特点、身体各环节、各项技术动作的力学分析，以及网球力量康复和训练计划等，为网球运动员在力量训练时提供适当的建议和计划，为提高国内网球运动员的整体技术水平提供相应的理论支持。

二、网球力量的起源

网球运动是一项把力量美、形体美、服饰美与环境美集于一体的运动项目。比赛中竞争的激烈性与观众的文明程度有机结合在一起，是深受群众喜爱的时尚健身运动。网球力量在国内外相关学术网站上被多次提到，但全面介绍网球力量的书籍较少。国内很多网球专家在各种图书杂志上都提出过网球力量训练的一些建议，针对网球运动员力量素质特征和表现形式等都有过详细的说明。国内学者在力量训练方面上有很多的研究成果，力量训练的训练手段也得到了很多专家的支持。例如，针对振动力量、核心力量和功能力量训练方面的认识，专家指出，功能力量训练是一个更加趋于“一般性”的概念，振动力量和核心力量均属于功能力量的范畴、是功能性力量训练的一种形式。“核心力量”应与“核心区力量”有原则上的区分，在实践中有明显不同，因此，在理论上应有明确的区别。当前，所谓的“核心力量”概念不明确，应为“人体和区域力量”或“核心区力量”；振动力量和“核心区力量”在训练效应上各有侧重，但又有共同的训练指向，不能完全隔离两者之间的关系。

通过对国内高水平网球运动员力量周期安排特征进行深入分析，将网球的年度力量训练周期分为储备期、赛前小储备期和赛间保持期，并根据其赛事特征构建了网球赛间力量训练模式“靶心式”力量训练模式，即以比赛为目标，根据距离比赛的时间长短（天数）进行力量训练安排的力量训练模式。网球运动属于连续的短时间、高强度、间歇的比赛项目，运动员在每一次击球后都会有短暂的休息时间，因此，对网球运动员的短时间、高强度力量素质的要求较高。从当今网球运动的发展趋势来看，要想成为一名优秀的网球运动员，除了战术素养要达到一定水平，身体素质尤其身体各环节的力量素质才是比赛胜负的关键。联赛期间应把力量训练作为赛前的必要内容和赛前的主要手段，这样会有事半功倍的效果。因此，网球力量是起之运动、源之身心，是为适应提高网球训练比赛水平和防治伤病的需要而产生的。

第二节　网球力量的作用和意义

力量素质是运动员从事运动项目的基础，拥有良好的力量素质可使得运动员在比赛过程中表现出优异的竞技水平和竞技能力。良好的力量素质可以防止运动员在高强度比赛过程出现损伤，所以，加强网球运动员身体力量素质训练是很重要的。网球运动的健身价值高，是一项老少皆宜的运动，它的运动量可大可小、节奏可缓可急，不同的参与者能各取所需，获得理想的健身效果。

一、网球力量的作用

网球运动能极好地发展人体的灵活性、协调性和快速反应的能力。中老年人打网球可以活动身体、增进活力；女性打1～1.5小时的网球，相当于进行3000～5000米的健身跑，能有效地消耗体内脂肪，瘦身效果非常明显。网球运动员在比赛过程中，需要在短时间内回击对方球速超过150千米/小时的来球，遇到大角度回球时还需要快速转换身体位置并进行击球，如果不加强运动员的反应力量和大角度回球的柔韧力量等素质，运动员在高强度比赛中很容易出现受伤现象。网球运动中的起动、制动、加速、减速、变向动作非常多，如准备活动不充分或不到位，某部分肌肉的生理机能尚未达到适应运动所需的状态，训练水平不够，骨骼肌的弹性和力量较差，疲劳或过度负荷使骨骼肌的机能下降，力量减弱、协调性降低，错误的技术动作或运动时注意力不集中，动作过猛或粗暴，气温过低，湿度太大，场地或器械的质量不良等都可以引起肌肉损伤。会给运动员的运动生涯带来不利影响。

网球运动中，运动员想要提高击球速度和角度，就需要有较高的力量素质，尤其是快速力量素质，运动员在短时间内通过身体转动和蹬地将力量传递到球拍进行击球。速度网球、力量网球、攻势网球是当今世界网球发展的趋势。具体表现为对运动员能力要求越来越高；主要进攻技术之一的发球技术速度快、力量大；发球质量的提高带动了接发球技术更富有进攻性和多变性；底线技术进攻意识增强，全场利用正手进攻的范围扩大；正手强上旋球运用广泛，使进攻的稳定性、多变性、突发性大大地加强。以上因素需要场上步法移动速度加快、奔跑能力增强、战术节奏变化增多、攻防转化节奏加快。力量素质是提高击球速度的基础，运动员通过训练中加强身体各环节部位各项力量素质来提高击球速度，进而在比赛中借助速度、角度和力量取得胜利。

二、网球力量的意义

提高网球运动员力量素质的意义在于：为运动员建立良好的身体力量素质，在比赛中取得优异的成绩。运动员机能潜力的挖掘和运动成绩的提高，有赖于训练理论研究地不断深入和训练方法地不断革新。力量素质是指人体肌肉互相作用时克服阻力的能力，是运动员创造优异比赛成绩的基本因素，合理有效地安排力量素质训练负荷，实现力量素质训练内容与专项运动能力之间的科学定向和负荷结构的定量化、个体化，最大限度地全面提高运动员的力量素质水平，进而提高运动员创造优异比赛成绩所必须的专项运动能力。目前，国内网球运动员的力量素质训练普遍较低，相比国外运动员的爆发力和柔韧力量、灵敏力量等方面都是非常出色的。由此可见，国外网球训练时对力量素质训练有很深的认识。

网球运动损伤预防要加强全面全身心的力量训练，特别要加强腕、臂部力量训练，防止前臂骨骼肌疲劳的积累，做好准备活动及练习后的放松，提高肌肉的反应性，正确掌握“反手”击球技术。力量素质是一种控制系统，速度力量训练的定性控制依赖于方法，体现在专门性功能上，方法的准确和科学化的训练方法能够从最根本的角度去解决力量素质是否符合专项力量的专门性要求，训练方法必须和专项技术结构、骨骼肌运作的性质、特点相互吻合。训练过程中进行定量控制是将运动员的力量训练通过负荷系统中力量和强度相结合，有效地用力量训练来控制。力量训练的好与坏都取决于教练员训练的科学化水平和准确控制的程度，所以，我们需要在平时训练中进行科学地控制并加强力量训练以提高运动成绩。

思考题：

①简述网球力量的概念。

②简述网球赛间“靶心式”力量训练模式。

第二章 网球力量的来源

【本章提要】力量来源于人体的骨骼肌运动，网球运动中力量的产生是不定式的发力方式，面对不同的来球需要做出各种对应的反应。本章通过介绍网球力量运动的来源，找准力量的出发点和产生方式，使网球运动员在训练中进一步准确地提高自身力量素质；同时，还介绍了不同力量的来源方式，包括身体重心力量、扭转力量等以及运动员控制力量的方法。

力量来源于骨骼肌运动，其原理是关节收缩时所产生的力量牵引它所附着的骨骼拉动肌肉，使其在关节部位产生活动的过程。

那么，整个人体的运动是怎样产生的呢？我们都知道，做引体向上时，上肢用力向下拉单杠；在跑的运动项目中，必须下肢用力蹬地。可见，只有当人体与外界相互作用时，才能使整个人体运动起来。根据力学原理，甲物体给乙物体以作用力，乙物体将同时给甲物体以反作用力，反作用力与作用力大小相等、方向相反，作用在两个物体上（牛顿第三定律）。向下拉单杠，单杠给人体向上的反作用力，使人体上升；向下蹬地，地面给人体向上的反作用力（称为支撑反作用力），使人向上跳起；当向后下方蹬地时，地面的支撑反作用力是向前上方的，使人向前上方腾起。器械、地面等外界物体对人体的作用力称为人体的外力，正是外力作用于人体后才产生了整个人体的运动。当然，外力是多种多样的。

网球运动员想要在比赛过程中击出高质量的回球，就需要运动员充分利用身体的力量快速蹬地转体，将力量传递到球拍进行击球。而在网球运动中这种力量的来源需要我们进行分析，当明确运动过程中力量的来源和传递的顺序就很容易掌握自己的发力顺序，在状态不好或者击球力量较弱时就能够根据自身的体会和观察进行改进。本章通过网球力量的来源， 介绍几种产生力量的关键点并对身体、球拍以及球进行力学分析，从而为广大网球运动员和网球爱好者提供有效地建议和指导。

第一节　身体重心的力量

在动作系统中无论是周期性动作还是非周期性动作，混合性动作系统还是不固定动作系统，肌肉力的表现形式一般有两种：①克服身体重力和惯性力。②克服外界负荷阻力。任何一个体育项目的动作系统结构都是在不断地变化和发展的。动作系统结构的发展是为了提高运动技术和改善运动效果的需要。如前所述，运动行为的目的性与动作系统的合理性应当是一致的，然而，动作系统结构的合理性是相对的，动作系统中各个动作之间既存在着相互促进作用，同时也存在着一定的相互干扰作用。动作之间的相互促进作用是主要的，提高技术以增强动作之间的相互促进作用，减少动作之间的相互干扰是动作系统结构发展的内在动力，在动作系统结构的发展中，运动行为的目的性始终起着主导作用。随着科技的发展、运动器械的改进，以及运动员素质的提高，动作系统结构将会不断地发展创新[1]。生活中我们细微的差别都会改变身体重心的位置，如呼吸等方式，运动过程中运动员不断改变运动方向，这一切都随着运动员击球重心的改变而改变。训练过程中我们经常说的就是“往下再蹲一点”“身体重心太高了”。就是提醒运动员的身体重心太高，应当适当地降低一点。并且应对不同高度、角度的来球需要运动员不断地调节自身的重心位置进行击球。

一、身体重心的概念

在地球表面附近的物体，由于地心引力的作用，它的每一微小部分都受到重力影响，所有这些微小部分所受到的重力是一个汇交于地心的空间汇交力系。由于过程中物体的尺寸都远远小于地球的半径，因此，由物体每一微小部分的重力构成的空间汇交力系可以近似地看成空间平行力系，这个空间平行力系的合力就是物体的重量，空间平行力系的作用中心就是物体的重心。身体重心是指运动员处于不同状态下身体所有重量受到地球万有引力集中的一点，身体的重心一直都垂直于地面，因为地球引力一直有着吸引所有的重量向下运动的趋势。运动生物力学指出，在人体运动过程中的力分为内力和外力，人体的内力主要是指人体内各个部位的肌肉和关节相互作用的力，而人体外部的力可以引起系统内部各部分的相对运动，但不能引起整个力学系质心的运动。例如，在跑动的过程中，身体的重心位置是随着运动方向改变而改变的，当运动员抬高大腿或者屈膝时都会改变运动员身体重心的高度。我们常见的短跑蹲踞式起跑、立定跳远屈蹬起跳等均是为了获得快速启动速度和蹬伸力量而降低身体重心，如果不降低身体重心，人体启动就只能依靠踝关节及肌肉群的收缩，力的效果远远小于屈膝产生的支撑反作用力。

二、身体重心的运动状态

网球运动员身体重心的运动状态主要是指其在比赛过程中身体重心的运动方向，在击球过程中运动员主要是将对手的回球再次回到对方的场地中。身体重心的稳定能够使运动员在比赛过程中保持动态和静态平衡，平衡能力是人体重要的生理机能，是维持运动员姿势动作的能力，特别是在较小的支撑面上控制身体重心的能力。网球运动也是“多一拍”的运动，只需要比对手多一次击球就能赢得这一分，所以，击球的

[1] 胡耿丹，王乐军，牛文鑫. 运动生物力学［M］. 上海：同济大学出版社，2013.

方向永远都是朝着对方场地，相对应的运动员击球瞬间身体重心方向是向前的，只有身体重心向前运动才能将球打出速度和力量。在比赛中很多击球下网和击球出界都是因为运动员没能控制好身体的重心，所以，在平时的训练过程中需要运动员严格控制身体重心的位置。

比赛中网球的运动千变万化，伴随着身体位置的不断改变，通过改变身体重心来移动身体朝向来球方向，移动过程中身体重心的方向在三维空间中有前后、左右和上下3个方向。快速地完成启动，使人体从静止状态快速移动，在网球运动中，运动员通过分腿垫步来完成，分腿垫步可以保持运动员与对手和网球之间的动态关系。例如，网球运动员准备瞬间的身体姿势可以从各种准备动作得出启示，通过屈膝降低身体重心，这种降低身体重心的方法有利于减小运动员的视野范围，高度集中注意力，确保准确无误地击球，屈膝降低身体重心能够获得更快的启动速度。三维空间里运动员需要良好的掌控身体重心，理解对不同角度来球时所应该移动身体重心的运动状态。无论是身体移动时身体重心的改变还是击球时身体重心的改变都需要通过身体各关节和肌肉进行收缩来控制身体重心的运动状态。

三、身体重心的控制方法

击球时运动的身体重心可以分为两个阶段，运动员做分腿垫步之后开始降低身体重心然后挥拍击球，身体重心的运动轨迹为先向下然后再向前。身体重心向下运动时可以通过屈膝来调整，膝关节弯曲后使得整个人的高度降低，高度降低后对应的身体重心高度也就会降低。这种降低身体重心的主要优势是缩小身体空间，保护和隐蔽身体。降低身体重心是网球运动的基本动作，它贯穿网球运动的始终，在快速、力量、旋转为主的现代网球技术中其作用日益凸显。训练中培养运动员良好的降低身体重心的意识是对来球预判准确、跑动到位的必要性和重要性，养成良好的击球习惯有着积极的作用。

对身体重心的控制是核心力量训练的主要功能之一，进行核心力量训练时需创造出一种类似人体运动时的非稳定状态，使核心肌群能够在神经的调节下保持非稳定状态，并且不断加大难度，提高适应能力。运动员在球场上向各个方向移动的过程中，不断地改变身体的重心位置，在启动过程中改变身体重心位置能够增加启动过程中的速度和方向感。当运动员判断出来球在前方时就需要降低踝关节角度从而使得身体向前倾，并不是以膝关节角度为主导，因为当人体处于稳定站立状态时，身体各个关节维持身体处于平衡状态，踝关节为了使人体不向前运动就需要收缩小腿后肌群，而对应的放松这一部位肌肉就能使得身体向前运动，向左右移动时运动员通常是主动减小一条腿的膝关节角度，另一条腿向运动方向做蹬地动作，从而使身体重心向一侧倒向。向后移动时运动员需要主动蹬地转体然后向后移动，在转动的过程中支撑脚主要是保持稳定性，移动脚随着躯干转动方向向后移动。

第二节　身体扭转力量

身体扭转力量是指转动运动员身体躯干部位的运动状态，从而将力量传递到击球的瞬间。运动生理学和生物力学证实：在肌肉和肌腱中，可以储存形变势能，即做动作之前，给予一定的附加外力拉伸肌肉，使骨骼肌储存一定量的形变势能。在骨关节收缩前加上一定量的负荷，使它在收缩前的肌肉初长度处于被拉长状态，这样在骨骼肌的相继收缩中其速度和力量更大。加强运动员躯干力量训练，有效地激发其深层骨骼肌肌群，加强其躯干部位的整合能力，提高运动员身体稳定性和控制能力，从而进一步为预防损伤奠定基础。综上所述，无论是提高各种运动技术动作模式的质量，还是从预防运动员损伤的角度，积极地进行躯干部位力量素质的练习，强化人体躯干部位功能、加强对动作模式的控制和协调身体平衡能力，都是我们进行力量训练的必要工作。

在运动中，所有动作都是以躯干骨骼肌肌群为核心的动力链，强有力的躯干骨骼肌肌群对运动中的身体姿势、运动技能和专项技术动作起着稳定和支持作用。躯干力量训练将会受到广大学者和教练员的高度重视，它的发展将不在单纯针对某个骨关节和某块肌肉进行练习，而是以动力链的方式进行的。目前，无论是从竞技训练模式还是竞技训练手段，国外的发展都比较好，采用的手段比较先进，针对核心力量训练躯干力量训练等相关训练理念与方法已经发展得很广。身体扭转力量也和运动员击球站位有很大的关系，目前的击球站位分为开放式站位、半开放式站位和关闭式站位。3种不同的站位方式影响着网球运动员击球时的身体扭转强度和角度。开放式站位击球时更容易动用腰部的力量，转动弧度大，所以，击球时给予球的速度、旋转和力量均大于关闭式；而关闭式站位则更容易控制球的方向和落点[1]。身体扭转是运动或者产生更大力量的基础， 在网球这项精细的运动项目中，需要运动员特别注重身体的扭转和击球时的站位方式。

[1] 纪仲秋，李建设. 运动生物力学 [M]. 北京：高等教育出版社，2001.

一、身体扭转力量的来源

身体扭转分为下肢扭转和躯干部位扭转，这两个部位的扭转是同时发生的，通过下肢扭转将力量传递到躯干（图2-1），然后结合躯干部位的扭转力量传递到击球点。动量是身体某一部分质量和速度的乘积，可分为线动量和角动量两种形式。线动量是身体某一部分所具有的线性运动数量，对正手击上旋球非常关键；角动量是身体某一部分所具有的角度运动数量，它对击球动作而言同样至关重要。在两种不同站位方式下正手击球中，两种动量的产生都来源于地面的反作用力，并通过动力链不同的身体部分（腿→髋→躯干→上肢）顺序转动形成。

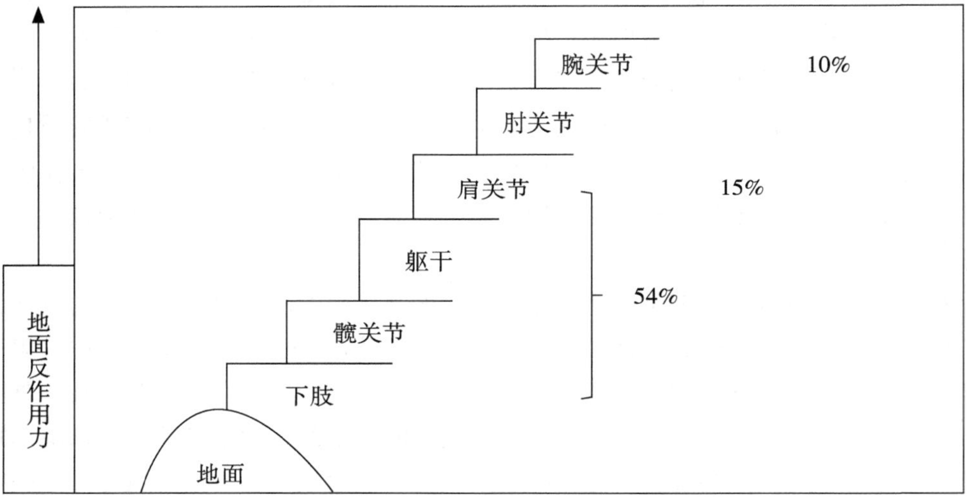

图2-1　网球运动员发球时不同环节力量发挥百分比

身体扭转力量来源于地面对于人体的反作用力，腿部骨骼肌快速牵拉使腿部蹬伸产生力量。下肢的扭转力量主要是依靠小腿骨关节和后侧肌群、大腿前肌群收缩所产生的力量，躯干部位扭转力量的来源是肩胸关节带动腰腹部位的脊椎关节和来自腰腹内外斜肌快速牵拉骨骼肌的起止点，进而拉动躯干的旋转。这种扭转力量的基础是建立于髋关节和下肢处于良好稳定状态所进行的，因为只有髋关节和下肢关节相对固定后，才能控制腰腹关节和内外斜肌的远端固定点，固定骨骼肌的一端后才能使得两点相互牵拉使身体达到扭转的目的。

二、身体扭转力量的控制

身体扭转力量的控制主要取决于运动员击球的角度和不同方式的站位，当运动员需要大角度回球时就需要快速有力地扭转身体，并且最终以身体额状面的方向指向击球方向，扭转强度过大或者过小时都很难将来球击出大角度。一般站位法更多地可能是在击完每一个球后就回到中点的位置并准备下一个球的到来。在基础的训练、比赛和教学里这样的站位算是科学合理，但在高水平的比赛里就会显出劣势。在世界级的赛场上有些球星已充分地考虑到了这点，他们在击完球后不会每次都回到中点位置，更多地是会偏离一些。像德约科维奇、费德勒、莎拉波娃、大小威廉姆斯等顶尖的运动员都会采用一种带有偏向性的站位方式。

想要打出小角度回球只需要运动员的扭转幅度相对较小，但最后额状面的方向还是指向击球方向。身体的扭转幅度是能否打出大角度的关键， 而身体的扭转幅度大小又是由运动员击球站位所决定的，比如，开放式站位击球的扭转幅度明显大于半开放式的击球站位，关闭式站位的扭转幅度更小，而且运动员的站位极其不平衡，所以，在应对不同来球时运动员选择的站位方式对身体扭转幅度有很大的影响。击球之前的预判需要运动员准确判断出来球的轨迹并对此做出恰当的站位，只有站位十分准确才能充分地利用身体扭转力量进而击出高质量的回球。

三、身体扭转力量的注意事项

练习身体扭转力量的注意事项主要是力量素质训练过程中的准确性，教练员严格观察训练的技术动作和运动员比赛中使用的技术动作是否吻合，达到练和赛的一致性。相对应的骨骼肌的发力顺序和发力部位都需要进行控制，避免训练部位与发力部位不一致，分清各项技术动作的原动骨骼肌和拮抗骨骼肌。没有恢复就没有训练。在网球运动员力量训练中不能盲目地追求大负荷，训练后必须主动积极地进行恢复，不断提高运动员的恢复能力，为长时间高强度的比赛提供充足的能量。通常网球运动员的身材相对于其他项目运动员而言比较瘦，但躯干扭转力量却很大，这就需要教练员在训练过程中加强运动员的相对力量训练，并不是简单的最大力量。网球运动员身体各环节力量和各环节的重量都要严格控制，确保力量训练的均衡性，防止训练不当导致运动员身体形态发生变化。

第三节　器械的力量

网球运动属于手持器械隔网对抗性项目，在击球过程中，身体的力量传递到球拍的中心位置。不同球拍类型的尺寸有所不同，男子运动员和女子运动员所擅长的球拍也是有所区别的。运动员的身高、体重以及球拍的重量会对拍头的速度产生影响，身高较高、体重较大的运动员在力量上会有一些优势，击球时的拍头速度也会相对更快。运动员想要提高球拍向球施加的动量，仅仅提高拍头速度是不够的，还需要考虑球拍的重量，在球拍重量和拍头速度两方面有效权衡[1]。超越器械是体育运动中一条普遍运用的规律，具有很强的通用性。狭义的超越器械是指在助跑最后阶段、开始发力之前，身体（在投掷运动中一般指的是腰部以下）以更快的速度向前运动，造成髋部横轴运动速度超越肩部横轴的运动速度，使器械远远地落在身体后面，身体处于扭紧状态，类似于一个拧麻花的身体姿势，进而形成下肢在前、上体在后的倾斜姿势。

球拍重量对拍头速度有影响，运动员更容易挥动挥重小的球拍。偏离中心击球时，挥重小的球拍产生的球速小一些，根据动量定理：挥拍速度一定的情况下，挥重越大，球拍动能越大。那么，挥重小的球拍快的挥拍速度能不能弥补它相对于挥重大的球拍的动量的损失呢？其实，球拍质量的改变对球拍击球能量的影响很小。但是，很小的球拍击球能量的改变却能对特定击球产生很大的影响。目前，流行的网球拍面积越来越小，因为小的拍面可以有效提高网球击球时的速度和力量，但也需要运动员具有良好的球感，小的拍面对网球的掌控能力有很高的要求。网线张力的区别会导致不同的击球效果。本节通过详细介绍网球球拍的类型，进而提供一个良好的选择球拍的范围，并对网球击球过程中的击球轨迹进行描述，使读者整体了解网球击球过程中球拍的击球路线和轨迹，为正确示范技术动作建立良好的动作表象。

一、球拍的分类

球拍的类型分为很多种，如表2-1所示，具体按照拍头大小分为标准型（小

[1] 蒋婷，祁兵. 网球正手击球拍头速度与击球落点准确性关系的研究［J］. 北京体育大学学报，2016，39（6）：133-137.

于94平方英寸）、中间型（95～104平方英寸），适合于力量型底线选手。大拍型（105～115平方英寸），这类球拍适合于发球上网型运动员，适合于在前场进行截击。超大型（大于116平方英寸），一般球拍中比较大的网球球拍的甜区比较大。

表2-1 不同面积球拍类型及其特点

类型	标准型	中间型	大拍型	超大型
特点	拍框小，甜区小，高磅上弦	拍框中度，甜区中	拍框大，甜区中，出球范围大	拍框多样，甜区大
适用对象	出球准确、力量集中的职业选手	力量适中、全面型选手	初学选手，青少年选手	有一定训练水平的选手
面积	<94平方英寸	95～104平方英寸	105～115平方英寸	>116平方英寸

谈到球拍的材质，以前是木质球拍的统治时期。随着金属球拍问世，结束了木质球拍辉煌了几百年的历史。球拍制造商开始用复合材料做实验，尤其是玻璃纤维和碳纤维材料。铝合金球拍：主要的结构材料由铝合金组成，这类球拍的价格比较便宜，适合初学者和业余网球爱好者使用，因为初学者对于网球拍的选择并未定型，选择一把价格合适的球拍进行练习有助于为最终定型做准备。铝碳一体球拍：主要的材料结构由铝合金组成，加上碳素纤维，将各部分连接成一体。这类球拍以漂亮的外观（没有接痕）而流行。全碳素球拍：主要结构由碳素纤维组成，重量较轻，材料的特性和拍身的结构较有利于使用者的技术发挥，大多数专业运动员都在使用这种类型的球拍。

大头球拍比传统的拍头性能好。拍头面积大，甜区也相对大。大头球拍使运动员能够更狠地击球而不用担心击球偏离中心点，同时能够产生更多的上旋。更多的上旋保证了击球的安全性，从而使运动员能够更大力地击球，充分发挥运动员的力量。这样不断相互促进、良性循环，使网球的旋转更多、力量更足。较大的拍面对网前截击具有很大的优势，拍头在击球时并不会有很大的摇动，拍面的稳定性也比小拍面好，相对省力。世界著名网球运动员张德培通过使用加长球拍，使他的发球得分数增加，他的世界排名也由原来的第8位上升到第4位。张德培说，使用加长球拍感觉更得心应手。加长球拍使张德培能够在更高的位置击球， 提高了发球的成功率和准确性，从而提高了发球的质量。网球拍由木质拍到金属拍再到碳素拍的转变过程中，球拍的质量逐渐变轻，平衡点也更靠近手腕的方向，球拍更容易挥动，挥拍速度也变得更大，因此，以同样的方式击球，现代球拍由于挥拍速度快而使球产生更强烈的旋转。另外，我们可以看到拍面面积是之前的几倍，球拍宽度多了1英寸，带来了网球旋转的再一次质的飞跃。如今球的转速已达以前转速的数倍。

二、球拍运动轨迹

网球球拍在不同技术中的挥拍轨迹是不同的，不同来球的高度、角度、速度所对应的挥拍轨迹也是有所区别的。挥拍轨迹相对比较缓慢的有助于整个引拍击球的连续性。球拍的运动轨迹是先向后引拍然后向下运动再次向前上方进行击球，缓慢的来球需要运动员在击球的过程中使自己的球拍增加接触球的时间，有效地包裹球。而球速较快的来球就需要运动员在短时间内快速引拍、制动、蓄力（超越器械）向前击球，这种球速达到一定程度时运动员甚至可以直接拉拍将来球挡回去，但这种回球的稳定性较差，只适合于特殊情况，大部分的快速来球运动通过准确的预判都可以形成良好的击球动作和挥拍轨迹。

当运动员遇到对方的大角度回球时，就需要通过快速移动并且在移动的过程中挥拍击球，这种挥拍的幅度较小，尤其是整个球拍距离身体比较近，这样有助于控制球拍的稳定性。在移动过程中保持击球的蓄力， 防止在击球时形成二次发力导致发力不流畅。大角度回球的挥拍轨迹是对方来球角度的大小来决定的，如果角度过大就需要较小的引拍缩短时间，挥拍击球时通过向下、向前迅速拉拍，大角度的回球加长了击球的路线，需要更大的力量将球回到对方场地，并且需要强有力的上旋球防止击球下网。

来球较高时，挥拍的轨迹就像是面前有很高的桌子，需要通过手掌将桌面的物体一下从右至左扫到地上，这类球的速度不快但落地后弹跳较高，对应的引拍高度相对较高，否则很容易被对方抓到进攻的机会，整个挥拍击球的轨迹比较平稳，几乎没有向下引拍。而来球高度较低时，需要运动员快速降低身体重心，将球向前推到对方场地，这种类型不适合大力击球，只需要将来球推送到对手难以回球的位置，为下一拍上网埋下伏笔即可。

第四节　网球的作用力和反作用力

在网球运动的击球过程中，运动员通过地面作用力将人体施加的力传递到球拍然后再传递至网球，依此双方来回击球。击球过程主要分为3个发力阶段：①地面与人体的作用力与反作用力。②人体与器械（网球拍）的作用力与反作用力。③器械和网球的作用力与反作用力。分析击球过程中的作用力与反作用力的目的是学会运用网球自身的力量击打网球。通过分析女子网球比赛不难发现，大多数女子网球运动员的身材都比较纤细，运动员通过与对手击球的力量进行结合，然后将球回到对方场地过程中，这种击球并不需要运动员拥有强大的力量，主要依靠技术动作的协调性和击球瞬间的发力感觉。大多数网球初学者总会感觉快速用力击球所产生的力量较大，但这种意识是不对的，重要的是如何去结合来球的力量将球回到对方场地（借力打力）。

一、地面与人体的作用力和反作用力

地面与人体的作用力是整个击球力量的来源，这也是所有运动产生力量的唯一来源。网球击球过程中通过地面作用于人体的力量传递到击球点，这种力量的大小和控制的方法都是运动员通过自身调节的，因为地面与人体之间属于力的相互作用，地面作用于人体就会有人体对地面的反作用力。击球过程就是不断地通过蹬地转体将力量传递至手臂，优秀网球运动员阿加西曾经说过，网球运动员需要一双不知疲惫的腿，因为需要运动员不断地在跑动过程中击球。

根据牛顿内摩擦定律，摩擦阻力与流体层间相对速度的横向变化率成正比，与相对运动的接触面积成正比，所以，摩擦阻力的大小与物体相对流体的速度和物体的表面积均成正比。地面与人体的接触面就是人的脚掌，不同场地的地面作用于人体的力量也是不同的。例如，红土场地中会随着运动员的蹬地造成球场的凹凸状态，虽然变化较小，但对运动员击球还是有一定的影响，所以，经常看见运动员在发球和一分结束后都会用脚掌将球场抹平，防止造成网球的不规则运动。所以，针对不同网球球场的力是有区别的，需要运动员根据具体情况进行调整。

不同的运动场地作用于人体的力也是不同的，比如，向侧向移动时通过脚掌内侧作用于地面，地面再反作用于人体进行移动。运动员所穿的网球鞋具有较好的防滑性，是为防止运动过程中摔倒，增加脚掌与地面的摩擦力，防滑性的数值可以用脚底与运动场地面的动摩擦系数和静摩擦系数的大小表示，摩擦系数越大，防滑性越好。因此，网球运动员在不同场地进行比赛时都会穿不同脚底面的网球鞋，以增大地面对人体的反作用力。

二、人体与器械的作用力和反作用力

人体与器械的作用力和反作用力是指人体和球拍的力学结构，最终将力量传递至球拍，然后加大拍头的速度进而提高击球的速度，所以，器械的力量也是网球运动员击球力量的一种来源。比如，原地持拍站立时放松手臂，骨骼肌用适当的力将网球拍握住可以明显感觉到拍头的重力，当物体拥有重力时都可以通过机械势能转化为动能或者别的力量。

优秀网球运动员在击球过程中都会充分发挥球拍的重量，并将其传递至击球的一瞬间，这个过程需要运动员在利用地面反作用于人的力量传递至球拍时， 同时将球拍的力量结合地面的力量传递至击球点，这种击球的感觉就像是球拍和手臂成为一体，加大击球时鞭打动作的用力长度，使击球更加有力量。对人体在运动中产生“失重”“超重”的问题，国内的运动生物力学教材认为：当位于支撑点上的人体具有加速度时，人体给予支撑点的压力除体重外还附加一个惯性力，这时支撑点的反作用力称为“动态支撑反作用力”。当身体加速度的方向朝向支点时，惯性力的方向向上，此时的动态支撑反作用力小于体重。

充分利用球拍力量还有一个重要的因素就是调节拍头与拍柄的位置， 比如，费德勒、锦织圭在正手击球时有一个拍柄先向后移动，然后再将拍头向后，最后拍柄向前运动带动拍头向前直至击球的动作，从侧面看正手击球时就像是在甩拍头，这样做的目的就是加大球拍的鞭打动作，手臂和球拍的鞭打动作结合后加大了击球的力量。这种击球方式在水平一般的运动员中很难发现，因为这种击球的教学还没有正式运用，大多数网球教练员还是按照传统的击球方式进行教学，尤其是在对初学者教学时，所以，教练员在教学时应当进一步分析正手击球的动作，对技术教学持有创新的意识。

三、器械与来球的作用力和反作用力

击球的最后一个环节就是球拍与网球接触的一瞬间，很多击球失误都是由于在这一瞬间没有掌握好击球的方向、力度等因素所导致的。器械（网球拍）与网球之间的作用力和反作用力与两者之间的接触面有很大的关系，两者之间的状态不同就形成了3种击球方式：上旋球、下旋球和平击球，如图2–2所示。有4种不同的击球方式主要归因于器械与网球的接触面和球拍的运动轨迹。

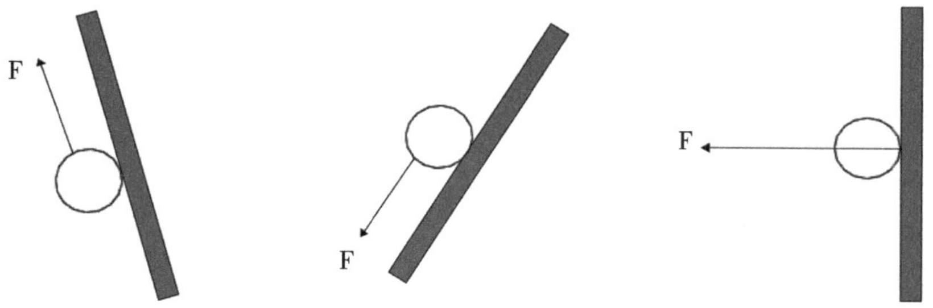

（1）上旋球　　（2）下旋球　　（3）平击球

图2-2 不同击球类型的发力方向

上旋球的击球是从下往上进行雨刷式的击球，从正面看网球可以按照钟表划分为12个小时，那么，上旋球的击球就是从6点的位置向12点的位置进行击球，球拍从下往上进行击球。这种击球的特点是球运动的弧线较高，很少下网且过网后迅速下落至球场。此时对手在回球时也很难将球回过来，因为球落地后会速度更快地向上弹起。

下旋球主要是反手运用较多，针对反手或者正手很难够到的球选择正反手的下旋球（切球）回到对方场地，正手击下旋球质量是相对较低的，对手一般遇到这种回球后都会采取主动进攻。而反手位置的切削球有一定的攻击性，比如，费德勒的反手切削球的转速能达到4000转/分钟，而且这种回球的落点都会选择在对方的反手位置，对于双反击球运动员来说这种球很难处理，单反击球运动员对这种球的运用比较具有优势。

平击球是指击球的一瞬间球拍与地面垂直，击球的速度较快，对手的回球一般都会比较被动，但是平击球的失误率又是相对较高的，因为这种球的旋转较小，容易出现下网和出界。大多数运动员在运用这种击球方式时都是在来球较高的位置进行击球。

另外还有侧旋球。侧旋球在击球过程中运用得也比较广泛，发球过程中运动员改变发球的角度就是通过侧旋球来进行的，侧旋球是从9点左右的位置向3点的位置进行挥拍击球。主要的特点就是击出的球在空中的路线就像香蕉一样的弧线，让对手处于被动的状态。正手击球中有时也会出现侧旋球，比如，在对手上网时就需要通过大角度的边线位置击球，球在空中的路线是出界，但是最终又绕过对手回到场地内。通过介绍4种不同的击球方式，可以更好地了解到网球运动中球拍与球的作用力和反作用力，两种力之间细微的改变都会对击球产生很大的影响，运动员增加对器械与网球两者之间的关系和位置的认识，可以更好地体会和理解不同情况下该使用哪种击球方式，建立正确的运动表象。

思考题

①简述球拍面积大小的分类以及适用对象。

②简述控制身体重心的重要性。

③简述个器械之间的作用力与反作用力。

④试述上旋球、平击球、下旋球和侧旋球产生的原理。

第三章 各类网球运动员身体形态与素质特征

【本章提要】 网球运动员的身体形态类型对技战术的发挥有很大影响，本章共介绍3种不同类型运动员的身体形态和素质特征，对每种运动员身体形态各环节所应当具备的力量素质进行了简单介绍。同时，还介绍了底线型、上网型、综合型（全能型）打法运动员的定义和训练特征，使网球运动员力量训练系统化，训练内容更加明确有效，以利于提高运动员的技战术水平和竞技能力。

网球运动员的打法主要是由运动员的身体形态和技术特征决定的， 表现出来的打法类型有很大的区别。但各种类型打法的运动员都有其独特的优点，同时也伴随着技战术的缺点，这是由于竞技能力的非均衡性特征所导致的。任何一名运动员都存在技术的缺点和优点，没有最好的打法，只有最适合自己的打法。按照运动员的打法（本章只介绍单打打法分类）可以分为底线型、上网型和综合型（全能型）打法，通过介绍3种打法运动员的身体形态特征、技术特征和力量特征等，为运动员定性划分自身类型，进而在力量训练时选择相应的训练方法和训练部位进行有效的训练。任何打法都客观上取决于身高（表 3–1）、体重（表 3–2），主观上取决于训练和习惯，主客观完美结合才是网球运动最好的艺术体现。

表3–1 男子八强运动员身高结构特征统计[1]

	整体		底线		综合		上网	
	n	%	*n*	%	*n*	%	*n*	%
≤170厘米	19	13.97	16	2.04	0	0	3	0.74
171 ~ 180厘米	457	33.6	313	39.92	74	42.77	70	17.37
181 ~ 190厘米	722	53.09	374	47.7	85	49.13	263	65.26
191 ~ 200厘米	153	11.25	76	9.69	14	8.09	63	15.63
≥201	9	6.62	5	0.64			4	0.99

表3–2 男子八强运动员体重结构特征统计

	整体		底线		综合		上网	
	n	%	*n*	%	*n*	%	*n*	%
≤70千克	165	12.13	80	10.2	62	35.84	23	5.71
71 ~ 75千克	255	18.75	172	21.94	27	15.61	56	13.9
76 ~ 80千克	484	35.59	275	35.08	11	6.36	198	49.13
81 ~ 85千克	281	20.66	143	18.24	45	26.01	93	23.08
≥86千克	175	12.87	114	14.54	28	16.19	33	8.19

［1］戴婷婷. 网球公开赛时代以来优秀运动员打法类型的分析与研究［D］. 北京：北京体育大学，2011.

第一节　底线型网球运动员基本特征

一、底线型网球运动员定义

运动员保持在底线抽球，利用球的落点、速度和旋转变化进行击打， 偶尔上网。澳大利亚和我国老一辈运动员多属这种类型。这种打法原来偏重防守，比较被动。近年来，在上网型打法的威胁下，出现了一种攻击性的底线打法，运动员用凶猛的底线双手抽击，使对方难以截击。世界著名网球运动员博格就是采用了这种新的底线型打法。优秀底线型网球运动员一般都能掌握扎实的正、反手抽球技术，并具有相当强的攻击能力，利用快速有力的抽球打出落点深且角度刁的球，能够一拍接一拍地大角度猛抽，并带有较强的上旋，迫使对手处于被动局面。当出现中场浅球时，以快速迎前的动作进行致命的一击，这种类型虽在比赛中很少上网，但也能抓住时机进行网前攻击。另外，在接发球和破网技术方面，能顶住对手强有力的发球，既会用隐蔽动作完成破网技术，又会抽挑结合，使对手网前难以发挥威力[1]。

底线型网球运动员在比赛过程中通过底线相持，变换击球的角度、速度迫使对方失误或者在进攻中抓住机会打出制胜分。曾经关于底线型的描述还有攻击型和防守型的分类，现在这种分类已经没有存在的必要了。网球运动员在长期的专项训练中，身体形态的塑造势必会表现出专项化的特征。如今所有的底线型选手，包括那些泥地选手都是攻守兼备， 不然无法立足于现代网坛。通过对底线型网球运动员的身体形态和技术特征进行分析，从而明确地了解底线型网球运动员应当如何进行力量训练，力量训练可以为运动员塑造良好的身体形态，良好的身体形态有助于运动员更好地发挥技战术水平。

二、底线型网球运动员的身体形态特征

身体形态有助于运动员在比赛中更好地发挥自己的优势技术，世界上优秀网球运动员大多表现为身材较高，大腿、腰部、肩部及手臂力量强大，肌肉发达（当然肌肉发达不代表力量强大，为什么有的肌肉发达不一定是胜利者，奥妙就在于力量），身体匀称等，如表3-1、表3-2所示。底线型网球运动员的身体形态特征为身材适中，体

[1] 汪杰. 拍类运动指南［M］. 武汉：武汉理工大学出版社，2004.

态均匀，不像上网型网球运动员那样瘦高。例如，纳达尔就是底线型选手，在底线周围通过强有力的上旋球回给对方，他在比赛中很少主动上网。这类网球运动员通常都拥有强有力的底线技术，通过底线回合迫使对手失误或者自己主动得分，在当今网坛80%的选手都采用底线型打法。例如，纳达尔、费德勒、德约科维奇、穆雷都是这种类型的运动员。

三、底线型网球运动员的技战术特征

底线型网球运动员以底线抽球的节奏、旋转、球速和落点变化来争取主动，摆脱被动。当对手在底线时，要到处调动他，寻找制胜的机会；当对手处于中前场时，则用破网和挑高球来化解。底线正反手击球落地球技术掌握得很好，击球速度快、落点深、角度大，斜直线变化灵活、准确，对上网型网球运动员有强劲的破网技术，或者能打出落点较深、旋转较强的上挑高球，发球、接发球技术都比较好。运动员的步法比较灵活，能够快速到达击球点的位置，尤其是横向移动轻巧、快速、准确、敏捷，并具有较好的速度耐力素质。

以较强的底线击球技术控制、调动、攻击对手，如果对手在底线则迫使他左右跑动，造成击球失误。若遇到对手的左右攻击，则以快速、准确的移动进行防守，并以较强的反攻能力扭转被动的局面。当对手出现在中场时，要以快速、大角度、低弧线的球攻击左右两大角或者对手脚下，为下一拍创造条件。对手如果出现在网前，则以快速的上旋挑高球将对手调动至底线，再攻对方的两个大角度，争取得分。这种打法的技战术指导思想是以柔克刚、刚柔并济，以快、准、变为主要进攻手段，以控制、调动、打持久战与凶狠的进攻相结合，争夺比赛的胜利。

四、底线型网球运动员的力量特征

通过描述底线型网球运动员的身体形态和技战术特征，可以间接地了解到底线型网球运动员所拥有的身体素质，尤其是力量素质。技战术特征的基础是运动员的体能，当熟悉运动员的打法后便可以进一步塑造不同打法运动员的力量特征。底线型网球运动员都拥有比较均衡的身体形态，比赛中大多数以底线左右跑动为主，运动员击球的速度、角度和力量都相对较大。所以，进一步可以得出底线型网球运动员的力量特征表现为耐力非常出色，因为在底线来回跑动需要运动员拥有较好的耐力。

这种打法原本侧重于防守，比较被动。近年来，在上网型打法的威胁下，出现了一种攻击性的底线型打法，运动员用凶猛的底线双手抽击，使对方难以截击[1]。世界著名网球运动员阿加西、卡费尔尼科夫等就是采用这种新的底线型打法。总之，不管是底线防守型选手，还是底线进攻型选手基本上都能保持在底线抽球，较少上网或利用球的落点、速度和旋转偶尔来到上网前。

下肢的快速力量也是至关重要的，运动员的快速启动和制动都是靠下肢，下肢部位的快速力量是底线型网球运动员的关键点，面对对方的快速击球，需要运动员快速移动将球再次回到对方场地。运动员的反应力量也是相对出色的，面对时速高达150千米/小时的球，在最短时间内反应来球的落点、旋转和方向，并且底线型网球运动员通常处理这种球都是用更大的力量将来球再次打回到对方场地。运动员想要通过大角度、高速度、力量大的回球迫使对方出现失误，就必须拥有强有力的手臂力量，手臂的爆发力量是提高击球速度的关键点。所以，底线型网球运动员的力量主要集中在运动的耐力力量、快速力量和爆发力量。

第二节 上网型网球运动员基本特征

一、上网型网球运动员定义

上网型打法要求选手截击球技术要好，上网时机恰到好处，每发出一记速度快、落点刁钻的球时，可采取发球后上网截击得分或在底线对攻中打出力量大、角度刁的深球时，寻找机会选择上网截击制胜。上网型打法的前提是自己打出高质量的球，而对方回球质量低时，利用步法移动抢占有利位置实施截击。上网型运动员的定义为通过高质量的发球迫使对接发球质量较低，进而选择上网截击这一类型的运动员。发球上网型选手在发球局中的主要战术，根据发球技术可以细分为“艺术型”发球上网和“强力型”发球上网。

“艺术型”发球上网在当今网坛是很难找到的，而曾经的代表人物就是拉夫特、埃德博格及亨曼，他们的发球有非常强烈的旋转，为此不惜以牺牲球速为代价，上旋发球能高跳过接发者的肩膀，迫使对手在难以发力的高度击球，从而快速上网，用出色的网前技术来拿下这一分。

“强力型”发球上网，曾经的代表人物是伊万尼塞维奇和桑普拉斯，当今的传承人是卡洛维奇，他们强大的发球往往能直接得分，至少能以球速破坏对手的接发球

[1] 王保成，王川. 球类运动员体能训练理论与方法［M］. 北京：北京体育大学出版社，2005.

质量，然后上网轻松得分。

二、上网型网球运动员的身体形态特征

上网型网球运动员的身体形态通常表现为身高较高（一般在190厘米以上）、体重较轻，拥有较长、较细的四肢。运动员较高的身高使他们的身体重心高度明显高于其他运动员，在移动方面有很大的缺陷，面对身高较低运动员的低弧线球很难打出高质量的回击球。这种身体形态导致运动员的力量较差，四肢较细使肌肉体积较小，且较高的身体重心高度使其很难将力量整合到击球点。当然，上网型网球运动员的优势也是比较明显的，这类运动员的发球速度非常快，通常能够通过发球直接得分，强有力地发球能够使对方的回球质量较差，这就使他们能够快速来到网前截击，身材高大的运动员截击的范围较大，无形中给对手带来了很大的压力。

三、上网型网球运动员的技战术特征

上网型网球运动员的打法需要比较全面的技术，尤其是强有力的发球和快速有力的中场截击技术，步法灵活快捷，上网进攻意识较强。这种打法的技战术特点为自己发球上网创造机会，通过网前有力快速多变的截击技术，或有力准确的高压技术，限制对手准确地底线击球，造成对手出现非受迫性失误或受迫性失误，从而以快、准、狠的多技术手段夺取比赛的胜利。比赛中创造一切机会和条件选择上网截击，如发球或者抽击球后积极争取上网，并在空中截击来球，使对手措手不及。这种打法积极主动、富有攻击性，上网后利用速度和角度造成对手还击困难，但主动采取上网也会冒很大的风险。优秀上网型网球运动员一般都具备良好的发球上网和抽球上网的技战术素养，发球技术凶狠、力量大、有威胁性，同时，截击和高压球的攻击力也很强大。

四、上网型网球运动员的力量特征

上网型网球运动员的力量特征是由自身的技战术因素所决定的，由于运动员的先天性身体条件决定了技战术素养的特征，对发球、正反手、截击、高压和反手切削球技术具有非均衡性特征。上网型网球运动员的力量小于其他两种打法的运动员，因为运动员比较纤细的身材导致其身体的肌肉含量和身体重量较轻，相对应的力量较小。但这类运动员拥有较长的四肢，通过系统的力量训练可加大运动员在发球技术的鞭打动作，因为鞭打动作中较长的力臂可以更好地产生鞭打力学效果。这类运动员的躯干

核心力量相对较好，因为要在发球中产生较大的力量和网前击球中，稳稳地站立于前场进行截击的前提条件是拥有良好的核心力量。上网型网球运动员的力量素质主要取决于身体协调力量，将身体各环节的力量协调地运用到击球点才能产生更大的击球力量。这类运动员的下肢较长，导致击球时的稳定性较差，底线击球中除非遇到大角度的来球，一般只需要两步左右的距离就能将球回过去，下肢部位的力量主要集中在发球时的快速蹬地力量。上肢的力量主要是形成正反手、发球中鞭打的力学原理，躯干部位的力量素质以核心力量素质为主。

第三节 综合型网球运动员基本特征

综合型网球运动员身体形态特征主要是以底线型网球运动员的身体特征为主，两种打法的整合形成综合型网球运动员。随着网球运动员身体素质逐渐提升，不管是女子单打还是男子单打网球运动员都朝着底线进攻型、全面型发展，身材高大将是单打网球运动员的选材趋势。身高影响网球运动员的技术水平和攻守能力，身材高大的网球运动员在网前、发球、高压球中拥有更强的进攻和防守反击能力[1]。如果单一以发球上网型运动员的身体形态为主将很难在底线保持较高的稳定性。这类网球运动员通常都是世界上排名靠前、技战术水平很高的网球选手，身高、体重非常均匀，能够更好地体现其技战术水平。

一、综合型网球运动员定义

综合型网球运动员是底线型打法和上网型打法的结合，结合对手情况采用不同打法，随机应变。美国著名网球运动员康纳斯就属于这种类型。优秀的综合型网球运动员一般都能掌握全面技术，无论是发球、接发球，还是截击和高压球，具有很高的水平，他们能够根据不同的对手、不同的比分、不同的场上情况采取相应的技战术。综合型网球运动员的打法一般有两种倾向，一种是倾向于网前和中场，另一种则倾向于底线。无论是哪种倾向的运动员都会在比赛中积极创造条件，针对对手的情况发挥自己的特长，增强攻击力，达到战胜对手的目的。他们会时而底线击球等待上网的机会，时而采用大力的底线击球，时而反手轻削球；他们会充分利用技术的多样性，结

[1] 陈正，刘青，唐小林. 世界网球女双发展趋势及我国网球女双发展对策［J］. 北京体育大学学报，2005，28（7）：975-977.

合敏捷的步法，机智灵敏地争取主动进攻。

二、综合型网球运动员的技战术特征

网球运动员的打法全面，特征突出，无明显弱点。发球和击落地球技术、中场截击技术都比较熟练，具有一定的威胁性，进攻的意识较强，且手段多样，战术变化灵活。网球运动员能够利用强有力的发球或者随球上网创造机会，在网前或中场进行短兵相接时能够占据底线有利的阵地，进行快速多变的底线抽击，战术手段多样，变幻莫测，能上能下，能前能后，可自如的根据场上不同的情况选择相应的技战术。既能发球上网、随球上网，在网前和中场进行短兵相接的搏杀，又能通过底线抽杀控制局面，技战术手段多样，能根据对手的情况有针对性地实施战术。拥有全面的技术和变幻莫测的战术，这听上去是很完美的，但实际情况并非如此：①因为各项技术都过硬是很难办到的事。②只依靠“综合”是远远不够的，必须拥有强大的得分武器才能在现代网坛立足。全能型的代表人物是费德勒，他依靠自己全面且没有短板的技术可以随时按照场面上的形势来调整自己的打法，正是因为其优雅的球风和打法的全面性，使其拥有极高的人气。

三、综合型网球运动员的力量特征

综合型网球运动员的力量特征与底线型网球运动员的力量特征具有一定的相似性，网球运动员拥有良好的耐力力量，以供网球运动员选择前后左右的移动，下肢的爆发力是网球运动员快速反应来球的具体变化所决定的。较大的力量是综合型网球运动员的一大特点，因为技术的全面性需要网球运动员根据不同情况做出具体的技战术选择。网球运动员技术的全面性包括高质量的发球、正反手、截击等技术，各项技术的技术动作和发力顺序有很大的差别，需要网球运动员具有良好的协调能力，否则很难转换到下一个技术动作。综合型网球运动员的击球速度相对较快，快速击球需要网球运动员全身的协调能力和足够的躯干核心力量与手臂力量，所以，这类力量素质主要是以快速力量和核心力量为主，并不是简单的最大力量。

思考题

①简述3种类型网球运动员的身体形态特征。

②简述3种类型网球运动员的技战术特征。

③试述3种类型网球运动员的力量训练注意事项。

第四章 网球力量的力学分析

【本章提要】网球力量主要体现在各项技术动作中，而各项技术动作的表现形式又是对技术动作的本身而言的。发球、接发球、正反手击球、截击和高压等各项技术动作的运动轨迹和发力方向都是不同的，相对应的每一个动作的发力部位也有所不同。所以，本章介绍各项技术动作的准确表现形式时，详细介绍了各项技术动作的发力顺序和发力部位，帮助网球运动员体会正确的技术动作，有助于力量训练与实际的发力部位相吻合，从而提高运动员各项技术动作的力量水平。

网球运动中包含各种力量的运用，不同技术的击球力量来源和发力的部位都有很大区别。本章通过对各种技术动作的力学分析，介绍发球与接发球、正反手击球、截击与高压技术的发力顺序和发力部位，为实际力量训练提供参考，进一步有效的结合训练与比赛，将训练中的内容和目标与实际比赛相吻合。力学分析是指在技术动作中分析人体、器械等相关物体之间的力学原理，不同技术动作的发力顺序和主要力量来源部位都是不同的，相对的身体各个环节和器械的运动轨迹都会有很大的差别。在网球运动中，所谓击球力量大，实际上是指物理学中的动量（mV）大。因为球体本身的质量是固定的，所以，击球力量大的外在表现形式就是球向前飞行的速度快。为此，通过对技术的力学分析，使运动员和教练员能够清楚地认识到技术动作的原理，为运动员在技术训练中提供有力的依据，进而将力量素质训练和技术动作训练相互结合，更加系统地提高网球运动员的水平，提高竞技能力从而获取比赛的胜利。

第一节　网球发球与接发球力量的力学分析

网球运动中的发球和接发球是得分的开始，运动员要想在最短时间内进入比赛状态，就需要专注于比赛中的发球和接发球技术。优秀网球运动员的发球和接发球技术在整体得分中有着至关重要的作用，运动员通过大角度、高转速、大力量的发球直接夺取一分或者抓住比赛的主动权。接发球运动员需要对对手高质量的发球进行强有力的回攻，夺回比赛的主动权。从解剖学的角度来讲，这个过程先是力量较大的下肢或躯干部位大肌群开始发力，再依次传到末端的小肌群。在这个意义上，与体育运动中的所有投掷动作类似。从力学角度来讲，它们大都是碰撞运动。用手或器械运动所产生的冲击力作用于球或物体一定的时间也就是说力（F）在一定时间（t）作用于球，该球动量的变化等于冲量。需要运动员在这两项技术方面下很大的功夫，力量素质训练和技术训练是提高这两项技术的关键。网球制胜的机制在于发球的直接得分能力和接发球战术体系的得分实力高于对手。发球力量分析中主要介绍3种发球（平击发球、上旋发球和侧旋发球）的力学分析，接发球中应对对手3种发球应当采取怎样的策略，怎样将球回到对手的弱势区域是在接发球中应当注意的。

一、发球力量的力学分析

发球主要分为3种，即平击发球、上旋发球和侧旋发球，这3种发球运用的时机是不同的，平击发球更多的运用到运动员的一发中。有时运动员也会采取侧旋发球，而上旋发球主要运用在二发中，因为上旋球具有较高的稳定性，运动员为确保二发能够准确落到界内，大多数运动员都会采取上旋发球。

发球的整个发力顺序为蹬地、转髋、转肩，最后将力量传递至击球点， 手臂在挥拍击球中主要运用了大动作的生物力学原理，产生更大的力量击球。上旋发球运用在二发中，运动员为了确保发球能够落在界内，通过强烈的上旋击球，使球的运行轨迹成一条抛物线。这种发球的发力方向是当球在下落阶段时球拍向上用力刷球，从而导致球的运行轨迹为迅速向上旋转然后迅速下落回到场地。击球时球拍与球的接触面积较小，因为较小的接触面积可以增大球的旋转，球拍面与网球的夹角在30° 左右。抛球的位置靠后，大约在头顶的位置，这个位置可以更好地使挥拍的力量方向和球下落的方向一致，产生作用力和反作用力，增大击球后的旋转速度。

平击发球和上旋发球的主要区别是一个用于一发，一个用于二发。运动员为了争取进攻的主动权，通过快速的一发将球击打过去。无论采用哪一种手法击球，只要击球的力量仅仅是一个单一的正对着来球的力量，这样击出的球就属于平击球。优秀网球运动员的一发击球速度能够达到200千米/小时，这种球只要落在界内，对方运动员的回球质量往往是非常低的，大概率会出现ACE球（即发球方的球落在有效区内直接得分）。平击发球的抛球位置在站位的右前方，这种抛球的高度比上旋球低，击球时拍面与球的角度为90° ，发球中其实不存在完全的平击发球，因为击球时总会有或多或少的击球角度。在持续两个小时的训练之后，运动员的一发失误率会有一定程度的增加。当运动员出现疲劳时，其发球的准确性会有一定的下降。平击发球完全是通过球拍的快速击打将球打到对方场地。抛球位置相对靠前，挥拍击球的路线相对较长，增加了力的长度，因此需要更大的力量。平击发球中有一个前臂内旋的动作，就像击球前的瞬间迅速看手表使得前臂内旋，前臂内旋加大了击球时的力量。

侧旋发球是指挥拍击球时通过9点左右的位置向3点左右的位置进行挥拍击球，球的旋转方向为从左向右。一般的侧旋球都是带有适当的上旋球的旋转，因为纯粹的侧旋球是不存在的，成功率也相对较低，侧旋球都是通过侧上旋球将球击打过去。这种发球技术也是用在一发中，通过强烈的侧旋发球发至对方内外角，这种球的旋转为侧旋，所以，球落地后其运动轨迹是向侧方运动，导致对手在接发球时更加难以判断球的运动轨迹。关于旋转发球，有4种不同的类型，即平击发球、切削发球、上旋发球和侧上旋发球。每种发球既有它的优点也有它的缺点。如果在比赛中，将4种不同旋转的发球有效的利用起来，将会迫使对手做适当的调整，从而打乱其击球节奏[1]。或将对手拉到场地以外，为下一拍上网或者大角度回击打下基础。侧旋球有时比一发平击球的运用多，因为这种发球所带来的角度是平击球所代替不了的，抛球的位置也是右前方，但是相对平击球位置更加靠近身体，内、中、外角度发球时主要通过球拍与球的角度进行改变。

二、接发球力量的力学分析

接发球的质量高低决定了运动员能否在这一局进行破发得分， 面对对手强有力的发球应当怎样做出回应，是发球时所应当考虑的。接发球时运动员会面临这几种情况：一发（平击球、侧旋球），二发（上旋球）。按照发球的落点不同又可以分为：内角发球、外角发球和追身球。面对这几种不同情况运动员的心理准备也是不同的，通常赛前通过观看对手的比赛视频和前几局的较量就可以判断出该运动员的发球类型，并选出相应的策略进行回击。

对手的一发速度非常快，但这类发球的质量相对较低，面对对手强有力的一发时运动员只需要快速通过分腿垫步小幅度的引拍将球回到对方场地，接这种球时不需要太大的用力击球。接发球方式是指接球时采用的技术动作。“接发球分正拍和反拍两种接法，可打出上旋球、下旋球和平击球。根据战术的需要，除了用不同的回击力量和落点变化外， 还可以直接放轻球（小球）或挑高球”。除了以上这些击球方式外，根据对大师杯赛的接发球方式的统计发现，运动员还有采用挡、拨、推送等方式接发球[2]。因为这种球速度快、击球力量大，当用力去回球时会增大挥拍的时间，并且很难结合来球的力量将球回到对方场地，所以，接球时只需要小幅度的引拍将球挡回对方场地就可以。当对手通过使用内角发球产生非常大的攻击力，因内角（*T*点）的角度非常大，接球时的反应能力很难将球回过去，就需要发球之前快速判断对手的发球意图，拥有较好的预判是提高接发球质量的关键点。

根据德国科隆体育学院原院长、训练学教授J·Mester和训练学系主任、训练学教

---

［1］陶志翔，祁兵，胡亚斌，等. 对网球发球体系的探究［J］. 北京体育大学学报，2004，27（12）：1695-1697.

［2］李庆有，俞继英，张忠秋，等. 网球接发球研究［J］. 中国体育科技，2006，42（5）：62-81.

授A・Neumaier等人对世界优秀网球运动员技术定量分析可知，对于世界一流选手，接发球跳步落地后停顿时间为20米/秒，而洲际甲级队员的停顿时间为75米/秒，这种眼睛看不出来的停顿时间减少了启动时的蹬地力量。外角发球时也需要运动员具有良好判断能力，外角发球会将运动员调动至球场外侧，所以，准确预判和快速移动是提高击球质量的关键。对手在一发中还有可能发追身球，追身球速度较快，迫使接球员要快速向左右移动自己的身体将球打回去，通过侧身正手或者反手击球是运动员的两种选择。一发时也会选择侧旋发球，这种接发球需要运动员快速准确地判断来球的运动轨迹，准确地击打球。由于第一眼观察到球和进行挥拍击球之间有时间间隔，引拍时网球在继续飞行，所以，面对对手一发侧旋击球是不能有丝毫的放松心理的，要结合来球的旋转方向和力量将球击打至对方场地。

网球运动中运动员二发球速相对较慢，通过较强的旋转将球发到对方场地，这种球的威胁相对较小，接发球运动员面对对手的二发通常都会选择进攻。因为来球的旋转是上旋球，力量较小就可以通过更加有力的上旋击球，两种旋转更加增大了击球的摩擦力，可以更加安全地将球回给对方。接发球时需要注意的一点就是分腿垫步，当对手抛球时接发球运动员快速预判对手的发球落点，然后迅速通过分腿垫步上一步回球，分腿垫步能够更好地增加启动速度，便于向左右方向更好地移动。带有旋转的上旋发球，有横向的变化，落地后反弹又高又远。旋转很强烈，在空中滞留的时间相对要长，发球者可以从中争取到更多的时间从容地跑向网前进行截击。因此，接这种球相对比较难，发到反手位置的球反弹起来即使很高，也刚好可反手侧身去接发球，即用双手持拍在高点猛烈抽击。击球时不管对手发球的落点在哪里，击球的瞬间都需要运动员保持身体瞬间的紧张，尽可能地维持身体的稳定性。并且，回球时的击球点要在身体的前侧，切勿在身体后面进行回球，面对对手强有力的一发，只要将球尽可能准确地挡回对方场地就可以，而二发中就需要选择主动进攻，通过准确预判、分腿垫步和降低身体重心将球快速有力地回到对方场地。小威廉姆斯在接对手二发时，身体重心非常低，因为较低的身体重心能够增大击球力量并且避免将球打出界，并更好地将球压下来。

第二节　网球正反手击球力量的力学分析

网球各项技术中运用最多的就是正反手击球，高水平网球运动员在每一分的争夺中都会通过5～8拍的较量才结束这一分，所以，运动员在平时练习的过程中训练最多的就是正反手击球，以提高运动员底线击球的稳定性。正反手击球是网球运动中最基本的动作，主要由4个技术环节组成：准备姿势、后摆引拍、挥拍击球和随挥跟进。通过对运动员正反手击球时的平击球、上旋球和底线击球、前场击球进行力学分析，使运动员更好地了解击球过程中的力学原理，建立正确的击球表象。正手击球的威力明显大于反手击球，而反手击球中又可以分为双手反手击球和单手反手击球，本文主要介绍双手反手击球，并辅以单手反手击球的阐述。

一、正手击球力量的力学分析

网球正手击球主要是通过蹬地、转髋、转体、转肩和手臂鞭打进行击球。其中，力量主要来源于腿部和躯干转动的力量。正手击球分为平击球和上旋球，平击球主要运用在前场且球的高度较高，只需要通过调整击球角度就能将球回到对方场地，这种击球的力量主要是通过手臂的鞭打动作产生的大力。对手回球较高和球速较慢时通常会采取这种击球方式，在击球时通过大力击球并结合球的力量。这类球的速度和力量相对较小，强力地平击球会将球打出界外的原因是在击球瞬间没有结合身体的力量，也就是当身体和器械产生瞬间力量的时刻与击球瞬间不相吻合，从而导致产生受迫性失误和非受迫性失误，击球瞬间人体姿势是相对固定的，只有人体姿势是固定的或者身体重心移动方向和速度与击球速度相吻合才能保证击球的成功率。日常训练中不但要注意加强三角肌前部、斜方肌、肱桡肌、胸大肌和肱二头肌的反应力量、最大力量、快速力量的训练，还要加强三角肌前部、腓肠肌、胫骨前肌、斜方肌部位骨关节的力量训练。

正手上旋球击球时是通过强有力的力量从球的后下方向前上方进行击球，此种挥拍轨迹的击球力量是提高网球旋转速度的关键，就像发球中的上旋发球，通过较小的接触面增加击球的旋转速度，球快速越过球网后迅速下落回到对方场地。大多数运动员在正手击球中都会通过这种击球方式将球回到对方场地，因为这种球能够确保减少失误，而平击球的不稳定性是他们不选择的理由。运动员的身高与体重及球拍的重量也会对拍头的速度产生影响，个头高、体重大的运动员在力量上会有一些优势，击球时的拍头速度也会相对更快。运动员想要提高球拍向球施加的动量，仅提高拍头速度是不够的，还要考虑球拍的重量，在球拍重量和拍头速度两方面有效权衡[1]。面对对手速度较慢较低的前场球时，要通过强有力的上旋球将球回到对方场地。由于这种

[1] 蒋婷，祁兵. 网球正手击球拍头速度与击球落点准确性关系的研究［J］. 北京体育大学学报，2016，39（6）：133-137.

球的高度较低，运动员在击球时需要降低身体重心，然后通过快速上旋击球将球回到对方场地，击球时身体重心上升度和挥拍的速度相一致，保证身体在向上移动的过程中保持稳定性。比如，纳达尔击球时运用最多的就是强有力的上旋球，使对手面对强力的上旋球很难反攻，纳达尔击打上旋球时是通过身体和手臂用力上旋击球，可以观察他的挥拍轨迹是从很低的位置用力向上，绕过头顶进行击球，并且身体重心的升降和手臂球拍的重心运动方向相一致。

二、反手击球力量的力学分析

网球比赛中运动员的反手位置通常都是对手经常进攻的位置，因为无论对手单反还是双反击球，回球的质量都是相对较低的。双反击球时击球的力量较大，需要运动员进行两三步的移动距离进行击球；单反击球虽然能够快速回到位置，但击球的力量相对较小。当运动员对其对手反手位置打出较高的球时，回球就会变得非常被动。双手持拍击球对于肩关节的活动范围较小，并且在身体额状面的移动范围也相对较小。双反击球可以分为上旋球、前场球、反手切削球击球。

比赛中的双反击球大多数都会采取上旋击球，因为上旋击球的稳定性非常高，可以提高回球的质量。双手击球的挥拍轨迹也是从球的后下方向前上方进行击球，击球时力量的来源是下肢蹬地和蹬地后保持身体的稳定，通过转体挥拍进行击球。双手握拍右手控制拍面的角度，左手用力向前击球，击球时结合来球的力量将球回到对方场地。双反击球相对单反击球稳定性较高，因为双手控制整个球拍的力量明显要大于单手控制球拍。

反手位置的前场球也是对手经常进攻的位置，前场位置的反手击球为击球增加了难度，因为双手固定球拍降低了手臂的活动范围，不如正手击球灵活。快速负重转体主要是在骨关节回旋肌群的收缩下，上体绕身体垂直轴在水平面上完成的旋转。网球正反手击球上体发力完成旋转的动作方式和发力动作的肌肉群与快速负重转体相似。面对这种来球时需要运动员快速上步，降低身体重心，通过强力的上旋球进行击球，或者来球较低时通过反手切削球将球回到对手的反手位置，也可以选择放小球将对手调动至网前。反手位置的切削球需要运动员在击球时通过身体重心前移向前切削球的中下方，击球时右手向前击球需要左手相对应的向后适当地摆动保持击球瞬间身体的稳定性。优秀网球运动员的反手切削球的转速能够达到4000转/秒，这种球旋转的速度非常快，并且落地后的运动轨迹很难判断，为运动员下一拍进攻奠定基础。目前，世界排名靠前的优秀男子网球运动员中运用单反击球的运动员占很大的比例，单反击球是就像是正手的反面抽球，这种球的力量大，但相对的稳定性较小，面对单反进攻的运动员时，对手大多数都会采取进攻运动员的单反位置。

第三节　网球截击球与高压球力量的力学分析

截击球是指运动员在球落地前把球拦击到对方场区。在网球比赛中，截击球已成为一种主要打法和进攻武器，也是迅速得分的主要手段之一。截击球技术一般在中场和近网时使用，即当球在落地之前将来球击回对方场区，可以在网前截击，也可以在场内任何地方截击空中球，是一种攻击性击球方法。网球运动员的打法分类中包括上网型打法，这类运动员采取的战术就是通过一切进攻方式上网截击和高压得到这一分。这两项技术在比赛中运用的也比较多，是结束一分的进攻方式，综合型网球运动员也会通过大角度调动对手，选择上网的机会。截击球技术可以分为正手位置截击和反手位置的截击，两种不同来球位置的截击所运用的方式也是不同的。高压技术中相对其他技术都是比较简单的，主要是在进行高压时选择合适的击球路线，避免高压不成功给对手带来反攻的机会。

一、截击球击球力量的力学分析

截击击球的力学分析主要是面对不同位置来球时的站位，来球的方向只可能是从前往后，而大多数初学者在面对截击时都采取平行站位，这就导致身体重心容易在前后晃动，击球的瞬间很难控制身体重心，导致击球失误。发球上网截击最关键的是击球点的位置，击球点离球网越近，打出的截击就越有威力。截击击球是站在网前进行击球，来球速度较快，相应的来球运行时间也是较短的，这就需要快速判断来球的方向。反应时间的长短与击球准备是相结合的，快速反应加上短距离的引拍幅度能够增加击球的准确性，如果引拍的幅度较大就会导致击球点靠后，使得击球失误。

正反手位置的截击球可以选择回到对手反手深球或放小球，这种泄力的力学原理就是击球的瞬间将力量降低到最小，击球时球拍的力量要小于来球的力量。因为来球的力量和球拍向前击球的力量是一对作用力和反作用力，两种力量的大小关系使得器械与球随后的运动状态改变。减小来球力量的另一种方式就是通过调节拍面的角度，给来球适当的角度减小力量，使球之后的运动状态为后旋，落地后是向后回弹，减短两次落地的时间，同时也减小对手的准备时间。正反手截击的准备姿势都是在胸前，便于向各个方向进行击球，球拍向各个方向的移动距离相等，相应的时间也比较短。

二、高压球击球力量的力学分析

高压球是指在头上用扣压的动作完成击球的一种击球技术，是对付对手挑高球的一项进攻技术。在网球比赛中，当运动员冲到前场击球，对手常用挑高球进行调动，如果掌握了高压球技术，给对手一个落点准、力量大的高压球，会起到决定性的作用。当运动员打出大角度的击球时，对手只能勉强通过挑高球回到对方场地，这时运动员已经站到网前等待对手的高球，这时只需要通过高压球就可以得到这一分。高压球的力学原理与网球发球的力学原理相似，与运动员站立位置的发球动作基本相同，运动员可以通过大角度（球落地的角度）增加网球的弹离距离，更加确保这一分的安全。高压球技术中的力学原理主要介绍击球瞬间的击球角度，通过调整这一角度能够选择更多的击球路线。

面对对手正手位置的高球，需要快速转体判断来球的落点，左手指向来球的方向，通过手臂鞭打动作将球回到对手场地。由于反手高压不易发力且易失误，故在比赛中运用较少，一般都及时侧身后退，打头顶高压球。当对手挑高球至左侧场边线，需被迫使用反手高压球时，应及时向左侧身，提肩抬肘，球拍低于手腕与肘关节，击球点在左上侧，击球时前臂和手腕迅速向上挥起，手腕紧固，集中精神和力量打落点以保证准确率。击球后高压球的随挥动作就像平击球一样，使球拍绕过身体，在结束时在身体的右侧并指向身后的挡网。打高压球最好是站在地上打。当判断来球时快速侧身垫步或滑步向后跳起，并和挥拍同时进行，争取在最佳击球点将球压入对方场区。需要注意的是要合理地控制击球的角度，拍面过度打开会导致回球出界，而关闭角度过大时又会使球下网。合理的控制球拍与球的角度是增加击球稳定性的关键，球在空中运行时，对手也在不断地判断运动员的高压球方向，如果被对手抓住击球的机会，对手回球的威胁力是相对较大的。所以，高压球击球时需要判断对手的位置，尽可能选择远离对手的位置击球。当对手回球的高度过高而没有太大的把握通过一次击球结束这一分时，可以选择等球落地后再进行击球，增加回球质量和稳定性。

思考题

①简述3种类型发球的力学原理。

②简述网球正反手击球力学原理的区别。

③试述对于截击球落点控制与步法之间的关系。

第五章 网球力量训练原则

【本章提要】本章将网球参与者进行了分类，分为幼儿、青少年、专业网球运动员、业余网球选手、女子网球运动员和中老年网球爱好者，对这6类网球参与者的力量训练制订了相对应的训练原则。各类参与者进行网球力量训练要合理安排训练负荷和间歇时间，保证训练的系统化和有效性，才能提高网球运动所应该具备的力量。另外，还介绍了网球力量训练的注意事项，以防止训练动作或负荷不准确导致身体受伤。

网球力量训练中，针对不同年龄段人群需要安排不同的训练强度与负荷，并根据不同网球爱好者的意图和目的改变训练负荷。例如，青少年网球爱好者大多希望能够通过网球运动提高身体素质；专业网球运动员在网球力量练习中希望制订合理的、系统的训练计划和训练内容，提高竞技能力和比赛成绩；中老年人群大多会通过网球这项运动来锻炼身体。因此，不同的人群相应的力量训练中就应该安排各自适宜的训练强度与负荷。运动训练原则是运动训练客观规律的反映，是运动训练实践经验的总结和概括，所以，它是人们进行运动训练必须遵循的。网球力量训练可分为幼儿、青少年、专业网球运动员、业余网球选手、女子网球运动员和中老年网球爱好者对6类网球力量训练制订合理的训练原则、训练安排和注意事项。为各类人群选择训练方法时提供系统的训练原则，避免因训练中负荷与强度安排不合理而导致身体受伤。

第一节　幼儿网球力量训练原则

体操、跳水等项目的优秀女子运动员在15岁左右就能拿奥运会冠军了，她们都有良好的力量素质。通过科学训练可以提升力量素质。随着网球运动的迅速发展，越来越多的网球爱好者支持自己的孩子在幼儿时期（幼年4～6岁、儿童7～12岁）就开始进行网球训练，在一个快乐成长的环境中提高孩子的身心健康水平。幼儿需要选择合适的场地和球拍，更需要进行适宜的力量训练，提高幼儿的身体力量素质。幼儿的力量训练水平与运动水平应当协调统一发展，在训练比赛中才有可能获得成功和取得优异成绩。幼儿力量训练的基本内容就是充分发展与运动员专项运动密切相关的速度、耐力、柔韧、灵敏等能力，从而促进体能和健康水平的提高，为专项运动成绩和技术水平的不断提升奠定良好的基础。

一、系统训练与适宜负荷原则

训练是不断打破平衡而又重新建立平衡的过程，持续训练可保持获得的能力。幼儿力量训练的系统训练中需要注意循序渐进。适宜负荷原则是指根据运动员机体的适应性规律，以及提高运动员竞技能力的需要， 在训练中给予相应量度的负荷，以取得理想训练效果的训练原则。幼儿处于身体发育的重要时期，应给予适当负荷的力量训练，进行小的刺激，负荷过量将会影响幼儿的身心发展。4～5岁是孩子的一个特殊成长时期，对孩子协调性的塑造有重要影响。所以，在4～5岁这个年龄段，训练计划应该是花大量的时间在全面发展简单的运动项目的兴趣爱好上。适当的力量训练孩子身体各个部位可以使孩子的身体全面健康生长。在以后学习网球技术动作的过程中，他们会比没有进行过力量训练的孩子进步得更快。

二、兴趣主导原则

网球运动员的身体素质练习具有很强的针对性，主要是进行肌肉群的力量训练。在初学阶段，这种身体素质训练对幼儿来说是非常枯燥的。教练员需要了解幼儿的心理，把训练贯穿于游戏或比赛之中。网球游戏在启蒙训练中多用于锻炼幼儿的球感、反应、灵敏和合作精神，教练员要引导幼儿在欢乐的游戏或比赛氛围中学习新技术。随着游戏重复的次数越来越多，幼儿对相应的技术就会掌握得越来越娴熟。以游戏或比赛的形式进行身体素质训练，还能够激发幼儿的学习兴趣，促使他们主动参与到游戏活动中，在愉快的氛围中训练从而增强肌肉群的力量。例如，在练习步法时，把步法练习与挥拍相结合，以接力比赛的方式进行练习，既有助于增强身体力量，又有助于激发幼儿勇于挑战的心理，提高竞争意识。

三、阶段划分原则

基础网球技术训练阶段。这个阶段主要对孩子进行基础的网球技术训练。有了力量就能保证幼儿的网球技术动作是规范的、标准的，不忽略每一个细节。否则，将来再改会很难。在训练计划中，教练员要为这个年龄段的幼儿详细地讲解几乎网球技术的所有问题。它大致可以被分为3个方面：①步法—站位和移动。②上半身—位置和动作。③球拍—位置和方向。将它们综合起来，会对最终的技术产生巨大的影响。除了技术，这个时期也应该为孩子们学习基础的网球战术做好思想准备。战术思想应从这个时候起开始融入到平时的技术训练中。我们要告诉幼儿，尽可能多的打回合球有多么重要，并且落在界内的球越多越好，至少要比对手多一次，并要求他们要努力这样做。还有心理素质问题，这对准确地打向目标、赢得一分很重要。这种心理素质在早期的网球训练中对塑造幼儿的竞争意识很有帮助。我们鼓励把这种思想运用在多种形式的竞赛中。身体训练以速度训练、协调性训练和耐力训练为核心，耐力是最主要的，可以通过多种的基础练习和小游戏增强孩子的耐力。

6～8岁是精细技术动作训练阶段。这个阶段的训练分为两部分，第一部分训练，主要是针对心理上的。同时也应该教给他们更先进的技术，主要集中在教他们打带旋转的球上（上旋和切削）。4～13岁是身体素质训练最为敏感特别是力量素质最为关键（人体的骨架）最为重要的一个阶段。要让他们有训练力量的意识，但不能追求重量，这是网球运动员力量支持的萌芽。第二部分训练，除了进一步对技术进行提高外，我们要重点培养他们的战术概念和攻防转换的思想。进行训练时，要从战术的角度出发，让他们逐渐熟悉如何才能赢得比赛，让技术训练在战术的指导下进行。接下来的战术训练部分，可以从特殊的正手开始，包括大力截击、第一截击，放小球、网前小球和正手高压。用截击、小球或是高压这3种击球方式结束对技术的拓展训练，这样，下一个时期才能有更大的提升空间。当然，每一步都离不开力量这个基础。

第二节　青少年网球力量训练原则

青少年时期是人生中最为关键的阶段，其身体素质发展呈阶梯状，各项素质均有敏感期和增长期，如表5-1所示[1]，针对不同网球力量素质，训练时需要选择相应的力量训练方法、负荷、强度和器材。青少年时期分为少年（13～17岁，其中启蒙期7～10岁、逆反期11～14岁、成长期15～17岁），青年（18～39岁，其中启蒙期15～17岁、青春期18～28岁、成熟期29～39岁）。各年龄阶段严格控制训练内容，少年时期进行力量训练需要为后期打下良好的基础，避免初期过于追求力量而进入瓶颈状态。

表5-1　青少年身体素质增长阶段和稳定阶段

身体素质	增长阶段/岁		稳定阶段/岁	
	男	女	男	女
50米	7～15	7～13	>15	>13
立定跳远	7～16	7～13	>16	>13
立位体前屈	12～18	11～20	7～12，>18	7～11，>20
仰卧起坐	—	7～12	—	>12
引体向上	13～19	—	>19	—

[1] 邓树勋，肖渝滨，林建棣. 老年人体育健身指南［M］. 广州：华南理工大学出版社，1999.

青少年时期年龄跨度较大，包括少年和青年，各年龄段身体素质和心理特征有很大的区别，因而在网球力量训练中需要针对不同年龄段的心理特征和身体素质制订不同的训练内容。严格控制不同人群力量训练的强度、负荷与密度，根据特征安排训练目标和方法，使训练内容与人体生长发育相一致。在发育时期，身体各部的生长并不是均等的，但又是互相联系与影响的。在人体生长发育早期，头部是身体最大的部分，初生婴儿的头部约占全身的1/4，6岁时头部约占全身的1/6，成年人的头部约占全身的1/8；人体躯干的比例相对比较恒定，占全身的45%～50%；上肢在初生时约占全身的10%，成年时大体仍维持这个比例；但下肢在初生时约占全身的15%，到成年时约占全身的30%。7岁前上下肢长度差不多，但进入青春期下肢生长的速度明显加快。在人体整个发育过程中，头部大约增长1倍，躯干大约增长2倍，上肢大约增长3倍，下肢大约增长4倍。少年和青年时期对实践活动的感受和领悟不同，对力量训练的认识随着年龄的增长也在发生变化。

在青春期到来时，青少年在躯体和心理方面呈现快速的发展，表现为身体急剧的生长和变化。骨骼肌等组织全面地急剧成长，生殖系统成熟，第二性征逐渐显露。随着身体的发育，青少年必须适应发展中的新自我，同时，还必须适应别人对于他的新形象所表现出的反应。然而，由于身心方面的成长不一定能平衡发展，因此，会产生不稳定的现象，在“幼稚”与“成熟”的尺度上会有大幅度的徘徊。因此，训练中要根据青少年心理特征安排相应的训练内容。

一、兴趣—游戏结合原则

兴趣是人们以意识为主导产生实践的行为，当对某件事物或某项活动感到需要，就会热衷于接触、观察这件事物，并积极地参与这项活动。少年时期是建立兴趣的最佳时机，结合网球力量训练游戏教学法，可提高少年时期对网球力量训练的兴趣。教练员引导学生进行力量训练，并将训练内容与游戏相结合，使学生在力量训练中主要体会到游戏的乐趣，间接地提高身体各环节的力量素质。游戏教学法是指在教师的指导下通过有规则的游戏活动进行的一种方法，游戏教学法在少年时期运用的最为广泛，游戏教学法可以促进学生的学习兴趣，集中注意力，提高感觉器官和大脑积极活动，提高活动的效率。使用力量训练游戏法时需要遵循以下原则：

①力量训练内容与游戏相结合。

②根据训练内容制订不同的游戏方式，训练目标与实际相一致。

③教练员根据学生身体的疲劳程度适度安排训练计划，避免过度负荷训练产生消极影响。

④合理安排游戏的形式，单人、双人或学生与家长共同参与游戏，以提高游戏的兴趣。

二、适宜负荷原则

青少年时期身体正处于生长发育阶段，各项身体素质随着年龄增长呈现出不同的变化趋势，各年龄段身体素质发展的时间也不同。网球力量训练需要根据不同年龄段身体素质发展的时期和身体承受的负荷制订相对应的力量训练内容，适当安排训练的负荷、强度和密度，使学生在训练中有效地提高身体素质。学生在训练负荷保持在一定范围的条件下，机体的应激及随之产生的一系列变化，都会保持在一个适度的范围内。

青少年时期负荷的量和强度越大，对青少年时期机体的刺激也就越深，如表5-2所示：力量训练中只有在适宜负荷的条件下才会发生生物适应现象，而当训练负荷超过一定范围且超过其最大承受能力时，人体的机体就会出现恶劣的变化。

表5-2　力量训练负荷强度分级及其训练效应

负荷强度分级	最大力量/%	RM	主要训练效应
重负荷	>90	1～4	发展最大力量
大负荷	80～90	5～10	发展爆发力
中等负荷	50～80	11～30	发展耐力
轻负荷	<50	>30	发展爆发力

三、导向激励与健康保障原则

关注运动员身体健康是以人为本的现代管理理念，作为运动训练活动的主体，运动员的健康状况对于训练活动的组织进行，以及训练效果的好坏有着重要的影响，应高度重视。因此，需要建立完整的健康保障体系，包括日常的医务监督、定期的健康体检、及时的医药治疗和发生意外伤病时的应急机制[1]。青少年时期学生对网球力量训练认识不深，往往通过体验网球力量训练中的游戏进而锻炼身体、提高身体力量，因此，教练员和老师在训练中需要担任训练的激励者和健康的保障者，这是对青

［1］田麦久. 高水平竞技选手的科学训练与成功参赛［M］. 北京：人民体育出版社，2014.

少年时期的学生实施目标控制、加强信息反馈、及时进行调节贯彻导向激励与健康保障原则的重要前提。教练员安排一切训练活动都是为了提高青少年身体素质， 为后期力量训练奠定一定的基础，力量训练的周期安排、训练内容的确定、训练方法的选择、训练负荷的把握都应该服务于这一原则，而不是盲目地、硬性地完成某一训练负荷量的要求，不应强制地去干扰青少年时期网球力量训练的计划。应对青少年时期力量训练进行科学地监控，准确把握网球技战术和力量训练的共存，把握青少年时期身体发展状况与负荷后的集体反应，准确把握青少年心理活动的状态与变化，了解青少年的认知水平和心理特征，教练员及时反馈训练计划、对力量训练实施与要求做出科学的合理调节，以求做到既能不断地激励青少年刻苦训练，又切实关心并保障青少年的身心健康。

第三节　专业网球运动员力量训练原则

专业网球运动员的力量训练不同于青少年和中老年人群的网球力量训练，专业网球运动员力量训练主要是以取得优异比赛成绩和提高竞技能力为主，所以，训练中更应注重训练强度、负荷的合理安排，系统地安排训练内容，从青少年时期开始到最佳竞技阶段的长期性，严格划分训练计划的阶段性， 循序渐进地提高运动员的竞技能力。

专业网球运动员的力量训练中应当结合专业运动训练的原则进行安排，安排训练原则时，要顾全运动员的力量素质和技战术能力。优秀网球运动员的最佳竞技年龄为25岁左右，他们大多数都是在少年时期就开始接触网球，并不断地提高竞技能力。所以，网球运动的训练原则应当与多年训练计划、训练技战术、运动员身体素质相结合，才能在最佳阶段体现出优异的网球竞技能力。专业网球运动员力量素质训练应当遵循以下原则。

一、专向激励与健康保障原则

专业网球运动员的力量几乎从少年时期就开始进行针对性训练，少年时期进行力量训练需要教练员通过导向激励，不断引导激励其在少年时期提高网球力量训练。人类从事任何活动，动机都起着重要的作用。需要不断地激励运动员进行艰苦的训练，不断地完善正确的动机，对于运动员竞技表现的社会认同和事业荣誉感会使运动员的高层次人生需求得到满足，运动员由于创造竞技成就而获得的物质奖励则会使运动员享有相应的生活水平。同时，需要教练员保障运动员的身体健康，避免他们因过度力量训练导致身体出现损伤，进而造成后期加大力量训练出现障碍。应切实保障运动员的身心健康，结合专向激励与健康保障的协同效应，使训练工作得到成功。

二、竞技需要与区别对待原则

竞技需要与区别对待原则是指根据网球比赛的特点和运动员在比赛中的需求，从实战出发，科学地安排训练周期、阶段划分，以及训练内容、方法、手段和负荷等。网球力量素质训练需要根据网球比赛中的表现，对网球运动员身体各环节部位的力量进行分析，以便教练员明确如何加强他们的身体力量素质或是应该加强身体哪一环节部位的力量。网球运动员并不需要较大的绝对力量，但必须要具有强大的爆发力，且身体各关节部位的力量都要很强，所以，如图5-1所示，训练中需要教练员严格控制力量训练的整体性。针对不同训练阶段和运动员的个性特征制订不同的训练内容，明确训练的阶段性，不同训练阶段的训练内容和方法有很大的区别。运动员的身体形态和属于哪一类型是教练员需要明确的，不同类型网球运动员的打法不同，所以，应当尽早确立运动员的打法类型，便于后期训练身体各环节部位的力量素质。

方法		持续训练法	间歇训练法		重复训练法
			小强度	大强度	
图示		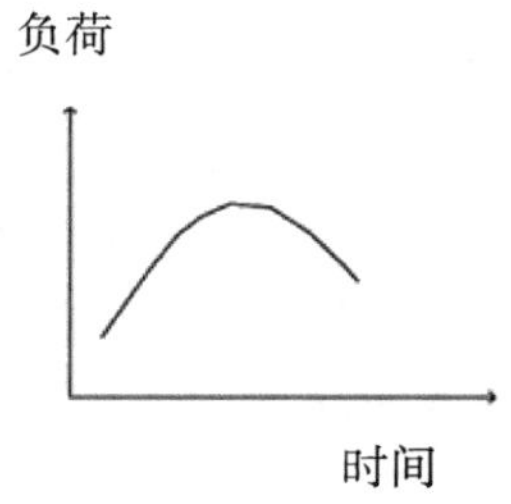	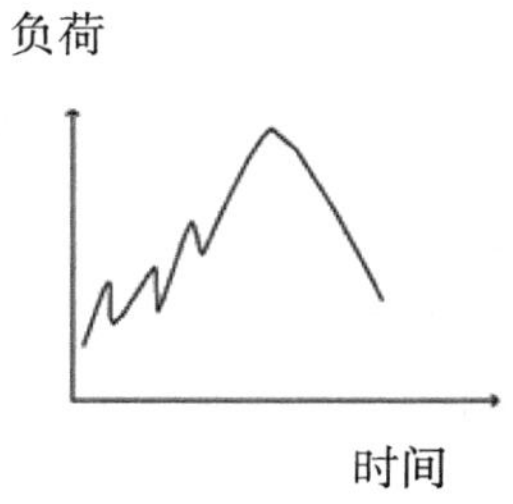		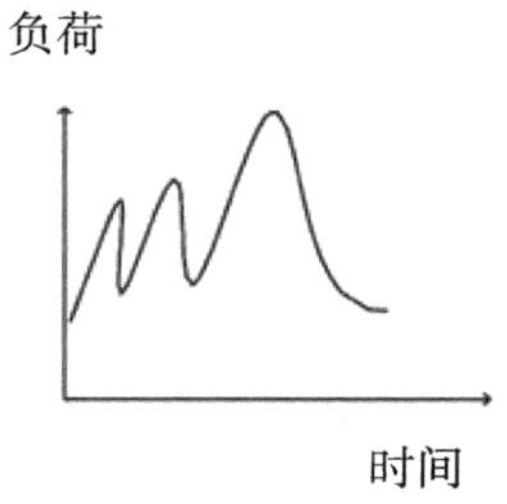
负荷	量	大	中大	中小	小
	强度	小	中小	中大	大
	间歇	无	不充分休息		相对充分休息
主要发展力量素质		一般耐力 力量耐力	一般耐力 力量耐力 专项耐力 速度耐力		最大力量 快速力量 速度耐力 最大速度

图5-1 不同训练方法与负荷对应的力量素质

三、系统持续与周期安排原则

系统持续与周期安排原则是指运动员应该系统地从事训练，并阶段性地做出周期性安排的训练原则。网球运动员的力量训练需要逐渐地提高自身的竞技水平，持续的力量训练不断累加，而活动的间断则会降低训练效果。一名优秀的网球运动员需要在多年系统地训练中培养出来，年度阶段训练中也要保持好连续性。将全年系统持续训练分解为若干个训练周期，不同时间跨度的多个周期组合成系统的运动训练过程，同时，发挥好两个周期之间的协同效应，对运动员整体网球力量训练有着重要的作用。周期安排原则是指周期性地组织运动训练过程，也就是依照运动员机体的生物节奏变化规律、运动训练的周期性特点，以及运动竞赛安排的周期性特点， 按一定的动态节奏、循环往复、逐步提高地安排训练内容和负荷量。多年训练分为4个阶段：基础训练阶段主要以发展一般运动能力为主，时间为3～5年；专项提高阶段主要以提高专项竞技能力为主，时间为4～6年；最佳竞技阶段主要以创造优异成绩为主，时间为4～8年；高水平的竞技能力保持阶段主要以努力保持专项竞技水平为主，时间为2～5年。运动员如果没有专门的力量支撑， 不但难以坚持下来，更不可能达到高水平。

四、适当负荷与适时恢复原则

适当负荷原则与适时恢复原则是指网球运动员适应高强量、高强度训练的规律，以提高网球运动员的竞技能力，训练中给予相应的训练负荷， 训练后期消除运动员身体的疲劳。如图5-2所示，严格按照训练负荷的划分制订相应的训练计划，训练就会出现疲劳的产生，当训练负荷过强后就会产生身体的疲劳机制，再通过一段时间后出现超量恢复，最理想的状态为超量恢复出现在比赛中。适当的网球力量训练负荷使运动员机体达到相应的疲劳程度，消除机体在训练负荷影响下产生的疲劳并促进机体的良性补偿使运动员的竞技能力得到提高。网球力量训练时负荷与调整、消耗与补充、疲劳与恢复是训练过程中无时不在的矛盾。训练中需要教练员严格控制训练的强度与负荷，保证运动员在训练后期得到超量恢复，避免因过度训练使运动员产生疲劳状态。不同阶段需要合理地安排训练内容，因为每一阶段的训练目标不同，训练中的方法和手段也不同，在训练实践中，对机体负荷通常是连续施加的，几次负荷之间不同的间隔与练习， 都会产生不同的效果，所以，训练中应当注重训练的整体安排，保证运动员在训练后得到完全恢复，使训练更加经济有效。

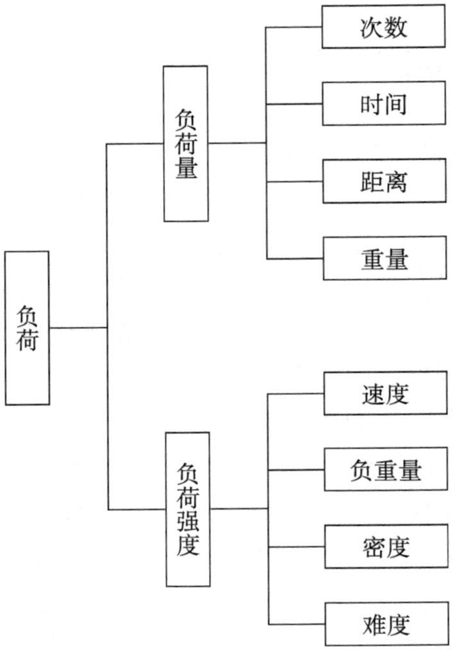

图5-2　运动训练负荷的组成部分

第四节　业余网球选手力量训练原则

国内业余网球比赛已经成为一项正规赛事，近年来中国业余网球俱乐部联赛在全国盛大召开。1998年第一届全国业余网球大赛、1999年中国城市业余网球团体赛和全国业余网球晋级总决赛等赛事大大调动了中国人参与网球运动的积极性。比赛的承办城市规模较大，珠海、上海、北京、郑州、武汉等城市都相继举办了重大的网球业余比赛，中国网球协会对各项赛事都有相关的排名。这表明我国业余网球爱好者人数较多，并且各大城市之间赛事较多。网球爱好者增多的同时也需要他们能够学会怎样制订自己的训练计划和医疗保障计划，保证自身身体素质在比赛水平方面有所提高。本节通过介绍业余网球选手在力量训练中应当遵循的原则，保障业余选手在参赛过程中保持良好的力量素质，提高技战术水平。业余网球爱好者大多数都是与网球相关专业的学生或者教练员，虽然从小经历过正规的训练，但训练后期由于种种原因并未走上职业道路，他们对身体素质和技战术训练有一定的认识。相对职业运动员比赛来讲，业余网球爱好者的赛事水平较低，但对业余网球运动员的身体素质而言又有很高的要求。本节将详细介绍业余网球爱好者的力量素质训练原则，为运动员在训练中提供相应的训练原则和储备力量训练的相关理论知识。

一、适宜负荷与及时恢复原则

业余网球选手在进行力量训练时，应当注意训练负荷的合理分配，保证训练中适度的训练负荷对肌肉的刺激，严格控制训练中的强度、密度、深度，针对身体不同环节部位训练能够有区别的对待，安排不同的训练方法和训练内容。只有适宜负荷才能对肌肉产生有效的刺激，训练负荷过大会严重破坏肌纤维，造成体内激素失调引起身体各种不适应现象，过度负荷下出现劣变反应。适宜的运动训练负荷使运动员机体发生相应程度的疲劳，及时消除机体训练负荷影响下产生的疲劳并促进机体的良性补偿，使运动员的竞技能力得到提高。业余网球选手在力量训练时，需要制订适宜的训练负荷，避免训练中训练内容或计划安排不当而导致身体出现损伤，并在训练结束后安排一定的恢复训练，保证训练疲劳状态能够快速恢复，尤其是运动员身体关节部位的训练和恢复。网球运动中的发力都是以不定式发力方向开始发力的，面对不同形式的击球，需要运动员改变身体关节位置进行击球。所以，训练中制订适量的关节力量训练，保证身体各关节力量都能得到提升，训练后关节周围的肌肉和韧带进行拉伸，加速骨骼肌力量的恢复速度，快速提高骨骼肌的利用率和训练效果。

二、循序渐进与健康保障原则

循序渐进原则是指对训练内容保持循序渐进逐步提升的训练，适应身体机能的适应过程，避免训练开始就进行较大强度的训练。不少运动员在训练中试图挑战训练负荷的极限，以求得比他人更快更大的提高，而往往会导致运动创伤和疾病，甚至使伤病加剧严重影响健康，这违背了从事体育运动的根本宗旨。业余网球选手参加比赛和日常运动中应当保护自身的健康，以确保自身身体健康为第一位，认真贯彻健康保障训练的原则，为自身的健康提供有力的保障。日常训练中结合适宜负荷原则合理地安排训练计划，为及时恢复提供一定的条件，使身体素质在消耗—恢复—消耗的过程中循序渐进地提高自身力量素质。

三、系统持续与周期安排原则

系统持续原是指整个阶段性训练中保持训练的持续性和系统性，建立完整的训练计划和训练内容，尤其是训练计划中的持续性。最初个人比赛计划中就应当制订十年或者整个生涯的计划，而不是单一的年度训练计划。培养运动员自身的竞技能力和竞技水平应该是在多年系统的训练过程中培养出来的，并在一个年度、一个阶段的训练中，保持良好的连续性。业余网球选手与职业选手同样应当遵循周期训练原则，周期性的安排好运动训练过程，处理好负荷与恢复、分解与综合、训练与竞赛的有机结合，是设计、组织运动训练过程的重要原则。业余网球选手在训练中着重体会阶段性的衔接，保证力量训练的持续性，防止长期训练中出现的涨停现象，尽管赛程可能出现间隔性变化，但对于训练的整体性还是应当循序渐进地训练。网球力量训练中保持竞技能力、身体素质和比赛进程的周期性原则，控制各种间接因素对比赛的影响，确保比赛中取得优异成绩，表现出应有的竞技水平。

第五节　女子网球运动员力量训练原则

中国女子网球选手登顶世界网坛，优秀女子网球运动员李娜更是拿到了大满贯冠军，2004年奥运会上李婷、孙甜甜获得了女子双打冠军，2007年中国女子网球队首次打入世界最高级别的联合会杯网球赛八强。我国选手郑洁、晏紫又历史性地获得了澳大利亚网球公开赛和温布尔登网球公开赛两项大满贯赛事的双打冠军。而在2003年初，郑洁、孙甜甜世界单打排名仅为198名和230名，李婷、晏紫则在400名开外。郑洁/晏紫、李婷/孙甜甜的世界双打排名也只在400名左右。女子网球的成功将我国网球事业推到了一个前所未有的高度，取得如此优异的成绩并不是偶然的，从网球科研到实地网球训练中都下了很大的功夫。李娜等优秀运动员的成功说明了女子网球运动员进行力量训练的正确性。随着李娜等优秀运动员退役后，国内女子网球运动员的成绩逐渐呈现下滑趋势，这是我们需要关注的。日常训练中，女子网球运动员的力量训练应当得到特别重视，要加强女子网球运动员的身体各环节力量。力量训练中，训练原则是重中之重，要严格加强运动员训练的系统化和整体性，逐步制订运动员力量训练的计划和原则。

一、力量素质与技战术结合原则

力量素质训练是提高运动员技战术水平的基础，身体素质训练是提高一般运动素质能力和专项素质能力的保障，网球技战术水平是赢取比赛的关键，两者既有区别又有一定的联系。力量素质训练的目的是提高运动员所必须的身体机能，发展运动员身体素质，掌握网球运动中的技战术素养，这是女子网球运动获胜的关键。根据现代网球运动的特点，各个时期技战术和身体素质的要求有很大的区别，应当合理安排各项力量素质训练的练习手段，注意从女子网球运动员的实际情况出发，因人而异、区别对待网球力量训练的内容，将运动员的力量素质训练和技战术水平结合在一起。有了全面身体训练的基础再进行专项身体训练，才能有效地促进运动技术水平的提高。教练员制订力量训练计划时应当适宜地添加技战术训练内容，保证运动员将集中战术训练和身体素质训练相结合，技战术训练中尽可能多地运用各种比赛类型的训练方法，提高女子运动员对不同赛况技战术的运用能力。提高训练的目的性、针对性、仿真性， 在训练内容的比例上应当达到技战术和身体素质训练的平衡，保障运动员在力量素质和技战术两方面都得到提高。

二、全面与特长技术结合原则

很从因素都会影响网球比赛的最终成绩。从技术层面上就可以分为正反手、发球、截击、高压、接发球等技术，球场面积大则进一步增大网球技术的难度。所以，女子网球力量训练中应当加强运动员的全面技术和特长技术的结合，保证在拥有全面技术的基础上加强自身的特长技术。女子网球比赛中全面的特长技术较多，但运用的比例也有一定的明确分配，比如，比赛中运用最多的就是正、反手底线击球和发球，女子网球比赛中运用截击和高压技术较少。因此，训练中应当加强运动员全面技术和特长技术，比赛中在保证自身全面技术发挥的基础上，运用最具攻击力的特长技术获取比赛的胜利。女子网球运动员的特长技术是根据运动员的身体形态和技战术特点而决定的，比如，正手击球所带来的攻击性较大，运动员通过加强正手击球的力度和速度会给对手带来更大的压力；奔跑速度和步法灵活等都是运动员的特长技术，训练中应当加强运动员的特长技术训练，保证运动员的长处能够充分体现在比赛中。

三、训赛结合原则

网球比赛中运动员处在高强度间歇运动中，短时间的间歇为运动员带来体力恢复，而训练中往往是对各项技术的单一训练，旨在提高运动员某一方面的技术水平。因此，训练中应当加强训练和比赛的结合，保证运动员在训练中的表现能够实际运用到比赛中。女子网球训练中加强运动员的力量训练是提高运动员的技战术水平的关键，训练期间适宜的安排比赛能够提高运动员训练的积极性，通过比赛观察运动员训练的进展情况，诊断运动员在哪一方面还需要做进一步改正。适当地观看高水平运动员的比赛，运动员应当有选择地参赛，保证在比赛中能够做到以赛代练，实现可持续地、有效地训练积累。女子网球运动员有针对性地技战术训练和心理训练，以及比赛意识和适应能力的提高，往往要通过比赛来完成。

第六节　中老年网球爱好者力量训练原则

随着网球运动的逐渐发展，越来越多的中老年网球爱好者参与到网球这项运动中。网球属于隔网对抗性项目，练习过程中不会有身体冲撞，能够在有效地保护好中老年人的身体健康的同时增强身体素质。网球运动中跑动的距离相对较小，更多地是提高练习者的心肺功能和一小部分的骨骼肌力量，所以，需要进行网球力量训练，一是提高自身力量素质， 二是为网球技术奠定一定的力量基础。

中老年人打网球主要是通过网球这项运动提高自身身体素质，保持一定的肌肉力量，避免身体素质下降过快。首先是身体形态上出现变化，如体重、围度方面的指标开始出现增长的趋势，一般常见为人到中年后，逐渐开始出现身体发胖、体重增加等现象；由于身体内部机能的变化，开始出现白发或皮肤因缺乏弹性而显得松弛、脸部出现皱纹等。其次，身体机能、身体素质上出现变化，如骨的变化，据测算，35~45岁人的骨骼开始损耗，且与年龄呈线性关系，到中年后期，人体单位体积内骨质量减少，骨质密度降低，容易发生骨质疏松；以力量素质为例，进入中年后，力量素质逐渐呈现出下降的趋势，其他一些身体能力也明显存在退行性变化现象；由于身体机能和素质的逐渐下降，导致中年人对内外环境的适应能力随年龄的增长而逐渐减弱。所以，在网球力量训练中需要严格控制训练的强度与负荷，保证中老年人在适当增加身体力量的情况下提高自身身体素质。训练中教练员应适当掌控练习者的动作表现，避免因过度训练造成身体的损伤。网球力量训练中应当遵循以下训练原则。

一、适应负荷与健康保障原则

适应（即与年龄相对应）的负荷强度是健身运动定量化和科学化的核心问题，也是取得较好健身效果与安全保障的关键。如果负荷强度安排不当，即使选择了合适的运动项目，也难以达到健身的目的。强度过小， 起不到健身的作用；强度太大、持续时间过长，会使身体受到损害，体弱者甚至有致命的危险。因此，确定适应的负荷强度至关重要。中老年网球爱好者进行网球力量训练时需要严格控制训练负荷，切记负荷不能过大，过度训练会严重损害身体。健身运动的初期，运动负荷和运动量要小， 经过锻炼，适应后再逐步增加至适应的运动负荷和运动量。经过一段时间锻炼后，运动时感到发热、微微出汗，运动后感到轻松、舒畅，食欲、睡眠均好，这说明运动负荷和运动量合适。锻炼的动作应遵循由易到难、由简到繁、由慢到快的原则，时间也要逐渐增加。

中老年网球爱好者运动时，可根据运动后即刻脉搏变化和恢复时间来控制运动量。老年人的适宜运动量可用170减年龄这个公式来掌握，即运动后即刻脉搏达到110次/分钟，5～10分钟脉搏恢复到安静时水平较为适宜[1]。训练中时常监控人体的健康状态，保证在负荷适宜的情况下能够增强中老年网球爱好者的身体健康。中老年网球爱好者在进行网球力量训练前应当做一次身体检查，通过检查了解自己的健康状况和内脏器官的功能水平。训练时，根据人群的年龄、性别、体力特征、健康状况和运动基础来制订相应的训练方法和训练内容。建议在训练中采用弹力带和健身球等训练器材，适当地使用杠铃进行训练。

二、目标控制与内容合理原则

网球力量训练一定要持之以恒，但中老年网球爱好者要根据身体状况而定，如每周锻炼2～3次，每次锻炼30分钟左右，科学地进行组合式的持续训练。同时，要合理安排锻炼时间，养成按时锻炼的良好习惯。只有这样才可使身体结构和机能发生良好的变化，增强身心健康。要学会观察并记录自己的脉搏、血压及其他健康状况，以便进行自我监督，防止过度疲劳，避免发生运动损伤，从而提高锻炼效果和健康水平。运动时要注意适当安排短暂休息， 运动前后要认真做好准备活动和整理活动。中老年网球爱好者锻炼时气氛应轻松愉快、活跃，尽量避免做憋气的动作和参加精神过于紧张的比赛活动。如在运动中出现脉搏过快、过慢或变得不规则时，应立即停止锻炼，前往医院检查。遇有感冒或其他疾病以及身体过度疲劳时，应暂停锻炼，并及时进行治疗或休息。只有进行科学的力量训练，才能使中老年网球爱好者达到健身祛病和延年益寿的目的。要遵循目标控制和内容合理的训练原则，逐步提高或巩固身体素质的强度。

三、力量训练禁忌原则

①中老年网球爱好者切忌进行激烈竞赛：要重在参与、健身，不可争强好胜，激

[1] 王瑞元，苏全生. 运动生理学［M］. 北京：人民体育出版社，2002.

烈竞赛不仅体力承受不了，而且还易发生碰撞、摔倒及情绪激动等不利情况。②切忌负重憋气：憋气用力会加重心脏负担，引起胸闷、心悸；憋气时因胸腔的压力增高，回心血量减少脑供血减少，易发生头晕目眩，甚至昏厥；憋气完毕，回心血量骤然增加，血压升高，易发生脑血管意外。③忌急于求成：中老年网球爱好者对体力负荷适应能力差，因而在运动时应有较长时间的适应阶段，一定要循序渐进，切忌操之过急。④切忌头部位置过分变换：中老年网球爱好者不宜做快速的低头、弯腰、仰头、身体左右侧弯，更不要做头向下的倒置动作，这些动作会使血液快速流向头部，易发生血管破裂，引起脑溢血。当恢复正常体位，血液又快速流向躯干和下肢，导致脑部发生缺血，出现两眼发黑、站立不稳甚至摔倒的情况。⑤切忌晃、摆和旋转：中老年网球爱好者往往协调性差、平衡能力弱、肢体移动迟钝，因此要避免做此类动作。

第七节　网球力量训练安排及注意事项

力量训练安排必须坚持不断地进行才能使力量逐步提升，这就需要系统的训练安排监控整个训练计划。如图5-3所示，青少年网球力量训练中需要严格控制训练的强度、负荷与密度，进行科学系统的训练才能提高青少年的各项力量素质。青少年时期网球力量训练的时间、训练量度和计划都需要进行合理的安排，比如，速度力量训练安排在训练课前期，运动员身心处于放松和精力充沛的情况下训练，训练的量度小、时间短，训练的强度为中低等强度。各项力量素质应当遵循一定的安排。

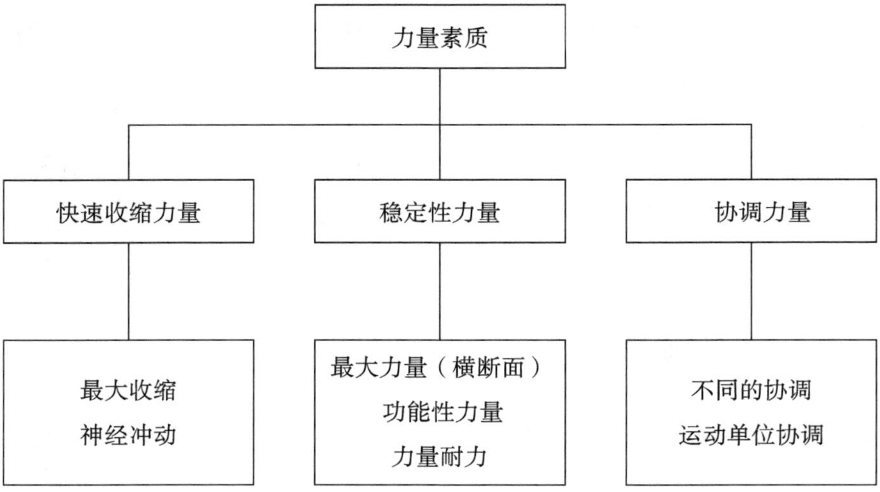

图5-3　青少年网球训练中力量素质的不同表现形式

一、速度与耐力力量素质训练安排及注意事项

7～13岁处在速度素质的快速增长期（敏感期），神经系统、协调能力在此期间发展很快，抓住这一阶段的速度素质训练有助于促进动作频率、单个动作速度以及反应速度快速发展。13岁之前的训练重点应该放在动作速度和跑的频率上，提高青少年的兴趣和积极性，防止训练中因疲劳而产生的不良影响。13岁后在保证动作速度和跑的频率基础上，采用提高速度力量和肌肉最大力量的训练方法来增强耐久力量。

青少年时期网球力量训练需要综合其他各项素质促进速度素质，特别是快速力量和柔韧性，这是影响速度素质的重要因素。采用40%～60%的强度多次重复快速训练，青少年时期可以使用各种器械进行力量训练，尽量不采取负重训练，要避免杠铃负荷对身体产生损害。此阶段训练主要是提高运动员骨骼肌收缩的功效，同时能够提高骨骼肌的协调性。青少年时期需要加强速度力量训练基础，变换训练方法的多样化，避免后期在速度力量、速度素质训练中出现“速度障碍”。

在13～14岁时，大脑皮质的抑制过程得到发展，动作的协调性有所提高，但由于分化能力尚不强，分析综合能力不及成人，又受到小骨骼肌肌群发育较迟的制约，致使他们在运动中对距离、时间、速度和力量的判断力不强，骨骼肌的运动感觉不够精细，所以，仍难以掌握复杂精细的技术动作。青少年时期有氧耐力会影响后期身体素质和运动成绩，应为提高青少年时期有氧耐力力量，倡导青少年时期提高最大摄氧量，培养良好的力量训练习惯。耐力训练的频率为3～4次/周，时间为50～90分钟/次，旨在进一步提高摄氧量的峰值。

青少年耐力训练不仅是身体的训练，也是培养意志的过程。耐力训练时要加强运动员的意志力培养，调整心态，做好负能量的疏导和调控。青少年耐力训练需要进行适当的专项训练，发展青少年耐力可借助游泳来进行训练，这能有效地提高青少年的有氧耐力。训练时要注意科学的呼吸方式，注意呼吸的节奏、呼吸的频率与深度。有氧耐力是无氧耐力的基础，青少年时期应当以有氧耐力为主，为后期提高无氧耐力奠定基础，有氧耐力有利于提高身体的氧运输与运用能力。青少年时期身体处于生长发育阶段，耐力训练应当避免运动损伤和运动过量，科学地安排训练量度、强度、次数、组数、间歇时间和间歇方式。

二、灵敏与协调力量素质训练安排及注意事项

灵敏与协调反应迅速能力是在极其巩固的运动技能基础上表现出来的，也就是在

大脑皮质分析与综合能力高度发展的情况下才能体现。大脑皮质的分析与综合能力，是在时间和空间上紧密结合进行地。因此，学习每一个动作都必须按一定顺序进行，这样大脑皮质根据动作难易程度所给予的刺激也会按一定顺序正确地反映出来。经过多次重复，最后形成熟练动作。所以，反复练习使技术动作熟练化、自动化，使大脑神经过程兴奋和抑制的转换能力加强，就能提高大脑神经过程的灵活性，从而在不同环境中都能把技术动作熟练地表现出来。实践证明，掌握基本技术越多、越熟练，则不仅学习新的运动技能快，而且技术运用也显得越灵活；越灵活就越富有创造力，灵敏与协调反应迅速能力也就越高。因此，灵敏与协调力量素质至关重要，一定要通过多样化的科学训练来提高。青少年时期灵敏力量素质训练一般安排在训练课的前半部分且体能充沛、精神饱满时进行，教练员采取各种训练手段，帮助青少年消除内心恐惧和紧张状态。儿童青少年时期具有优越的训练条件，如6～12岁时具有良好的节奏感、7～12岁时具有良好的空间预判能力，这些都是儿童青少年时期发展灵敏力量素质的最佳时机。女子进入青春期后，由于体重增加、内分泌系统发生变化，都会影响灵敏力量素质的训练。青少年时期培养灵敏力量素质主要采取变换训练法，训练强度不宜过大，建议训练时间与间歇时间为1：3。同时可以尝试用小力量训练来代替间隙时间，帮助加速恢复。训练次数过多会导致机体过度疲劳，速度缓慢、反应迟钝，不利于灵敏力量素质的发展，每次训练都应当安排充足的间歇时间，保证氧气的补充和肌肉中高能物质再合成。

发展青少年灵敏力量素质训练时，应当时常变换训练方法和手段，可以使多种多样的技能显出运动空间定向能力，准确地做出各种动作和快速变换的能力。人体一旦对某一动作技能熟练到自动化的程度后，再用老训练方法将毫无意义。灵敏力量素质训练时结合一定数量的基本动作，培养掌握动作的能力、反应能力和平衡能力，训练中广泛发展其他身体素质的方法来发展灵敏力量素质。青少年时期发展灵敏力量素质应当掌握训练的最佳时期，儿童青少年时期是人体发育最早、最快的系统，具有良好的反应能力，这些都为发展灵敏力量素质提供了有利的条件，因此，应抓紧这一时期进行灵敏力量素质训练。灵敏力量素质训练应合理安排训练时间和间歇时间，并保证具有充足的间歇时间，保证氧债的偿还和肌肉中ATP能量物质的合成。

协调力量素质训练应当分为准备期和锻炼期，训练中强度安排在70%，结合灵敏力量素质训练，青少年时期协调力量素质训练需要结合柔韧力量，增强四肢韧带的牵张练习。灵敏、协调力量素质训练与其他运动素质有着密切的关系，相互贯穿。灵敏力量素质与协调力量素质的训练时间不宜过长，重复次数不宜过多，疲劳状态下不利于加强协调、灵敏力量素质的发展。协调力量素质对改进技术动作有很重要的作用，训练时应当加强协调力量素质与技术训练相互结合，不同训练时期都要适当安排灵敏、协调力量素质训练。

力量训练需要注意以下事项：

①灵敏力量素质训练应当与柔韧力量素质发展的最佳程度相结合。

②严格控制交互抑制—支配动作反面肌肉的神经冲动之抑制或组合。

③注重肌肉的放松与收缩练习。

④提高青少年时期的心智训练能够有效地提高集中注意力的能力。

⑤训练中强调运动员本体感觉对各环节肌肉张力的感受。

三、平衡与柔韧力量素质训练安排及注意事项

平衡能力训练要求全身心的平衡，特别是骨骼肌的平衡和身体重心的把控。青少年时期平衡能力训练主要以低强度、小负荷训练，训练时间要根据学生整体反应来安排。平衡力量训练内容多种多样，训练时间要全面安排。爆发力、绝对力量练习都要求训练者具备一定的平衡性，否则不足以保证相应负荷下动作的完成。力量水平对于平衡力本身也是非常明显的，你无法想象一个腿部没有力量的训练者能够站得住，特别是在强对抗的比赛中，需要释放动态平衡力时依然可以屹立不倒。此外，力量训练可提高神经控制能力，将很好地改变身体重心不稳的情况，加强神经系统对于肢体的控制能力，突破平衡力量训练时所可能遇到的瓶颈或阻碍[1]。合理分配静力平衡与动态平衡的训练内容，动态平衡能力训练结合网球专项技术动作，可提高各项技术动作的整体稳定性。

平衡力量训练需要注意以下事项：

①区别静态平衡与动态平衡训练时间的分配，合理控制训练方法、训练内容，避免混淆训练内容。

②加强青少年平衡能力训练，应从身体远端到近端，提高身体骨骼肌和韧带的力量。

③变换训练方法和手段，使训练内容更加丰富，提高青少年时期训练平衡能力的积极性。

④训练中注意身体前后部力量、左右侧力量、上下肢力量和身体内外力量的均衡性，在青少年时期开始建立全身的整体稳定性。

[1] 尹承昊. 体能增长与健身训练［M］. 济南：山东科学技术出版社，2014.

柔韧力量训练在不同的年龄阶段的要求是不一样的，10岁左右能够大幅度的提高身体关节活动与幅度。有实验数据表明，适当的柔韧力量素质训练能够加强身体运动素质，而柔韧素质训练过少很难达到一般或专项素质训练，没有力量的支持，过多的柔韧素质训练会导致关节韧带松弛、骨骼不稳定和肌肉韧带受伤。柔韧素质随着技术结构的不同而不同，如上肢的柔韧性要比下肢的灵活，女生的柔韧性要优于男生等。柔韧素质训练有可逆性，虽然柔韧素质提高较快，但若不经常训练就会退化，因此，要坚持训练。

柔韧力量训练需要注意以下事项：

①严格控制柔韧性练习的量度与强度，柔韧力量理想的状态为具有一定的柔韧力量，训练过程中随着训练强度增大做到“酸加、痛减、麻停”。

②注重相连关节的协调发展，柔韧性的体现不仅是单个关节，而是牵连到相互有关联的部位，如肩关节、脊柱和髋关节。

③训练中保持循序渐进，持之以恒，避免盲目追求提高速度。拉长骨骼肌出现疼痛时应当立即停止训练。

④注意最佳训练时期，柔韧力量素质发展的敏感期为5～12岁，所以，在训练期间应当注重柔韧力量训练，并在12岁之前使柔韧力量素质得到较好的发展。

思考题

①简述青少年网球力量训练原则。

②简述网球运动员力量训练中的注意事项。

③试述中老年网球爱好者网球力量训练原则以及负荷安排。

第六章 网球力量素质训练计划

【**本章提要**】本章介绍了各类力量训练计划在网球项目中的运用，详细讲解了各项训练计划的训练任务和注意要点。为提高网球运动员力量素质而实施准确、系统的训练方案，应以运动员的技战术能力为主导，在提高竞技能力的基础上建立合适的力量训练计划；为帮助教练员更好地监控整个年度或多年度的训练任务，应建立目标性管理的整体训练计划。

专项力量训练和专门力量训练计划要有严格的指导思想、训练目标和具体的训练安排。对训练前期、中期、后期、比赛及每次训练课的准备活动、专项内容、整理活动等至少要有两个全面合理的计划。一个是全面的理论上制订的总体设计和预案；另一个是训练实施过程中的及时调整计划和方案。许多成功例子告诉我们，高水平教练员还会有第三个方案，成功的教练员都有许多不为人知的方案。这些方案都是建立在随时的检测、评估等基础之上的全面训练监控，时刻了解运动员的身体状态、适应能力和训练计划的进程。任何训练内容的控制都是必须以运动员行为控制为基础，如果运动员的主观能动性跟不上训练的要求，即使有明确的目标、合理的训练安排，也无法得以贯彻和实施。

训练计划是将若干个小的训练目标具体化为若干个紧密相连的训练任务，使训练活动的全体参与者统一认识和行动，从而教练员能够有效地控制训练的进程。网球运动员的比赛周期较短，且两站之间的间歇时间也非常短暂，运动员通常在完成一场比赛后需要立刻赶往下一站进行比赛。针对高级别赛事需要运动员做长期的准备，才能在大赛中取得优异的成绩。本章主要介绍网球运动员的各种力量训练计划，如表6–1所示，将力量训练计划分为训练日和训练课计划、小周期与中周期训练计划、年度与大周期训练计划，并介绍各个阶段具体的训练计划，为运动员和教练员做适当的参考。

表6–1 训练计划分类

训练计划类型	特征	时间跨度	基本任务
多年训练计划	全程性区间性	10～20年 2～6年	系统培养高水平选手 完成阶段性训练任务 或准备并参加一轮大赛
年度训练计划	单周期 双周期 多周期	6～12个月 每个周期4～8个 月各周期2.5～5个月	准备并参加1次或1组重要比赛 准备并参加2次或2组重要比赛 准备并参加3次或3组以上重要比赛
大周期训练计划	准备周 比赛周 恢复周	5～20周 3～20周 1～4周	提高运动员竞技能力 参加比赛创造优异成绩 促进心理/生理恢复

（续表）

训练计划类型	特征	时间跨度	基本任务
周训练计划	训练周 比赛周 恢复周	4～10天 或 3～20次课	提高运动员竞技能力 参加比赛创造优异成绩 促进心理/生理恢复
课训练计划	综合训练课 单一训练课	0.5～4小时 0.5～4小时	综合完成多项训练任务 集中完成一项训练任务

第一节　网球力量素质训练日与训练课计划

训练日和训练课计划是训练系统运行最重要的训练计划，即使是大周期训练也是由各个训练日和训练课组成的。国际职业网球提出“以赛代练、以赛促练”的新型赛练观，这是世界网球向更高水平发展的一个信号和要求。只有训练成熟到了一定程度或高水平时才能有能力进行“以赛代练、以赛促练”，因此，要加速训练水平的提高，特别要搞好每一天训练，以“小周期、快节奏、大负荷、大强度、多测试、多竞赛”的训练和比赛原则，积极主动、全面有效地提高运动员的综合素质和运动成绩，特别要训练出具有自身特点、能够克敌制胜的绝招，才是中国网球的唯一出路。由于网球比赛通常都是以站的形式所组成的，运动员到达一站后会经历5～7天的比赛日，这期间就需要运动员选择更多样的力量训练内容，以积极应对繁重的比赛任务和争取最好的比赛成绩。

训练日和训练课的训练计划有着不同的训练任务，在训练任务、方法手段，以及训练负荷的量度与节奏、训练活动的组织与实施等方面均有各自的特点。但是两种训练计划之间又是彼此相互联系的，构成了一个有机的整体，为整个周期提供训练计划。

一、网球力量素质训练日计划

网球运动员的训练日计划通常指0.5～4小时的训练安排，其目的是综合完成多项训练任务或者集中运动员的某一项训练技术进行练习，练习过程中需要适当加强运动员的力量素质训练，只有拥有一定的力量基础才能更好地促进运动员完成技术训练。练好与赛好就像打地基与建楼房的关系一样，不能视其为两个分离的部分，而应视为一个有机整体，如果只埋头训练，长期扎在训练中而不重视比赛、不关注比赛，将会对运动员造成很大影响[1]。对于职业运动员训练日的训练计划通常都是全天覆盖的，职业运动员训练日的训练任务相对较大，不仅针对技术进行训练，还需要进行适当的力量素质练习。

每日的训练计划相互组合就形成周期训练计划，训练日中存在很多的影响因素，比如，运动员的身体状况和天气变化等，这就需要教练员在做训练计划时全面考虑各种因素，防止出现训练计划中途中断现象。运动员在小周期训练中应当选取哪一天进行力量素质训练是有讲究的，尤应注意两次之间的力量训练间隔时间是否能够使运动员达到超量恢复，为运动员每日的训练计划做出良好的力量储备。

训练日计划中运动员应当先从爆发力、反应力量和快速力量素质开始训练，这一开始阶段运动员的神经系统处于兴奋状态，有利于完成瞬时力量较大的训练任务。当运动员的兴奋时期过去之后进行正式的力量训练，练习的部位也是先下肢再躯干最后是上肢，训练中严格按照循序渐进的训练原则进行训练，避免一次性就使用大力量进行练习，训练中任务可以安排以训练点或者训练站为单位进行力量素质练习。

训练日中需要教练员注意的是在训练前后运动员处于哪种状态，训练后运动员什么时候开始进行比赛，并且估计比赛的强度是多大，进而制订训练日的训练任务和训练目标，避免盲目地执行训练计划。运动员一般在比赛前一段时间就已经做好了力量储备，比赛前两天只需要温习技术训练和调整，并不是在赛前才进行力量训练。力量素质的训练日安排需要教练员遵守超量恢复的原则，为运动员在比赛时出现超量恢复做好充分准备。

二、网球力量素质训练课计划

训练课又称为训练单位，也称为教案，从方法学的角度看，训练课是组织训练的主要手段，由于训练课的任务不同，训练课的形式也是各式各样的。运动员只能经过短时间的准备后连续参加多站比赛，进而通过比赛得到调整，即形成了一个“小周期”，然后再通过准备进行比赛，从而使一个个“小周期”串接连成一个由多个“小周期”贯穿的赛季。

训练课的力量训练相比于训练日的训练任务要更加详细地为运动员提供准确的力量素质训练计划，训练课是指一次课中的训练计划，训练课中教练员应当明确以多大强度、负荷、深度进行力量素质训练。训练课的训练目标比较明确，训练的任务也相对单一，便于运动员更好地认识到训练课的任务，明白自己为什么这样练。

[1] 陈晓英. 对训练周期理论与板块训练理论的再审视 [J]. 体育学刊，2008，15（11）：83-89.

训练课的类型可以分为学习课、重复课、技能完善课和检测课等，当然更多的是综合训练课，本章主要讲述的是网球运动员的力量素质训练课，以综合训练课为主要介绍对象。训练课主要按照三个部分进行划分，如图6–1所示：训练课分为准备部分、基本部分和结束部分，这三个部分的目标、任务都有很大的区别。进行训练课前首先需要运动员明确训练的重点和难点，便于运动员在训练中知道身体重心放在什么位置。

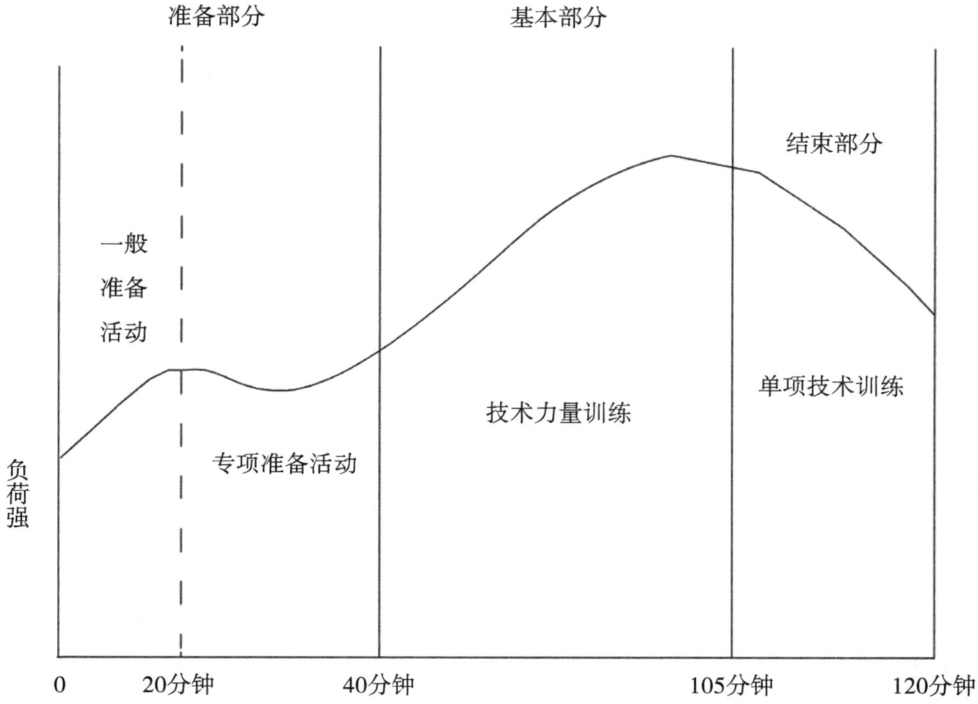

图6–1　训练课结构

准备部分通常也称为准备活动，目的是为训练做好身体和心理的准备，有益于动作发挥。训练计划的准备部分主要包括对运动员起始状态的诊断和建立训练目标。这两项工作是运动训练过程中与训练计划的制订并列的两个独立的重要环节，其内容是训练计划中不可缺少的重要组成部分，为训练计划的制订提供必需的信息和依据[1]。奥佐林（1971年）提出，人体在休息状态下存在一定的惰性，要使机能效率达到较高的生理状态需要一定的时间，因此，需要做准备活动。适当的准备活动可以使训练对

[1] 田麦久，徐刚，熊焰，等. 运动员基础训练过程与训练计划的制订［M］. 北京：北京体育大学出版社，2006.

象的体温升高，还可以激发中枢神经系统的活性，提高人体的协调能力。准备活动目前又可以分为一般性准备活动和专向性准备活动，一般性准备活动是指循序渐进地提高机体工作能力，加快代谢过程，使运动员体温升高，机体内的供氧能力提高。准备活动应按照一定的顺序，通常以慢跑开始，而后进行各种与项目相关的热身练习，之后再进行加速跑练习，快速结合自己的专项进行热身练习是目前运用较为广泛的一项热身手段。当然，准备活动的过程并不是千篇一律、一成不变的，内容与顺序都在不断地探索和成长，当代一些体坛明星都有自己的一套准备活动方法，如刘易斯在1991年世界田径锦标赛上比赛前不是进行慢跑，而是长时间做伸展练习，最后才做加速跑练习。

基本部分在周计划中有明确的规定，应根据上次课的情况进行合理安排，训练中的强度、密度、数量和时间都应当进行详细计划。许多教练员对练习的内容、方法、手段、次数、密度都有具体的要求，但往往容易忽略了练习的密度，对练习的间歇时间缺乏明确的要求。优秀的教练员在训练中对技术练习抓得非常严格，练习强度也有明确的规定。特别是力量素质练习中，对运动员每一次练习的时间间隔都有严格的要求，这正是运动员取得良好成绩的关键因素。

结束部分是指在完成训练课后应该逐步地降低训练强度，使运动员恢复到安静状态，因此，结束部分也被称为整理恢复部分，训练结束时的放松整理是非常重要的，可以防止由于运动强度的突然变化而引起运动员生理或者心理的不良反应。结束部分的放松练习可以加快运动员的恢复速度，使血液中堆积的乳酸尽快消除。值得注意的是，大多数教练员和运动员都容易忽视放松整理活动，从而不能得到最佳恢复过程和最佳的训练效果。近年来的研究证明，大负荷训练后进行较长时间的拉伸（伸展运动）骨骼肌，有助于积极性恢复。

目前，训练课还可以分为开始部分、准备部分、基本部分和结束部分，这种训练课主要是运用在中小学体育课上，开始部分主要运用在对学生的整队集合上，为学生建立良好的上课状态，适应上课内容的开始，便于老师在课上更好的实施自己的教学内容。

第二节　网球力量素质小周期与中周期训练计划

从年度训练过程的周期构成来看，全年大周期通常由28～30个训练周、18～20个比赛周和4个调整周，共计50～54周构成。一个小周期是由7～10天构成，小周期的类型可以分为：适应恢复性小周期、加量或发展性小周期、强度小周期、力量小周期、减量小周期、诱导或赛前小周期。网球运动员力量素质训练中的周期分类主要包括小周期训练和中周期训练，这两种训练周期最大的区别就是时间的长短。（图6–2）

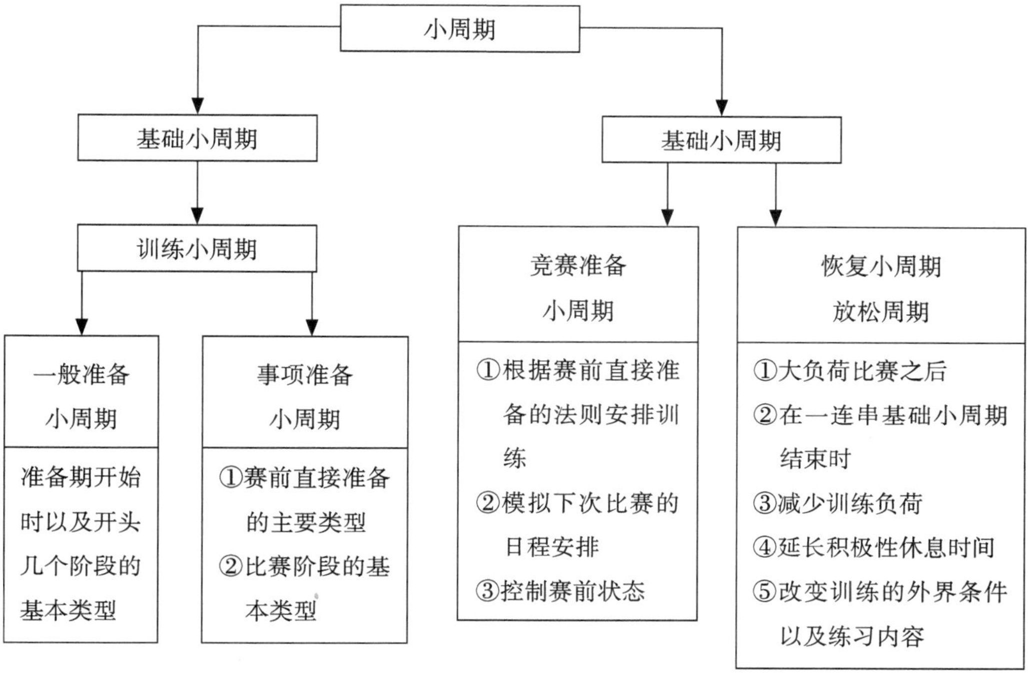

图6–2　不同小周期训练任务与特点

网球运动员的力量素质并不需要一定大的绝对力量，而是需要使网球运动员的力量得以保持，通过时间不同的力量素质训练加强运动员的力量素质并保持运动员神经系统的兴奋性是至关重要的。比赛中需要运动员高度集中注意力，这对于运动员心理和神经系统的灵活性是一种考验，所以，需要通过较长的时间来稳定运动员的力量素质。

一、网球力量素质小周期训练计划

网球力量素质小周期训练主要是通过小周期的力量素质训练为运动员奠定良好的力量基础，小周期在训练实践中称为周的训练，通常以周为期限，制订小周期的训练计划。赛前小周期运动负荷训练的安排要根据人体生物学规律和竞技状态形成规律来科学地制订。如果离比赛开始的时间比较近，要根据比赛要求、运动员本身的特点来安排运动负荷训练，也可以安排4～10天的小周期。如做一个小的恢复调整，4天能完成调整任务，则可安排4天的恢复小周期。从短期来看，训练周期可以分为“波浪式”和“阶梯式”两种类型。前者的代表是举重的“有效组数训练法”，其模式可以概括为“在一个水平上积累—突破—在更高的水平上积累”；后者的代表是举重的“极限强度训练法”，其模式可以概括为“冲击目前的极限—能够稳定在这个极限—突破—再继续冲击下一个极限”。

制订网球运动员力量素质训练的小周期训练主要是依据训练的总目标，各个小周期的具体任务应该完成各种力量要素，一步一步地向着总目标逼近，为最终提高运动员的力量素质而完成训练目标和训练任务。一个小周期就是一个基本的训练部分，在这样的训练波浪中，由主要训练手段构成训练波浪的“波峰”，由辅助性、调整性、恢复性手段构成训练波的“波坡”和“波谷”[1]。小周期训练中主要是突出运动员的一般性力量素质，为后期全面发展运动员的专向性力量素质打下基础。周训练计划中应当结合力量素质、技术训练、战术训练、心理训练和智力训练，但在某一特定时期需要加强运动员的一项专项技术训练。比如，网球运动员经过几次力量素质训练后，可以适当地建立一个小周期进而巩固运动员的发球技术或者底线击球技术。

小周期进行网球运动员的力量素质训练时，对于力量素质训练负荷的安排应与大中小周期结合呈波浪形节奏，既符合负荷量和强度的变化，又符合人体运动的基本规律，为运动员的力量素质进行超量恢复，使运动员在下次训练或者比赛时正好是身体达到最佳状态的时机。小周期力量素质训练计划中重要的一点就是处理好训练内容与训练负荷的关系，尤其是网球运动员的力量素质训练，训练的内容与训练负荷都应当尽可能准确地结合运动员比赛时的状况进行训练，即两者结合一致能促进运动员生理上的积极变化。不要把两种供能机制完全相同的训练接续在一起，避免中间既没有其他训练内容也没有休息时间。小周期网球力量素质训练应当采用何种训练方法和手段，主要适应与小周期训练任务、内容和负荷特征的选择。运动员个人竞技状态维持在较高水平的最长持续时间为15天左右，一般8天左右运动员的竞技状态就会产生较大的波动[2]。例如，优秀网球运动的上肢骨骼肌力量相对较小，如果对优秀网球运动员上肢力量进行大强度训练，表面上不断增加上肢部位的肌肉体积，就会使整个击球动作发生变化， 但较大的肌肉体积会阻碍运动员的击球速度，尤其是肩关节部位的肌肉体积若太大将严重地影响运动员肩关节的灵活性，因此，上肢力量训练主要是增强上肢骨骼肌力量，而不是以肌肉大小来衡量。

---

[1] 茅鹏. 运动训练新思路 [M]. 北京：人民体育出版社，1994.

[2] 郑晓鸿. 高水平运动员年度周期的项群特征 [D]. 北京：北京体育大学，2005：77.

二、网球力量素质中周期训练计划

网球力量素质的中周期训练也是为运动员全面提升身体力量素质奠定良好的基础，各个阶段根据其具体任务可安排一个或多个中周期，从准备期到竞赛期训练内容安排通常是一般身体力量素质训练的比例逐渐减少，而相对应的网球技术的转向力量素质比例逐渐增加。大赛前强化中周期训练的目的是通过强化训练把运动员的机能潜力和训练水平有效地挖掘出来，通过一个中周期的训练节奏促使最佳竞技状态的形成，完善比赛能力，使专项技术更趋完善和成熟，保证运动员在重大赛期创造最高专项成绩。中周期力量素质训练可以为下一年打下良好的基础，比赛在竞赛期占有重要的位置，根据当代网球运动训练比赛的频次增多的趋势，应把比赛训练作为一个重点内容科学安排，为此，应做到在重大比赛或一般赛事结束后进行短时期的调整，并科学地安排力量素质训练。

中周期训练应当有从准备时期到竞赛期运动负荷的科学安排，准备时期开始负荷量占有主要位置，之后逐渐减少，负荷轻度的比例逐渐增大， 这一阶段是提高网球运动员力量素质的最佳时期，为比赛做充分的准备，达到比赛时正好出现超量恢复的时间段。通常以运动员的有氧能力和无氧阈强度占重要比例，而相对的糖酵解强度在中周期训练中占很小的比例。训练年度结束时，运动员和教练员在身体上和精神上都需要休息一下（从3月中旬到4月初）。在赛季的最后阶段，运动员往往承受着强大的压力，把全部精力用在比赛上。到了这个阶段则需要变换一下生活方式，为新的训练做好准备，不同训练时期和个别中周期训练会出现量或强度的高峰[1]。

网球运动员力量素质训练也可以分为几个中周期训练，一般可以分为：基本训练中周期、准备比赛中周期、比赛中周期和恢复中周期。各种不同类型的中周期又是由不同类型的若干训练小周期所组成的，如准备比赛中周期，也就是赛前训练阶段，可以由基本力量训练小周期、专项力量训练小周期、调整小周期等组成，时间可以是1个月左右。

基本训练中周期的训练内容主要进行一般和专项训练，并大量采用各种有效的一般和专项训练的方法与手段。运动负荷的安排比较大，量和强度相互配合，但都保持在一个相当的水平上，每个小周期的负荷也并不是一个比一个更高。通常，在基本训练中周期也会有变化，由于负荷的积累，运动员疲劳的加深，安排一个调整小周

[1] 王奎和，王光. 速度滑冰大周期和中周期训练 [J]. 沈阳体育学院学报，1993，12（4）：22-24.

期是必不可少的。特别是要把握好恢复性有氧训练、小强度训练和一般训练的节奏，达到超量恢复的效果， 提升有氧训练、力量训练、大强度训练和专项训练的水平。（图6–3）

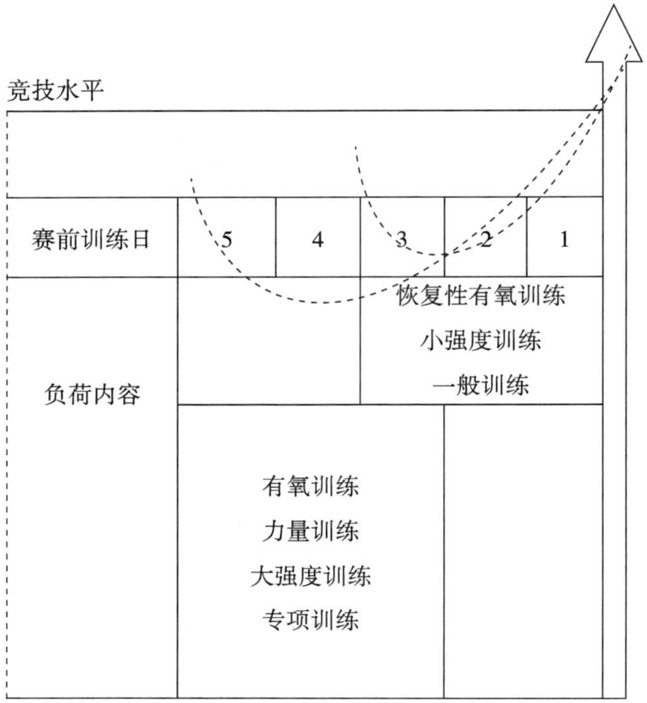

图6–3　比赛周超量恢复集合安排模式

准备比赛中周期是在参加比赛前而专门安排的中周期类型。主要进行模拟比赛的训练，以适应比赛地点的场地、气候、环境、时差等。准备比赛中周期训练的内容，以比赛性练习为主，多采用各种比赛性训练手段， 如练习比赛、测验比赛、适应性比赛。运动负荷较大，尤其是负荷强度会增加或超过比赛时的负荷强度。同时，要注意加强赛前的心理训练，以提高运动员在疲劳状态下的比赛能力。运动负荷安排应呈波浪式的发展，并注意各种以比赛为手段的主动恢复。在正式比赛前一周或几天要调整负荷，以使机体在正式比赛时达到完全恢复、超量恢复的状态。

准备比赛中周期训练的任务主要有两个：①进一步发展综合的专项竞技能力；②在特长的方向上强化专项竞技能力。例如，针对主要对手的弱点和强化特定的战术，根据运动员比赛中常常出现的问题进行专门的心理准备等[1]。

比赛中周期是比赛期最主要的中周期类型。一般有3～4小周期组成。其安排围绕比赛小周期进行，如诱导小周期、比赛小周期、调整小周期。比赛中周期的训练内容和训练方法、手段，主要根据正式比赛任务的需要选择安排。运动负荷起伏较大，但赛前以强度为主，比赛强度最大， 赛前要降低负荷，促进机体恢复。以尽量保持最佳竞技状态的时间，不致过早消退。

恢复中周期是安排在比赛期后进入休整期的几种中周期类型。特别是在两个大周期的第一大周期的比赛期结束时，多会安排一个恢复中周期， 以进入第二大周期的准备期。组成恢复中周期的几个小周期不完全是调整小周期。训练的内容要适当地调整、转换，运动负荷和缓的降低，但既要使机体得到恢复，消除疲劳，又不使机体机能能力有本质的下降，以保持必要的训练水平。

上述各种类型的中周期在大周期中没有十分固定的顺序，其安排要紧密围绕各时期的任务，保证竞技状态的发展、形成和保持。

第三节 网球力量素质年度与大周期训练计划

运动训练的年度训练周期不是严格按照日历上的年度去计量的，只要整个运动训练过程的时间长短特征符合一个年度时间特征即12个月左右， 就可以称其为一个年度训练周期。由于现代竞技体育竞赛系统带有明显的年度周期性特征，因此，人们通常以年度周期作为组织系统运动训练过程的基本单位。年度训练周期以其是否包含重大比赛（如奥运会和世锦赛等）分为平常年度和重大比赛年度，也可依其年度主要任务而区分为恢复训练年度、基础训练年度、提高训练年度等。

一、网球力量素质年度训练计划

双周期或多周期的负荷结构及在这种结构的控制之下所形成的竞技状态维持的时间相对会更长一些。同时，在这种负荷结构之下，能在运动员身上形成一种在竞技状态消退期，通过小周期的动员而重新快速进入竞技状态的特殊生理能力。前一年度训练情况的总结：专项成绩指标的完成情况，各竞技能力指标完成情况、比赛情况、运动员机能、健康状况和伤病治疗情况等；本年度训练计划的安排：目标、任务、训练

[1] 田麦久. 竞技参赛理论研究文集 [M]. 北京：人民体育出版社，2010.

内容、措施、周期划分、负荷安排、比赛时间安排、机动能测定、医务监督等。年度训练计划是运动员进行全年度运动训练最重要的指导性方案。年度训练计划特别是重大比赛年度训练计划制订的主要目的是在有限的年度训练时间内，最大限度地发展运动员的整体竞技能力水平，形成良好的竞技状态，以保证运动员在年度重大比赛中取得优异的运动成绩。

年度训练计划可被看作是多年训练计划的一个基本构成单元。一般来说，适宜竞技状态的形成，都是以年度为单位而实现的，比赛活动也是以年度为单位来组织实施的，所以，人们很自然地把多年训练的整个过程以年度为单位划分开来。以教练员为主，在科研人员、队医及有经验的运动员的共同参与下，围绕全年比赛日程特别是重大比赛日程、运动员各种竞技能力水平及竞技状态发展所需要的时间、各种训练要素间的比例而制订的。年度训练计划的制订应在充分了解运动员训练历史及现状的基础上进行，即应根据运动员此前特别是上一年度的运动成绩、竞技能力水平发展状况和运动负荷安排情况制订。年度训练计划制订的科学、合理与否，直接反映着教练员及其团队的运动训练理论水平、实际执教经验及对运动员的了解程度。年度训练计划制订之后，不是一成不变的。在整个年度训练过程中，年度训练计划还应根据运动员对训练的不同实际反应及时进行合理的调整。

在年度训练过程中，大周期是构成年度训练周期的基本单元。训练大周期是以参加重要比赛获得满意成绩为目标，以运动员竞技状态发展过程的阶段性特征为主要依据而确定和划分的。训练负荷指运动训练过程中运动员在一定时间内所承受的工作量，在竞技运动训练中，训练负荷是训练的核心要素[1]。而竞技状态是指运动员在训练大周期范围内形成在一定时间限度内保持并规律性变化的最佳程度状态。竞技状态表现了运动员对获得成绩的最佳程度的各个方面，即体能、技能、心理、战术、运动智能等方面的和谐统一。

运动员竞技状态发展过程具有时相性的特点即依次变换的3个时相：形成、保持（相对稳定）和暂时消失的顺序进行。竞技状态的形成、保持和暂时消失的规律性是安排训练大周期的基础。与运动员竞技状态的形成、保持和暂时消失3个阶段相对应，分别组织准备时期（训练期）、比赛时期（竞赛期）和恢复时期（过渡期）的训练，并把这一循环称为一个训练的大周期。

年度训练周期中所包含的大周期数量的多少，是反映年度训练周期结构特征的主要内容。通常有单周期（包括单周期双高峰）、双周期和多周期等不同类型。不同的年度训练计划结构类型有着不同的总体规划、不同的比赛系列和不同的训练安排，分

[1] 田麦久. 运动训练学 [M]. 北京：高等教育出版社，2006.

别适用于不同训练水平和不同专项的运动员。

青少年运动员正处于打基础时期，比赛任务不多，应以单周期系统训练为宜，不安排专门比赛期。优秀运动员准备参加重大比赛时，单、双周期两种方案都可采用，但各个时期和阶段的划分，应根据重大比赛的期限来安排。除单、双周期外，对于高水平运动员，可根据重大比赛的任务，采用多周期训练。这一方案的特点是，没有明显的分期和阶段，几乎全年都可参加比赛，在参加大量比赛的间隙中进行保持性训练和积极性休息。不论如何划分周期，各阶段之间的节奏以及衔接（任务、负荷及方法手段的侧重与要求）是至关重要的，注意其整体性、有序性、关联性和动态性。年度计划是多年训练的一个环节，又是制订阶段计划的依据。制订年度训练计划必须明确该年在多年训练过程中所处的位置和基本任务。根据上年度的训练情况，确定该年应达到的训练水平、竞技能力和运动成绩。按照本年度重要比赛日程，划分适宜的训练周期、各阶段的训练内容和负荷。

准备时期训练的方法、手段和负荷。①一般准备阶段：方法和手段采用持续训练法和重复训练法进行一般身体准备，改善技术和基本战术， 提高身体能力的负荷量大强度。②专项准备阶段：方法和手段采用持续训练法、重复训练法和间歇训练法进行专项身体、技术、战术准备，提高与完善技术与战术，负荷量逐渐减少而强度逐渐加大。

比赛期训练的方法、手段和负荷。赛前训练阶段：参加非正式的比赛或表演赛，以检验运动员的训练效果；比赛阶段：为了准备重大比赛，这一阶段训练目标是提高运动能力和心理品质，完善并巩固技术，设计并完善战术，获得比赛经验，保持全面身体水平，提高运动员理论知识水平，这一阶段的负荷量和强度都必须调整到比赛时所需的最好阶段（超量恢复阶段，一般大比赛前都要减少负荷量和降低强度），采用完整法、重复法、比赛法等训练方法。恢复时期的训练：采用游戏法、变换法进行保持一定量但强度较低的训练。对运动负荷评定通常采用外部指标与内部指标相结合的方法，外部指标一般用运动员的运动时间、密度来表示，内部指标一般用心率及血乳酸来表示运动员的负荷强度。

年度训练计划的阶段划分与训练任务的确定阶段划分为准备期、竞赛期、休整期。准备期的任务是使运动员初步形成竞技状态，为比赛期赛出成绩打好基础。分一般准备期与专门准备期。一般准备阶段的任务是发展形成竞技状态所必须的运动素质、器官系统机能，发展专项所需的一切基础。专门准备阶段的任务是初步形成竞技状态，将一般竞技能力转移到专项竞技能力的提高上，具有明显的专项化特点。运动员年度周期以多周期为主，一般根据竞赛日程采用微缩大周期或中小周期的形式来安排全年训练。训练内容上，突出战术训练内容的比例，强调高强度、高对抗的比赛性练习。随着比赛激烈程度的增加，力量体能训练特别是以力量为主的专项体能训练显得越来越重要，且贯穿于全年训练各时期各阶段。准备期的运动负荷的强度必须超过上一周期和比赛所需强度的一倍才有效，竞赛期也有力量训练的要求，其任务是使运动员在比赛中形成和巩固最佳竞技状态，参加重大比赛，达到全年最高成绩。专门准备阶段又分为赛前基本训练阶段和比赛阶段。赛前训练基本阶段的任务是为将参加的重大比赛做好专门的准备，着重提高专项素质、专项技术、专项战术和专项心理等。竞赛期的任务是最佳的竞技状态参加比赛。着重从心理上、精神上、体能上、技能上调节到最佳竞技状态水平。休整期的任务是消除疲劳，为下一个训练周期创造良好的身体条件。

二、网球力量素质大周期训练计划

年度训练大周期是由若干个训练时期和阶段中周期组合的。这种训练计划是教练员组织运动训练过程的最重要的内容之一。训练大周期是以成功地参加1～2次重大比赛为目标而设计的。其时间的确定通常采用体现目标控制思想的“倒数时”充填式方法，以主要比赛日期为标定点，向回程方向依次确定主要比赛阶段和比赛时期，以及完整的训练周期。确定主要比赛日期是由竞赛日程予以确定的。重大国际比赛如奥运会常常在比赛前一年就确定了竞赛日程，以便于运动员有计划地组织训练过程。主要比赛阶段围绕着主要比赛日来确定。在常规大周期中，主要比赛阶段持续4～6周，在主要比赛日后约一周结束。将主要比赛日安排在主要比赛阶段的结尾是不正确的，这是因为训练控制稍有不慎，极易出现参加主要比赛时，运动员的最佳竞技状态已然过去的现象。确定比赛时期在主要比赛阶段前加上一个历时4～6周的热身比赛阶段，两个阶段合起来就组成了比赛时期，总时间为8～12周，其间要注意安排必要的热身赛。确定整个训练大周期在比赛时期前面加上6～12周的准备时期，后面加2～4周恢复时期，即构成了一个总时间为14～32周、3.5～7.5个月的训练大周期。

准备时期训练的第一个任务是制订详细、科学合理的训练方案。准备时期的训练计划、训练任务和时间是运动员的竞技能力水平能否获得有意义的提高，是准备时期训练成功与否的第一个衡量标准。通过有计划的训练，可以对运动员的力量、技能、体能、战术能力、心理能力和运动智能的发展产生良好的影响。由于运动员专项竞技能力的结构表现着层次性的特点，它的发展和提高必须由低到高、由一般到专项、由局部到整体逐步实现。因此，在准备时期，运动员应着重发展基础性的能力水平，以便为比赛时期创造优异成绩准备良好条件。

准备时期的时间，在一个大周期中通常是最长的。为了更好地组织训练过程，人们一般把准备时期进一步划分为两个或更多的训练阶段。在单周期训练安排中，由于准备期长达5～6个月，这一划分就更有必要。而在这个过程中，训练的特点也从一般向专项、从局部向整体逐渐地转移。越接近准备时期的结束，训练的专项化程度越高，训练的整体性也就越强。

准备时期训练的第二个任务是逐渐培养和发展运动员的竞技状态。至准备期结束时，运动员的竞技状态应已初步形成，主要表现在准备时期前期所提高的基础竞技能力开始向专项需要的方向转化和集中。此时可参加少量比赛，以促进竞技状态地进一步发展。

一般来说，为了实现上述两项任务，准备时期的时间应为1.5～ 2个月。全年单周期的准备时期可为5～6个月。双周期安排中，每个训练大周期的准备时期又不同，在我国通常第一个大周期，即冬春大周期的准备期较长，可达4～5个月；第二个大周期，即夏秋大周期的准备期常常只有1.5个月左右。但有了力量及保持力量，准备时间就可以减半，以实现更多的网球技能的提高和发展。

人体竞技能力的变化也呈现周期性的特点，一次合理负荷后，机体能量消耗产生疲劳，继而逐渐恢复，通过机体的超量补偿机制，提高运动员的体能。在这一基础上，给予下一次合理的负荷，而开始一个新的负荷周期。与竞技状态发展过程相联系的训练大周期所对应的训练任务也是分阶段的，不同训练课、周及小周期构成一个阶段或一个大周期的训练，若干阶段或大周期的训练构成年度的训练，若干年度的训练周期构成区间性和多年的训练周期及运动员运动生涯的全过程。不同的参赛任务、赛事安排也决定比赛和训练的周期性训练方法、手段特点，准备时期的运动素质训练，以持续训练法和间歇训练法为主，这两种训练方法的特点是负荷的量较大，强度相对较小。这对于重点发展耐力类运动素质、重点发展有氧代谢的能力是特别有益的，准备时期的技战术训练，均以分解法为主，由于拥有较充裕的时间，在破坏了旧的技术动力定型之后还有时间重新建立起新的技术动力定型，因此，允许运动员对自己的技术动作进行较大的“改造”。运动员首先着力于改进或完善技术中主要存在问题的部分，然后在这一基础上逐步向完善技术过渡。

比赛时期的训练计划、训练任务和时间，比赛时期的训练任务包括发展运动员的专项竞技能力和使运动员在比赛中充分表现已有的竞技能力水平两个方面。比赛时期训练的第一个任务很重要，运动员应努力发展专项的竞技能力，应把对自己竞技能力影响最大、表现最集中的方面置于训练的首位，把最主要的精力用于发展这些能力上去。秋冬季周期（18周）和春夏季周期（16周）训练内容与负荷是很明确的，不可随意安排，不同训练水平、不同运动项目的运动员，在单一阶段训练周期内的负荷变化不可能有统一的模式。但有一个原则是基本相同的，即先施加负荷使机体产生一定深度的疲劳，而后减负荷使机体能在不太长的时间内得以恢复，并有助于竞技能力在不太长的时间内得以恢复，并有助于竞技能力的提高。

比赛时期训练的第二个任务，也是最重要的任务，就是做好充分准备，参加比赛，最大限度地发挥自身的已有水平，创造优异的运动成绩， 达到全年预定的训练目标。为了保证训练任务的完成，比赛时期的时间一般也不应短于一个半月。运动员要在准备时期训练的基础上进一步发展专项竞技能力，特别是要在比赛中创造优异的成绩，则必须经历一定数量的比赛，才有可能抓住主客观条件处于适宜状态的机遇，充分发挥自己的竞技水平。而主客观条件的状态受着许许多多可控的、半可控的和不可控因素的影响，因此，即使运动员的训练状况十分理想，希望在一次比赛中就提高成绩或打破纪录，成功的概率一般也是不高的。

训练方法、手段特点、比赛时期训练发展体能主要采用重复法，发展技能主要采用完整法，并较多地采用比赛法，以便综合地发展与竞赛密切相关的体能、技能、战术能力、运动智能和心理能力。当然，与此同时，仍要根据需要适当地运用间歇训练法及分解训练法。

在比赛时期，运动员在连续参加了大量比赛的情况下，要特别注意组织好赛间训练。体能主导类运动项目赛间训练的主要任务，在于对运动员的竞技状态进行积极的调节，使运动员从上一组比赛或上一次比赛的疲劳状态下恢复过来，重新聚集力量，以理想的体能状态投入新的比赛。同时，对上一次或上一组比赛中所发现的问题进行分析，利用短暂的赛间间歇，力求在短时间内能有效改善，获得新的训练效应。

恢复时期的训练计划、训练任务和时间，运动员在几个月的紧张训练和比赛中，无论心理还是生理上都长期处于高度动员状态，而这种状态是不可能无休止地持续下去的。有机体的保护性机制会提出进行休整调节的强烈要求。训练大周期的恢复时期或称过渡时期，就是为满足这一要求而组织实施的训练阶段。恢复手段可分为自然恢复和积极恢复两种。在自然恢复和积极恢复中除了单纯休息、睡眠，且保持一定力量训练活动的积极恢复外，通过负荷内容、量度、组织形式及训练环境的改变达到身心消除疲劳的目的。恢复时期的另一项重要任务是认真总结全年训练的经验与教训，并制订下一年度的训练计划。恢复时期的时间与训练大周期的长短有着密切的联系。单周期训练安排中的恢复时期，应在1～1.5个月。双周期训练安排的每一个周期的恢复时期，应持续2～3周。在恢复时期同时进行游戏法、变换法为主的一般力量和专项素质训练。这些练习能大大提高运动员的兴趣，运动员在新的环境以新的组织形式完成新的内容和练习，中枢神经系统会得到良好的调节，同时，又能保持一定的体能水平。

三、网球力量素质大周期训练计划的具体安排

全年计划要周到，季训练计划要有不同，周月计划有重点，每次训练最重要、最关键。

1. 日力量训练时间安排

表6-2　日力量训练时间安排

时间	正常	可行范围	特殊	提示
6：00～8：00	不宜	小力量半小时	0.5～1小时	
8：00～12：00	小于半小时	中力量1小时	中、大力量1～1.5小时	可行时间9：30～10：00
12：00～13：00	不宜	不宜	不宜	
13：00～17：00	1～2小时	中力量1～2小时	中、大力量2～3小时	15：00～17：00
17：00～22：00	不宜	1小时	1～2小时	

2. 周力量训练时间安排

表6-3　周力量训练时间安排

时间	周一	周二	周三	周四	周五	周六	周日
6：00～8：00							
8：00～12：00	小力量		小力量		小力量		
12：00～13：00							
13：00～17：00	大力量	小力量	中力量	大力量	小力量	中力量	
17：00～22：00							

3. 月力量训练时间安排

表6-4　月力量训练时间安排

周时	力量训练次数（模式）											
	模式											
	1	2	3	4	5	6	7	8	9	10	11	12
第一周	3	3	3	3	3	3	3	3	3	3	3	3
第二周	4	4	4	4	4	4	4	5	5	5	5	5
第三周	3	3	4	4	5	5	5	4	4	5	5	5
第四周	3	4	3	4	3	4	5	3	4	3	4	5

4. 季力量训练时间安排

表6–5 季力量训练时间安排

月时	力量训练次数（模式）									
	模式									
	1	2	3	4	5	6	7	8	9	程度
第一季	12	15	18	21	24	27	30	33	36	正常
第二季	15	18	21	24	27	30	33	36	39	加强
第三季	18	21	24	27	30	33	36	39	42	强化

5. 年力量训练时间安排

表6–6 年力量训练时间安排

季节	每季力量训练次数	季节	每季力量训练次数
春	18 ~ 24	秋	30 ~ 36
夏	24 ~ 30	冬	36 ~ 42

6. 赛前

大强度30%、中强度50%、小强度80%。

7. 赛期

大强度30%、中强度50%、小强度80%。

8. 赛后

大强度10%、中强度20%、小强度100%。

思考题

①简述网球力量训练计划的分类。

②简述网球力量训练课都有哪几部分以及各部分的任务和要求。

③试述各类网球力量训练的特点和适用阶段。

第七章 网球力量素质训练

【本章提要】本章主要介绍了速度力量、耐久力量、柔韧力量、灵敏力量、协调力量和平衡力量的概念及训练方法。各项力量素质中分类很多，不同力量素质的表现性也有很大区别，训练方法中对不同的训练手段、训练要求、训练原理都有具体讲述，以利于网球运动员进行力量训练时训练内容更加贴合实际情况，使训练更加系统，从而帮助网球运动员提高身体各环节力量训练的整体性。

素质是人在社会生活中的诸多关系中所表现出来的若干基础物质的反映，是人本身具有的认识世界、改造世界的条件和能力。身体素质是指身体的健康水平和大脑机能状况，包括身体发育的健康程度、体质的强弱、生命的长短、智力的高低、耐力的持久状态等生理和心理健康状况，是人在社会中生活的自然条件和基础。身体素质就其本质而言，是指人体质的强弱和运动的机能能力。身体力量素质训练是网球训练中不可缺少的重要部分，优秀运动员的身体各项力量素质都是非常出色的。身体力量素质训练是指在训练中对运动员身体各个环节力量素质进行巩固和加强。提高运动员身体各项力量素质，增进运动员机能发展和身体素质的提高，有目的、有计划地提高运动员的身体力量素质。力量素质是指身体活动所表现出来的速度、耐力、灵敏等机能的能力，身体力量素质训练应当是训练内容中的重点，同时也是运动员在比赛中良好技战术的基础。

力量素质是人体运动技能的一种最重要的表现形式，是人体或身体某部分骨骼肌收缩和舒张时克服阻力的能力：骨骼肌在工作时克服的阻力包括外部阻力和内部阻力。外部阻力如物体重量、摩擦力及空气阻力等；内部阻力是指骨骼肌的黏滞性、各骨骼肌间的对抗力等。力量由3种因素产生，即主动骨骼肌的最大收缩力；主动骨骼肌和对抗骨骼肌、中立骨骼肌、支持骨骼肌的协同用力；骨骼肌的牵拉角度，以及每个杠杆的阻力臂和力臂的相对长度。

人体力量的动力来自心脏和动作屈伸，而力量的产生源自骨骼、肌肉和关节这个的“铁三角”，也是人体力量之源[1]。骨骼作为人体支架、运动杠杆、技术方向、动作过度，是人体的支撑和支持的力量，关节连接骨骼并做各项屈伸旋转提供力量，肌肉附于骨骼连接神经支配下收放产生力量，而骨骼是主心骨。简言之，力量是由关节屈伸、关节旋转、肌肉收缩共同产生的。正常成年骨骼男性占体重的40%，女性占体重的35%左右，每年有10%的骨组织更新，通过力量训练能提高力量和骨的再生能力。正常成年肌肉重量男性占体重的43%左右，女性占体重的35%左右。男子运动员的肌肉更为发达，可占体重的45%，而力量性项目优秀男子运动员肌肉比例为46% 以

[1] 钱光鑑. 力量防伤术 [M]. 北京：中国科学文化音像出版社，2009.

上。综上所述，力量素质对网球运动员的技战术、心理能力和智能的提高尤为重要，运动员在训练中应当重视身体各环节力量素质训练内容。系统地提高运动员身体各环节力量素质，掌握各环节所应当具备的力量素质，这是运动员在比赛中取得优异比赛成绩的重要基础。

第一节　速度力量训练

现代网球比赛中，速度已成为获胜的决定因素，运动员要想赢得比赛或在每一分钟占取主动就必须保持速度上的优势，要打出快速有力的击球多是以技术动作的速度为主。随着网球运动员身体素质迅速提高，运动员的移动和击球速度都比20世纪有很大的提高，著名女子网球运动员小威廉姆斯的发球时速最快能够达到200千米/小时，这是很多男子网球运动员都不可企及的。为了能够回击时速在150千米左右的来球，网球运动员需要快速地挥拍来改变球的方向和角度。上网型选手为了能够截击对手快速的穿越球，更要快速地做出网前截击动作；底线型选手如果不能快速有力地挥拍击球，或者挥拍动作稍慢，击球点就会太靠近身体或在体后，容易造成失误[1]。优秀网球运动员都在不断地通过改变球拍类型、提高身体力量素质来增加击球的速度。

网球力量训练是一门科学，抓住力量训练的核心要素是关键（图7–1），而在面临高速度来球时，运动员需要通过良好的意识和更快的击球速度与移动能力来给对手施加压力，夺取比赛的主动权。即使是优秀网球运动员对快速来球的判断也会经常失误，所以，只有通过不断地提高自身速度力量素质，才能更好地处理场上的快速来球。网球运动员专项速度素质是影响击球动作速度的重要因素，所以，要提高网球运动员击球动作速度主要途径是提高运动员专项速度素质[2]。力量素质训练中通过加强运动员身体各环节速度力量素质，使运动员能够在最短时间内对来球做出回应完成击球。

---

[1] 彭承基. 提高网球击球技术的生物力学分析［J］. 北京体育大学学报，2000，23（2）：181–184.

[2] 王腾，赵建强，秦强，等. 优秀青少年网球运动员击球动作速度与专项速度素质的相关性研究 [J]. 天津体育学院学报，2007，22（4）：346–349.

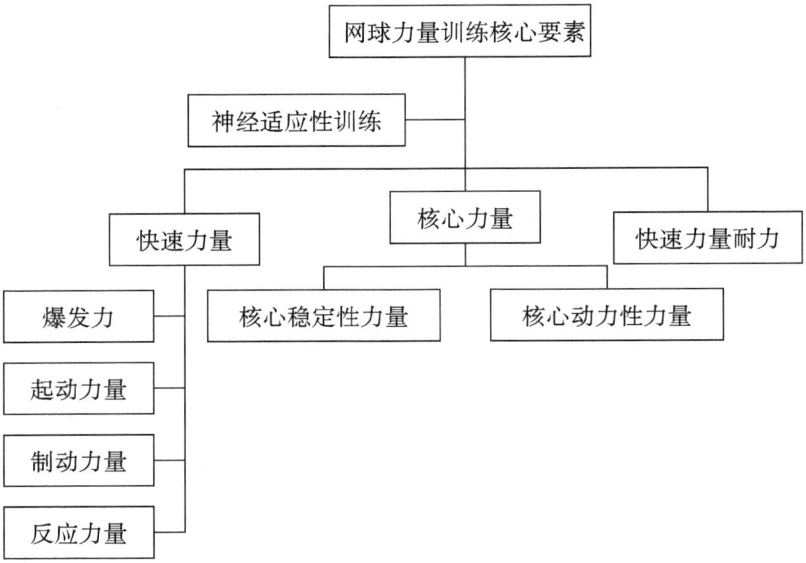

图7–1　网球力量训练核心要素[1]

一、速度力量的概念

网球速度力量是指网球运动中人体快速移动击球的能力，也是人体在最短时间内完成各项技术动作的能力。速度力量是网球运动员对比赛中各种信号刺激的快速反应能力、快速完成动作的能力和快速移动的能力。

二、速度力量的表现形式

网球速度力量的表现形式是通过速度素质的不同类型所表现出来的，速度素质可分为反应速度、动作速度和位移速度，不同速度素质之间既相互联系又有一定的区别。网球运动员需要掌握3种速度力量的表现形式，如图7–2所示。各项技术动作的速度是指运动员改变身体运动状态击球的动作速度。从视觉观察对手的来球到做出动作反应这段时间就是运动员的反应速度，面对对手大角度回球需要通过良好的移动能力将球回到对方场地，这就是运动员的位移速度力量。3种速度力量都表现在网球运动中，所以，在进行速度力量素质训练时，需要将速度力量素质进行系统的分类，使每一项速度力量素质都良好地体现在运动员的身体素质上。

[1] 赵佳．核心区力量及其训练研究进展［J］.天津体育学院学报，2009，24（3）：218–220.

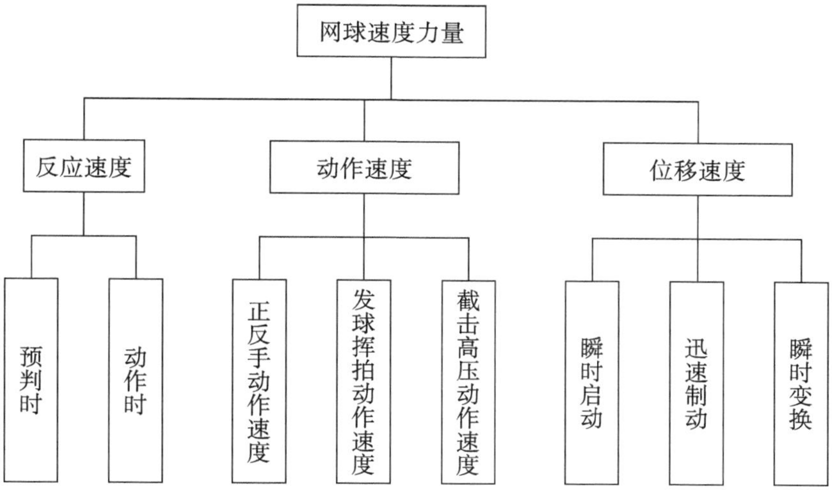

图7-2 网球速度力量分类

影响反应速度的因素：中枢神经系统的灵活性与兴奋性。中枢神经系统的机能状态与反应速度有密切的关系，良好的兴奋状态及其灵活性，能够加速机体对刺激的反应。条件反射的巩固程度是随着运动技能的日益熟练使反应速度加快。研究发现，通过训练反应时比以前可以缩短11%~25%。

影响动作速度的因素：肌纤维类型的百分比组成及其面积是肌肉中快肌纤维占优势，是速度素质重要的结构基础之一，快肌纤维百分比越高且快肌纤维越粗，肌肉收缩速度则越快。肌力越大，越能更好地克服肌肉内部及外部阻力完成更多的工作。因此，凡能影响肌肉力量的因素也必将影响动作速度。当肌组织兴奋性高时，表示刺激速度快且作用时间短就能引起肌组织兴奋。条件反射的巩固程度是在完成动作过程中，运动技能越熟练，动作速度也就越快。此外，动作速度还与神经系统对主动肌、协同肌和对抗肌的调节能力有关，并且与肌肉的无氧代谢能力有密切关系。

影响位移速度的因素：以跑为例，周期性运动的位移速度主要取决于步长与步频两个因素及其协调关系，而步长与步频又受多种生物学因素的制约。步长主要取决于肌力的大小、肢体的长度以及髋关节的柔韧性；而步频主要取决于大脑皮质运动中枢灵活性和中枢间的协调性，以及快肌纤维的百分比及其肥大程度。神经过程的灵活性好、兴奋与抑制转换速度快是肢体动作速度交替的前提，各肌群间协调关系的改善可以减少因对抗肌群紧张而产生的阻力，有利于更好地发挥速度。所以，在周期性运动项目中，肌肉放松能力的改善也是提高速度的一个重要因素。此外，速度练习主要是依靠 ATP—CP系统供能。肌肉中CP含量较多的是速度素质的重要物质基础。研究发现，通过速度训练，肌肉中CP含量随着训练水平的提高而增加。

三、速度力量的专项训练方法

速度力量素质是反应速度、位移速度和动作速度的综合表现，网球比赛中需要运动员快速判断、快速移动、快速完成单个技术动作。根据统计数据发现，不同场地类型每一得分时间的球速和运动员移动都有一定的区别。硬地场地每一得分的时间为5～7秒，球速较快、运动员移动速度相对其他场地也较快；红土场地每一得分的持续时间为7～10秒，球速较慢、运动员移动速度也较慢；草场地的球速较快、运动员移动速度相对较慢。运动员每一得分的间歇时间有20秒左右，每一局间歇时间有90～120秒。对于全年参加各类赛事的运动员在进行专项速度训练中应当遵循以下训练原则：

①训练的整体性。将网球各项速度力量素质进行综合训练，训练内容安排在训练课前期，对运动员整体和各环节速度素质进行全面训练。

②训练的平衡性。人体速度素质力量的均衡性，注意左右、上下环节部位训练的合理性，避免长期训练导致运动员环节部位的力量出现失衡的现象。

③训练内容安排与比赛表现相结合。运动员各项技术动作的发力顺序、时机把握、速度素质的类型应当在训练中进行专项化的训练，并且训练中的表现和比赛中相一致，避免两者之间有脱节现象。

④区别对待原则。由于运动员的人体生理结构、神经类型和各环节部位的原始力量速度素质有很大的区别，所以，在训练时需要仔细分析运动员的相关素质。

⑤综合统计信息和数据，全面安排与之相对应的训练内容和方法。

（一）反应速度力量训练方法

网球运动中的反应速度主要是由视觉信息反馈到做出相应的技术动作所表现出来的反应速度力量素质。练习强度为全力或极限训练强度； 练习负荷为8～10秒/组，5～8组，组间休息2～3分钟，每周训练1～3次。

1. 左右判断接球

训练方法：运动员徒手站在底线中间位置，教练员面对运动员双手拿球于两侧由后向左右两个方向摆动，随机扔出一侧手里的网球，运动员快速做出反应在网球落地后迅速抓住网球，回到起始位置进行下一次接球，依次重复。

训练要求：教练员可根据运动员的反应速度选择两者之间的距离，反应速度快则靠近运动员位置进行抛球，反应速度慢距离可适当增加。双手同时摆动但仅一只手抛球，增加运动员快速反应的难度。运动员快速判断左右两侧的来球，并以最快速度在体前将球接住。

训练原理：通过视觉捕捉来球方向并做出相应的动作姿势，提高快速反应能力。

注意事项：训练中严格控制训练强度与间歇时间，当感觉运动员反应速度下降时应当停止训练，避免疲劳机制影响运动员的反应能力。运动员主要体会视觉传递信息到快速做出动作，控制视觉捕捉范围并保持头部（本体感受器）运动状态。

2. 快速判断落点位置

训练方法：运动员站在距离底线中间1米左右的位置，教练员在对面场地喂球，运动员在网球离开教练员球拍后迅速判断网球的落点区域。将网球场地分为6个区域，并对每个区域用数字编码便于运动员迅速做出判断，运动员只需快速判断来球的落点，不需要做其他多余动作。

训练要求：当球离开教练员球拍后迅速喊出落点（第一落地）区域所代表的数字，可通过游戏方法进行训练，进行适当的惩罚便于运动员更加集中注意力。教练员根据运动员反应速度控制击球的速度，增强运动员的判断能力。可以两人同时训练，相互比较看谁的反应速度快。

训练原理：通过视觉判断来球的第一落点，提高运动员对来球判断的准确性。

注意事项：教练员可适当控制网球运动的弧线、速度、旋转增加运动员的判断难度，严格控制训练中的间歇时间和训练组数，使训练更加系统化。适当结合游戏或多人参加增加训练的乐趣，随着训练的推进可减小场地区域的面积，增加运动员的判断难度。

3. 快速垂直接球

训练方法：两人面对面站立，一人左右手各拿一个网球，手背向上，另一人将双手手掌放在对面运动员的手背上，双膝微屈。持球人说“开始”后，双手或单手松开自由落体抛下网球，另一人第一反应将网球在落地前接住。依次重复，两人轮换练习。如图7–3所示。

图7-3 快速垂直接球

训练要求： 两人根据反应能力控制双手高度，两人身高要适中，以便轮换练习。准备时，接球者双膝微屈，观察到球松开后立即屈膝接球，持球者可以双手同时松开球或单手松开球。

训练原理： 快速判断网球在垂直位置上的运动方向，结合视觉反应与屈膝动作的快速反应能力。

注意事项： 训练前做好充分的热身活动，增加膝关节的灵活性。高度集中注意力，加快视觉信息传递到腿部和手臂的速度。严格控制训练的组数和间歇时间，间歇时间进行主动放松，为下一次训练提供良好的状态。

4. 截击练习

训练方法： 两人面对面站立或多人围圆圈站立，通过相互之间的截击练习，锻炼快速反应能力和判断能力。当判断出对手截击过来的球后迅速调整身体位置并控制球拍将球回给对方，依次重复这一动作。

训练要求： 训练时争取增加相互之间的截击次数，提高视觉判断的稳定性和准确性，并使视觉信息传递至身体姿势保持流畅，整体击球动作变得从容。

训练原理： 提高快速判断的反应力量素质，通过视觉信息判断来球的空间位置。结合身体姿势与球拍的控制，使反应速度与击球动作相互结合。

注意事项： 根据自身截击质量选择适宜距离进行训练，短距离截击更加考验运动员的反应速度。运动员主要体会判断来球位置后进行对应的身体姿势的调整，而不是视觉传递后的上肢或者躯干先发力，第一反应为整体姿势和脚步控制。

5. 接发球训练

训练方法： 两人一组进行发球和接发球训练，发球运动员通过最快速度发球（平击球），接发球运动员通过快速判断来球的状态进行回球。主要体会接发球时的视觉反应能力，快速判断并做出相应的动作。

训练要求：接发球时引拍的幅度较小，主要通过快速判断来球的运动轨迹，然后结合球速的力量将网球回到对方场地较深的位置。两人轮换练习，并进行一二区发球。

训练原理：通过更快速度的来球刺激视觉神经系统，加速视觉信息的传递速度，提高反应速度。

注意事项：接发球运动员选择适当的位置进行接球，主要体会瞬间反应能力。严格的控制训练组数和间歇时间，相互交换进行训练，避免大力发球带来的损伤，训练前做好充分的准备活动。

（二）动作速度力量训练方法

根据网球运动的特点，网球动作速度主要体现为运动员原地进行各项技术动作的速度。例如，正反手击球动作、发球动作。各项技术动作在一场比赛运用的次数从高至低为正手击球≥反手击球＞发球＞截击，训练中对各项技术进行动作速度素质训练时也应当按照相应的使用次数进行安排训练内容。练习强度为最大或次最大强度；练习负荷为3～5组，组间间歇时间为2～3分钟，每周训练次数为1～3次。

网球正反手击球属于动作速度训练，而动作速度训练中需要将整体技术动作分为身体各环节的训练，加强身体各环节部位的训练有助于整体击球速度的提高。将正反手击球分为身体3个部位进行训练，即上肢、躯干和下肢，并对3个部位进行有区别的训练，使训练效果更加科学系统化。

1. 上肢动作速度训练

上肢在网球击球中属于鞭打动作，力量来源于运动员腿部蹬地、转体和转肩进而传递到击球点。对上肢进行动作速度力量训练时不仅需要对相对的大骨骼肌肌群训练，小骨骼肌肌群和关节部位的力量也不可忽视，如击球瞬间需要运动员良好的握力力量，这就需要运动员提高手指和手掌的抓和握的力量。结合网球正反手击球的解剖学和力学分析，严格分析各环节部位的发力顺序和相应的发力骨骼肌肌群，使训练更加系统化和科学化。

（1）握力器训练

训练方法：单侧训练对神经系统的刺激仅处于非理想的状态，所以，尽量选择双侧同时进行训练。手臂于身体两侧伸直，以便释放更大的力量。当手臂弯曲90°或者向前伸直时，训练的力量相对较小。如图7–4所示。

训练要求：相比握力器，网球运动员可以选择网球或者橡胶球进行训练，优秀网球运动员经常随身带一个柔软的网球和一个较硬的网球，分别进行手掌手指感觉练习和力量练习。

训练原理：网球运动员随着竞技水平的提升，击球瞬间的动量越来越大，而在击球的瞬间，来球的力量首先会传递至手指和手腕。如果手指、手腕力量不足就会难以控制球拍，造成击球失误，训练中进行手指、手腕的快速动作力量训练是非常有必要的。

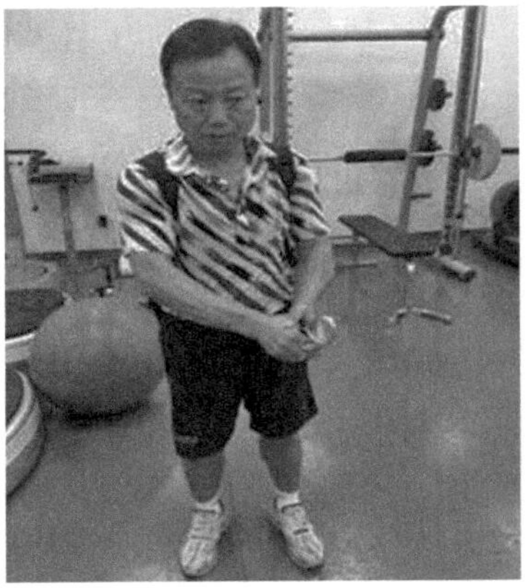

图7–4　握力器使用

注意事项：训练中进行快速握力和放松练习，避免持续用力。结合击球瞬间的握力方式进行训练，为保证训练的持续性进步，建议购买多种握力器，以确保可以提供不同程度的阻力。注意训练强度，避免高强度训练导致肌腱受到过度拉伸。

（2）手抓铅球接力训练

训练方法：单手抓住铅球或杠铃用力提拉至上臂与肩平齐后松手，让铅球或杠铃自由下落，在铅球或杠铃尚未落地时抓住。如图7–5所示。

图7–5　手抓铅球接力

训练原理：提高运动员的手指、手腕力量，培养团队协作精神。

训练要求：平坦空地，比赛用4千克标准铅球若干。游戏者按人数平均分成若干队。每队1个球，各成纵队站立于本队球的后方。游戏开始时，各队第一人先开始。

注意事项：参加者在抓铅球时必须是提拉至上臂与肩平齐后松手，让铅球自由下落，必须是从球的上方抓住，不能用掌心向上托球或用双手接球，否则犯规视为无效。在传球过程中，如果中途犯规或是铅球落地，犯规的队员或使铅球落地的队员必须把铅球放在地上，重新开始。

（3）前臂内外旋训练

训练方法：运动员虎口朝上握住哑铃，把前臂垫在桌子或凳子上，屈肘，前臂紧贴桌面将哑铃举平，而后向外侧缓慢旋转，尽量让哑铃杠杆与地面平行，回到起始动作；再向内缓慢旋转，尽量让哑铃杠杆与地面平行，回到起始动作。如图7-6所示。

图7-6　前臂内外旋

训练要求：内旋和外旋两种动作虽为非常规的前臂锻炼，却可以从根本上分离前臂肌群，凸显前臂肌肉的质感与清晰度。

训练原理：前臂内旋和外旋发力主要体现在网球正手击球和发球中， 通过前臂内旋增加击球力量和旋转速度。

注意事项：感受肌肉运动过程，选择合适的重量以免伤到手腕，前臂要始终固定。训练前要进行适宜的前臂内旋和外旋的热身活动，避免因过度训练而导致前臂肌腱拉伤。

（4）弹力带前臂内外旋训练

训练方法：将弹力带一端固定，运动员用手握住另一端，上臂紧贴身体固定肘关节。根据适当位置选择弹力带两端的高度，训练时可选择坐立或站立位置进行练习。如图7-7所示。

图7-7　弹力带前臂内外旋

训练要求：根据自身力量选择适宜的弹力带弹性强度，用力时保持身体和肘关节部位的平衡性，避免左右晃动造成力量代偿降低训练效果。

训练原理：用弹力带进行力量训练的阻力可以根据弹性强度来确定，器械简易方便，场地不受限制。

注意事项：前臂内旋和外旋属于小肌肉群练习，训练中尽量选择小力量训练，避免大强度大力量训练。弹力带两端的位置需要进行合理分析， 具体原理按照运动员练习部位的发力顺序与阻力的方向为 180° 左右，使力量训练更加有效。

（5）锤式弯举（肩关节外展）训练

训练方法：运动员坐在凳子上，手持轻重量哑铃（弹力带）于体侧， 在肩关节外展约60° 的状态下进行肘关节屈伸动作，训练时前臂保持外旋的动作。依次重复这一动作。如图7-8所示。

训练要求：运动员坐在凳子上，保持发力过程中身体的稳定性，运动员在选择哑铃重量前可进行不同重量的哑铃进行训练，然后选择最适宜的负荷进行训练，力量适中是训练的主要要求。

图7-8　锤式弯举

训练原理：正手引拍后的击球动作是在肩关节外展一定角度并保持固定的状态下所进行的肘关节屈的动作。

注意事项：运动员合理安排训练强度与负荷，主要训练手臂小肌肉群。训练中保持前臂外旋和肩关节外展 60° 的固定姿势，训练中要防止躯干位置晃动。

（6）卧推

训练方法：平躺于卧推架上，双手持中等重量的杠铃，进行快速握推练习。练习时注意保持呼吸，避免出现憋气等现象。杠铃上下移动过程中，保持重量在同一条线上。分组进行练习，注意组间间歇时间。如图7–9所示。

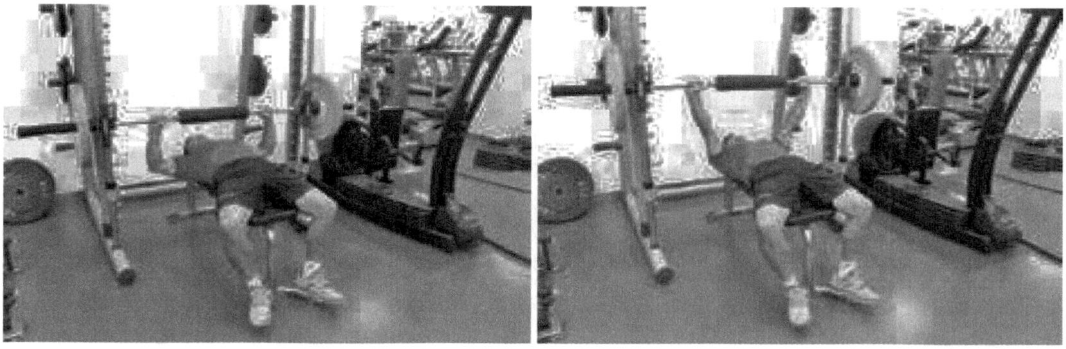

图7–9　卧推

训练要求：选择适宜重量的杠铃重量，主要锻炼运动员手臂快速力量，杠铃上下移动距离不宜太长，保持适宜的肌肉收缩状态。训练时要保持身体整体的稳定性，避免左右晃动。

训练原理：加强运动员肩关节和胸大肌的快速力量，提高挥拍击球速度。

注意事项：动作速度与呼吸频率相结合，间歇时间在不完全恢复的状态下开始下一组练习。杠铃下落时，快速制动，并快速向上推起， 练习强度不宜过大。

2. 躯干动作速度训练

在击球过程中，前挥击球阶段的动作特点是充分地转肩，同时左侧上臂进行水平屈和内收的复杂多轴运动，前臂做屈和内旋的双重运动。这一阶段脊柱的螺旋式旋转、肩关节的转动都起到了能量的传递和递增的作用，而脊柱、肩关节周围肌肉的兴奋收缩是产生躯干旋转的主要根源[1]。故此网球正反手击球中躯干扭转力量对击球

[1] 林锋，刘炜，郭林，等. 网球双手反拍击球最后用力阶段躯干的生物力学分析［J］. 体育科研，2013，34（6）：74–77.

速度有很大的影响，训练中应当加强躯干部位的扭转力量。躯干部位的扭转力量包括髋关节的扭转和肩部扭转，要对两者的训练内容进行合理的划分，使训练内容与发力顺序更加准确有效。

（1）蹬地转髋

训练方法：两人面对面站立，间隔距离适中。持球方双腿分开与肩同宽或略宽于肩，双手持健身球于身体右侧，双腿微屈向右转体。通过腿蹬地与转腰将球向同伴抛去，然后再接住回球。如图7–10所示。

图7–10　蹬地转髋

训练要求：训练中主要体会脚蹬地力量传至髋关节转动、肩部转动并最终传递至手臂，发力顺序与动作速度的一致性，教练员仔细分析运动员的发力顺序，避免运动员单纯依靠手臂力量将球抛出去。

训练原理：蹬地扭转发力顺序与网球正手击球发力顺序一致，感受力量的整体传导顺序，加速肌肉发力顺序的激活。

注意事项：根据两人抛球力量来调节间隔距离，距离不要过大，主要是体会脚蹬地、转腰发力将球抛出去。练习过程中注意双脚位置保持不变，避免身体重心上下起伏，以及转腰蹬地的结合。

（2）弓步转体

训练方法：成弓步姿势，习惯性蹬地腿在前，屈膝90°，前脚掌放同等宽度的横木板上。保持下肢的稳定状态下，双手向左侧水平拉弹力带或球，通过转腰将弹力带或球抛向右侧。回到起始位置，依次重复。如图7–11所示。

图7–11　弓步转体

训练要求：训练负荷循序渐进，根据自身力量的大小选择重量。可自由选择脚踩木板进行训练，脚踩木板训练能够加强髋关节和小腿肌群的稳定性，保持运动员站立位置时的平衡能力。

训练原理：腿部固定为弓步的姿势下进行转体充分利用了躯干部位的扭转力量，单脚蹬地结合膝关节内旋与正手击球蹬地动作的发力顺序一致。

注意事项：练习过程中，下肢固定其稳定性，避免身体重心上下起伏，主要体会通过转腰发力将球抛出。前位脚放置横木板上，保持其稳定性，根据自身力量而选择重量。

（3）坐立击球

训练方法：坐在瑞士球上，双脚固定，手持球拍进行正反手击球。练习过程中重点体会力量从腰部开始发出，通过转体转肩进行击球。训练中尽量固定下肢位置，主要依靠躯干扭转进行击球。如图7–12所示。

图7–12　坐立击球

训练要求：主要体会发力的顺序，切勿为加快击球速度而导致动作变形。运动员有意识地控制下肢的位置，击球过程中防止不必要地晃动，观察运动员整体击球动作，禁止单纯地依靠运动员的手臂进行挥拍击球。

训练原理：运动员处于坐立状态下击球，通过固定髋关节肌群，使腰腹部肌肉收缩进行躯干扭转力量，对躯干部位进行单一的扭转练习，使训练效果更加明显。

注意事项：击球时体会用力的流畅性，击球时不要提前激发肩关节肌肉，力量的出发点为腰部肌群，整个练习过程中保持躯干部位的稳定性。合理安排训练组数与次数，组间进行主动恢复性训练。

（4）躯干扭转（弹力带）

训练方法：两人一组进行练习，运动员双手交叉放于胸前，膝关节弯屈保持固定姿势。利用两根弹力带的一端固定在肩关节位置（防止脱落和擦伤皮肤），另一端握在辅助者手里。辅助者站立于运动员后方，手握弹力带，运动员通过躯干部位的扭转力量拉动弹力带进行练习。如图7–13所示。

图7–13　躯干扭转

训练要求：合理选取弹性适宜的弹力带进行练习，主要体会发力顺序和训练躯干部位的小肌肉群发力。辅助者给予适当力量，运动员保持下肢固定的姿势进行躯干扭转，保持整体的稳定性。

训练原理：利用弹力带的弹性力量对躯干部位的小肌肉群进行练习，使训练效果更加精细准确。

注意事项：训练中合理安排训练组数和间歇时间，运动员可适当利用脚蹬地转体进行练习，固定于运动员肩关节部位的一端需要进行处理，防止对运动员造成损伤，两人相互监督，避免训练的发力顺序与动作不一致。

（5）仰卧起坐（交叉式）

训练方法：背部紧贴地面，双手交叉放于胸前，腿部弯屈。双脚固定（可借助器械或辅助者）。慢慢抬起肩部带动上半身离开地面，躯干转动时肩关节离地面约 30 厘米换另一边转动。如图7–14所示。

图7–14　仰卧起坐

训练要求：主要体会躯干向两侧的转动，而不是仰卧起坐中的靠近膝关节为止，肩关节部位离地位置不宜太高，当到达顶峰位置时进行顶峰收缩，加强肌肉的深度刺激。

训练原理：利用髋关节固定使躯干不进行扭转，刺激运动员躯干肌群的肌肉力量。

注意事项：建议采取双手交叉放于胸前进行练习，防止手臂用力拉动躯干转动，抗阻力阶段进行呼气，放松阶段吸气。训练中合理安排间歇时间与训练组数，尽可能采取递减式训练，增加训练次数。

（6）背部骨骼肌肌群训练

训练方法：坐在练习器械上，双肘后部对抗练习器械进行练习，重点体会背部骨骼肌收缩的感觉。类似准备活动中的扩胸运动，提高运动员背部骨骼肌肌群力量，保持腰腹部与背部的均衡性。如图7–15所示。

图 7–15　背部骨骼肌肌群训练

训练要求： 循序渐进地进入训练状态，根据自身力量的大小选择适宜的阻力进行训练。训练中保持躯干部位的稳定性，防止力量的不均衡发展， 肩关节伸时呼气，肩关节屈时吸气。

训练原理： 正反手击球中为保持躯干部位的稳定性，加强躯干部位前后侧的力量强度，使躯干力量达到均衡发展。

注意事项： 练习强度不宜过大，避免拉伤背部，主要练习肩关节的周围肌群。可以进行中等强度拉伸练习，慢收慢放，提高骨骼肌以及韧带的柔韧性。

3. 下肢动作速度训练

网球运动员下肢关节在正反手击球中主要的发力方式有双脚蹬地、单脚蹬地和单双脚向各个方向上的发力。训练结合网球正反手技术中下肢运动方式安排合理的训练内容，对网球运动员腿部力量进行跳跃、蹬地训练，加强运动员腿部的快速发力。

（1）单腿普罗BOSU球练习

训练方法： 身体呈直立状态，双臂屈肘前平举，在身体侧旁80～100厘米处放置普罗BOSU球。抬起练习腿，身体重心向体侧偏移至练习腿的脚踩住球体侧上方，练习腿发力使身体重心回移至开始状态。如图7–16所示。

图7–16　单腿普罗BOSU球练习

训练要求： 训练中保持呼吸时与发力顺序的结合，腿蹬伸时呼气，膝关节屈时吸气。根据自身腿部力量选择放置普罗BOSU球的位置进行训练，循序渐进地进行训练。

训练原理： 运用普罗BOSU球练习不仅能够加强运动员的蹬地力量，而且可以增加运动员踝关节的力量和稳定性。与网球正反手击球中的蹬地动作发力顺序一致，使训练增加准确有效。

注意事项：放置普罗BOSU球的距离要合适，练习动作主要体会身体重心的移动过程，蹬地时保持踝关节的稳定性。返回至起始状态时不宜过快，使身体匀速、稳健地回到起始位置，整个动作过程中保持躯干的稳定性，练习前需要适量拉伸小腿及踝关节肌群。

（2）斜板跳跃

训练方法：左右跳跃，可进行单脚或双脚跳跃，跳跃过程中保持身体稳定。练习时需要高度集中注意力，明确下一次跳跃的位置。可选择多人游戏训练以增加趣味性。如图7–17所示。

图7–17　斜板跳跃

训练要求：训练中保持身体平衡，体会身体整体的发力顺序。训练前期进行充分的热身活动，防止训练中出现运动损伤。严格控制训练次数，使运动员保持一定的积极性。

训练原理：提高运动员整体移动能力和中枢神经系统整合的能力，对空间位置的准确判断和身体发力控制相一致。

注意事项：跳跃过程中双脚位置始终保持在斜板面上，避免跳跃在两斜板交接位置。练习前充分拉伸踝关节肌群，避免练习过程中出现拉伤等现象。合理安排训练组数与间歇时间，提高腿部跳跃的速度力量。

（3）台阶横向跳跃

训练方法：选取台阶面较宽、坡度较小的场地进行练习，起始位置身体侧向面对台阶，双脚间隔一个台阶。通过台阶下的腿部用力蹬伸，身体横向朝上跳跃3～5个台阶。依此重复练习。

训练要求：训练中循序渐进地安排训练内容，使运动员逐渐适应台阶的位置，做好充分的准备活动。根据自身力量的大小选择适当的台阶数进行训练，避免因台阶数过多而造成损伤。

训练原理：增加运动员单脚蹬地力量和运动员对力量控制的能力，促进运动员对骨骼肌力量控制的能力。

注意事项：练习前充分拉伸，根据自身下肢力量确定跳跃的台阶数，主要体会台阶下面的腿进行用力蹬伸，带动整个身体向上跳跃。合理安排训练组数和间歇时间，选择适宜的训练强度进行训练。

（4）单双脚跳跃

训练方法：将障碍物横排摆放，间距适中。练习者通过双脚或者单脚跳跃，开始姿势膝关节角度不要有上下浮动，约130°～150°时开始发力跳跃。落地后即可控制膝关节角度，禁止弯曲幅度过大，应良好地控制跳跃过程中膝关节的角度。如图7-18所示。

图7-18　单双腿跳跃

训练要求：连续跳跃速度不宜过快，主要体会跳跃前膝关节角度的控制和落地后的迅速制动。严格做好每一次跳跃动作，保证训练动作的准确性和系统性。

训练原理：此训练动作主要结合蹬伸动作的发力顺序，股四头肌在被拉长的状态下进行蹬跳，充分发挥腿部的爆发力，这也是评价运动员腿部爆发力的标准之一。

注意事项：障碍物摆放间距适中，高度为50～80厘米。严格控制练习者的膝关节角度，准备期与落地期禁止膝关节收缩幅度过大。

（5）跳箱

训练方法：运动员面向一定高度的跳箱，结合蹬伸动作的发力顺序快速跳跃过跳箱，落地时尽量保持膝关节的角度变化幅度在较小的范围内。蹬地时膝关节的角度为90°，发力瞬间变化幅度要非常小。

训练要求：训练中保持每一个动作做到准确到位，并不是简单连续重复同一动作进行训练。根据自身力量大小选择适宜的高度进行训练，跳跃过程中保持膝关节和髋关节角度的变化幅度，摆臂的动作幅度也要相对较小。

训练原理：对腿部股四头肌的力量进行训练，利用股四头肌在被拉长的状态下进行深度刺激骨骼肌力量。

注意事项：训练中教练员严格观察运动员的关节角度，避免盲目训练，注重每次训练的准确性和有效性。合理安排训练的强度和时间，使运动员在完全恢复的状态下进行训练。

（三）位移速度力量训练方法

根据网球运动的特点，网球的位移速度力量素质主要表现为运动员向各个方向的快速移动能力，以运动员站立位置为中心地面构成的六边形，运动员的运动方向为六条边的方向。位移力量速度素质中练习强度为最大或次最大训练强度；练习负荷为3～5组，组间间歇2～3分钟，每周练习1～3次。

（1）踝关节弹力带练习

训练方法：网球正反手击球练习过程中，两脚踝关节处固定弹力带，根据自身移动距离适当把握弹力带的松紧程度。击球时使小腿呈强力收缩状态，提高小腿的力量，增强击球站位的稳定性。如图7-19所示。

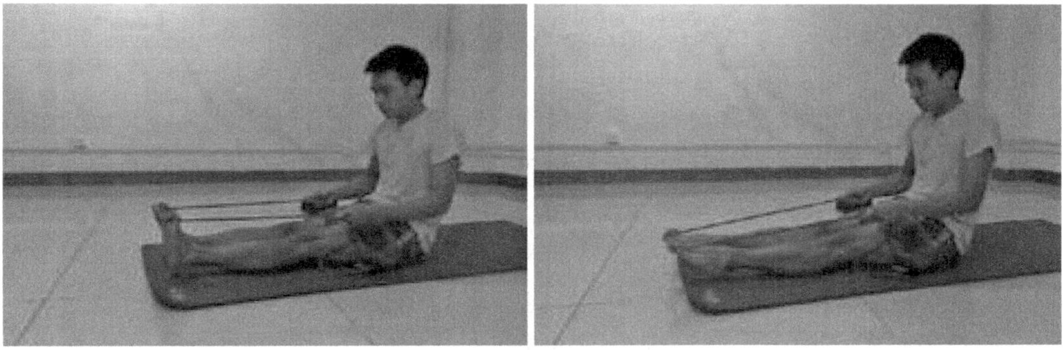

图7-19　踝关节弹力带练习

训练要求：通过腿部弹力带进行左右侧移动能够加大脚步移动的阻力，提高腿部移动能力。

训练原理：横向移动发力与阻力的方向成180°，使训练效果更加明显。

注意事项：弹力带的长度与弹性强度需要根据自身下肢长度与力量严格控制，移动过程中注意不要被弹力带绊倒，保持低身体重心，以腿部发力为主。合理安排训练强度与间歇时间。

（2）折返跑移动练习

训练方法：运动员站在双打边线一侧，向网球场外侧进行跑动，手触地后回到单打线边缘，依次分别重复触摸发球线、球场外侧、另一侧单打边线。可两人一组进行训练，看谁的速度最快。如图7-20所示。

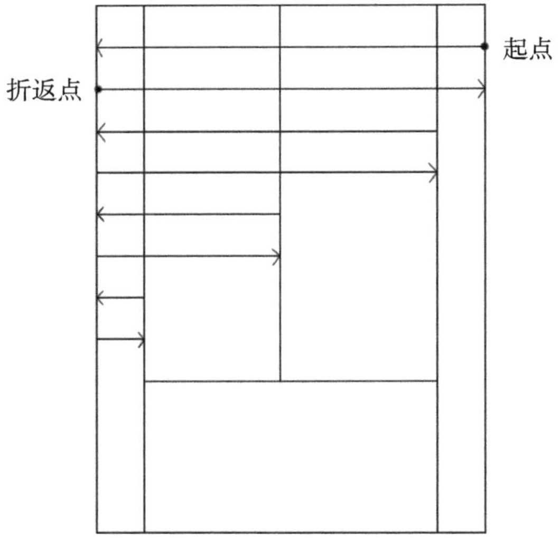

图7-20　折返跑移动

训练要求：运动员在移动的过程中保持较低的身体重心进行移动，考验运动员的反应能力与快速移动能力。运动员的急起和急停，提高运动员对自己身体重心的控制能力。

训练原理：依次折返跑练习可以增加运动员的快速移动能力，随着移动距离不断加大，可以帮助运动员提高反应能力。

注意事项：训练中合理安排训练强度与间歇时间，训练前进行充分地热身活动，急起、急停动作容易对膝关节造成损伤，所以，赛后应当进行放松活动以保护膝关节。

（3）六角移动

训练方法：以球场底线中间位置为起点（放置一把球拍），以此向前、左前、右前、左、右方向快速移动，将球拍内的网球依次放置在5个点。训练中结合步法练习，放置完毕后可再依次将网球放回原处，训练中要注意移动的稳定性，将网球放置平衡避免滚动。如图7–21所示。

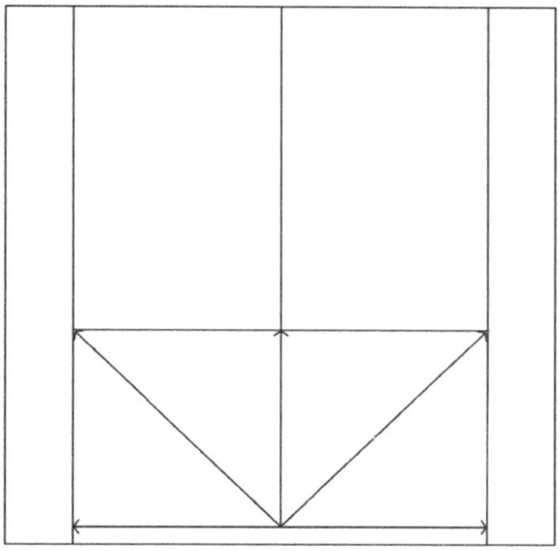

图7–21　六角移动

训练要求：运动员移动时降低身体的重心，保持移动的稳定性。快速急起和急停变换运动方向，在保证移动速度的前提下维持身体的平衡性。

训练原理：网球运动员不仅需要较快的移动速度，还需要在移动过程中保持稳定性，提高击球的稳定性。

注意事项：合理地安排间歇时间，使运动员在不完全恢复的状态下进行下一组训练。向各个方向移动时都应当结合网球步法练习，这样有助于提高运动员移动速度的有效性。回到起始位置之后进行跑动应当加上分腿垫步动作，此动作有助于腿部力量的快速发力。

（4）交叉步

训练方法：运动员保持上体呈直立状，膝关节弯曲，用脚后跟向后踢，两腿后踢交换速度要尽可能快，侧向移动时保持一条腿在另一条腿前交叉，前后腿可以不交替。

训练要求：前交叉步用于反手击球和反手前侧击球，而后交叉步主要是用于向后移动，通过快速准确地移动以提高击球的速度。训练中可选择纯步法训练或者步法与击球同步训练。

训练原理：准确的移动步法是提高击球稳定性的基础，为比赛中运动员竞技技能的发挥奠定基础。

注意事项：训练中根据训练内容合理安排组数与间歇时间，运动员可选择有球或者无球训练。步法移动练习主要是提高运动员移动的稳定性和快速移动能力。

（5）“WV”形冲刺

训练方法：从左侧网柱开始，背朝底线，向近侧单打边线和底线交界处全速后退，到目标位后急停，然后向中心网带冲刺，到位后再急停，再向另一侧单打边线和底线交界处全速后退，急停后再快速跑向右侧网柱还可以再做“V”形跑训练或放松。如图7-22所示。

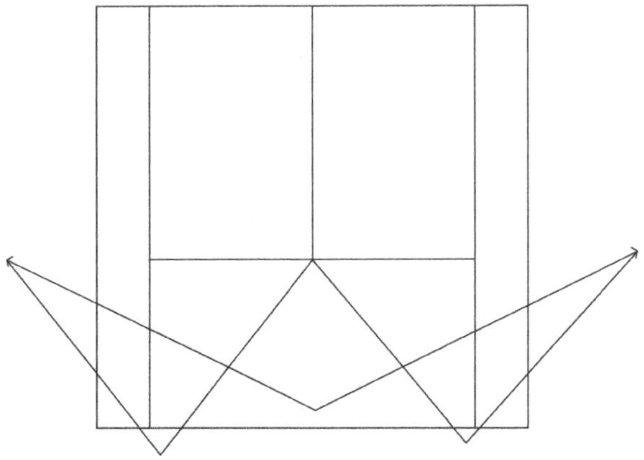

图7-22 “WV”形冲刺

训练要求：提高改变前进方向的能力及后退与前冲的速度。急停时要控制住速度，改变方向时必须做到直线变向，不能绕环变向。脚步移动配合身体重心转移进行。当左脚置于右脚前时，要求托拍手离开拍颈并指向前方，右臂置于身体右侧的位置。

训练原理：“W”形跑动练习有助于运动员的前、后、左、右各个方向的移动，可提高运动员对身体前后侧的重心控制能力。

注意事项：训练中注意身体重心的转移，防止过于追求速度而不能准确到达位置进行击球。主要让运动员体会移动的稳定性和对球场位置的空间感知的能力，对来球位置所对应的步法数量做到心中有数。

（6）小碎步

训练方法：双脚不停地倒换小碎步，想象自己脚下有一个火堆，脚一碰到地就要马上抬起，可持续30～60秒。训练时保持躯干部位处于收缩状态，双脚小碎步不断快速地接触地面。如图7-23所示。

图7-23　小碎步

训练要求：训练内容应当安排在运动员相对兴奋的状态下，培养运动员的快速反应能力。小碎步练习结合手臂的快速摆动，加强手脚同时快速摆动的协调性，注意加强运动员的主动恢复能力和放松能力。

训练原理：小碎步练习有助于运动员向各个方向上快速移动做出反应。

注意事项：合理安排间歇时间，使运动员在完全恢复的状态下进行下一组训练。建议采用短时间高强度间歇训练法，培养运动员的反应速度和磷酸原供能能力。

（7）“8”字形移动

训练方法：运动员在两个网球之间做“8”字侧滑移动，移动时手持球拍，可以结合移动的击球练习。网球的位置可以为前后、左右或者三角形等方向或形状进行训练，提高运动员的综合移动能力（图7-24）。

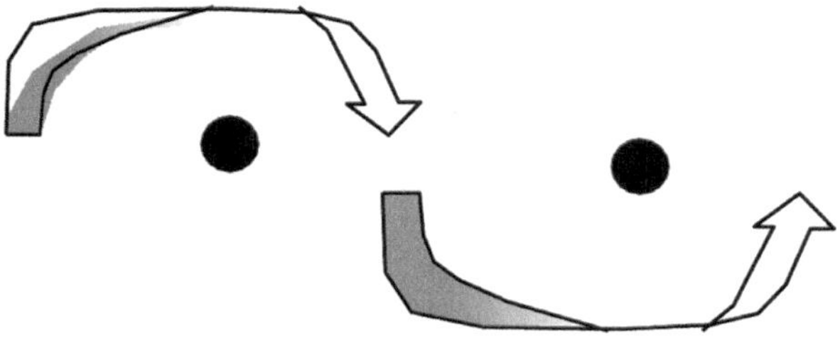

图7-24　“8”字形移动

训练要求：移动时要快速、准确、稳定，运动员在训练时可以随着移动的步法进行挥拍击球练习，通过并步、交叉步和小碎步进行训练。选择适宜的两球之间的位置，保持良好的移动能力。

训练原理：运动员可随意调节两个网球之间的距离，训练内容和方法比较开放，运动员可自行选择。

注意事项：合理安排间歇时间，此训练内容主要安排在训练课的前段，为运动员提供热身训练。训练时慢慢增加移动距离，提高运动员的移动能力和移动速度。

（8）Inside-out击球

训练方法：教练员连续给运动员从右边线至左边线位置喂6～8个球， 运动员每次从右至左移动进行连续性地击球。击球可以选择固定位置，运动员主要体会连续的步法移动速度和准确性。

训练要求：运动员需要集中注意力，尽量将每一个球打到固定的区域，击球的精确性和步法的精确性相结合，使运动员的整体协调能力达到一致。

训练原理：提高运动员连续控制脚步移动能力，提高移动的速度和准确性。

注意事项：训练中合理安排训练的组数、次数和间歇时间，使运动员在不完全恢复的状态下进行下一组训练，有助于加深运动员中枢神经系统对骨骼肌的控制和刺激强度。

（9）criss-cross十字穿越（绳梯）

训练方法：站在绳梯一端的角上，运动员先迈进一只脚，紧接着另一只脚也迈进第一个格子，然后从第一个格子出来到相邻格子的旁边。依次重复这一动作，直到穿过所有格子。

训练要求：要求动作敏捷迅速，在最短时间内通过所有格子。训练时保持脚落地的准确性，刚开始练习时建议以慢速训练为主，当运动员熟悉整个流程后再进行全速训练。

训练原理：加强视觉捕捉信息与腿部肌肉控制的协调性，以提高运动员的快速移动能力。

注意事项：训练内容适合于训练课的准备活动中，使运动员快速进入训练状态。训练的组数和次数不宜过多，合理安排间歇时间，保证运动员在神经放松的状态下进行训练。

（10）step in进出练习（绳梯）

训练方法：面向（背向）第一个格子的一侧，先踩进一只脚，然后另一只脚跟上，再退回到相邻格子的旁边。依次重复这一动作，直到穿过所有格子，运动员结合手持球拍和准备动作进行练习。

训练要求：运动员主要体会眼与脚的协调配合下的快速横向和纵向移动，脚步移动的距离相对较小，速度较快。手持球拍与网球步法移动中的动作相结合，使训练效果更加明显。

训练原理：有效地提高运动员的横向和纵向快速移动能力，加上结合持拍和准备动作，与移动中击球姿势相一致。

注意事项：训练内容建议安排在训练课的前半部分，使运动员在精力充沛的状态下进行训练。训练次数与组数不宜过多，主要使运动员快速进入训练状态，采取短时间高强度训练方法进行有效的训练。

（四）发球动作速度力量训练方法

发球是网球运动中最重要的技术之一，是网球竞赛中唯一由自己掌握并组织进攻的良好机会。发球是现代网球运动中鉴别、评价技术水平的最重要的标志之一，是得分的主要手段。掌握良好的发球取决于3个因素，其中之一是速度，就是以较快的速度压制对方的有力还击，使对方的还击变得无威胁、无进攻性，甚至使对方直接失分。“ACE”球的最重要的因素就是速度、落点和旋转，落点之所以重要，因为它专门打在对方的最弱处并避开其长处，使对方无论如何也打不出理想的攻击球，甚至造成对方失误；旋转球速度不快，落点不刁，但由于它落地弹起后改变方向或弹跳又低又短，所以，迫使对方跑动还击，且从低处向上提拉，即使对方充分到位也只能勉强回球[1]。网球发球是一项精细的技术动作，训练中对发球技术进行详细地划分并结合整体技术安排合理训练内容，使运动员的发球质量得到提升。网球发球技术的动作速度力量素质训练应当遵循以下3点原则：

①练与赛的结合。根据比赛中发球的强度、间歇时间和次数制订训练中发球的训练内容，严格按照比赛发球的规律提高运动员的发球技术。

②重视发球的稳定性。比赛中由于各种压力而导致运动员发球的成功率下降，所以，训练中应当给予运动员更大的压力才能使其在比赛关键时刻发挥稳定和有效。

③各环节力量大小与骨骼肌重量的结合。由于不同力量素质训练都会相应地增加运动员训练部位的骨骼肌重量，如肌肉体积增大，而骨骼小就会导致柔韧性较差和动作僵硬，影响击球的鞭打效果。

---

[1] 宋强. 网球发球技术图解 [M]. 北京：北京体育大学出版社，2003.

1. 上肢发球速度训练

网球发球技术动作充分利用到了双手的协调性，左手抛球的同时右手引拍，两只手的运动形式不同，左手力量较小向上抛起网球，右手挥动器械做“超越器械”动作。训练中需要加强双手协调发力的稳定性和习惯性，以及手臂的挥拍击球速度，对这两部分进行合理的训练是提高击球质量的关键点。

（1）抛球

训练方法：运动员侧向对着一面墙（挡网）进行抛球练习，抛球在竖直方向上的轨迹要与墙面（挡网）平行。练习时结合腿部力量进行练习，体会腿部发力与抛球的协调性，逐步提高抛球的稳定性。如图7-25所示。

图7-25　抛球

训练要求：要求运动员利用墙面（挡网）为参照物，抛球轨迹与墙面（挡网）保持垂直。运动员主要体会手臂发力的稳定性，保持身体的动态平衡，对不同类型发球的抛球位置进行合理的选择。

训练原理：靠墙（挡网）进行练习有助于为运动员抛球建立参照物，进而提高运动员抛球的稳定性。

注意事项：不能过于追求抛球的速度，主要掌握抛球动作的动态平衡， 使整个抛球的发力顺序流畅。对平击球、上旋球和侧旋球的抛球位置的选择要合理准确。

（2）挥拍速度

训练方法：两人一组进行练习，练习者做发球引拍后的挥拍击球动作。手握弹力带一端，另一端由用脚固定放于练习者身后（具体位置根据运动员身高而定）。通过脚蹬地转体结合拉动弹力带进行击球练习， 依次重复这一动作。如图7-26所示。

图7-26　挥拍速度

训练要求：要求运动员选择弹性较小的弹力带进行训练，主要发展运动员瞬间挥拍速度。训练中注意运动员的整体稳定性，使其发力更加流畅，注意弹力带另一端固定的位置，尽量保证弹力带的阻力与运动员挥拍用力方向成180°。

训练原理：通过弹性小的弹力带提高运动员的手臂挥动的相对动作速度，提高肩关节及相关部位的小肌肉群力量。

注意事项：训练中严格控制训练组数和间歇时间，提高手臂挥拍击球的瞬时速度。两人相互监督发力方向与弹力带的弹性方向，避免无用功的训练。

（3）腕屈伸

训练方法：坐姿。使用杠铃（直杆或EZ杆）或哑铃，双手反握（拇指向外）。将前臂放到凳子或大腿上，手腕悬空。前臂肌群发力将手腕尽可能高地举起。保持这个姿势1 秒钟的顶峰收缩后，缓慢降下手腕高度。如图7-27所示。

图7-27　腕屈伸

训练要求：训练时，固定前臂位置，主要使用手腕关节的屈伸动作将杠铃重量提起，以四指抓住杠铃，拇指悬空进行手腕弯举训练。

训练原理：这种动作训练可以一次性训练腕关节及表面和深层的肌肉，训练中手腕受伤的风险相对较小，可以使用较大重量的哑铃进行训练。

注意事项：骨骼肌的屈要比伸强壮不少。因此，腕弯举在保护前臂的重要性上较腕屈伸要逊色不少。在肌肉伸展阶段要避免过大的运动幅度，训练中可以选择站姿或坐立状态进行训练。

（4）屈臂上牵拉

训练方法：练习者两脚分开与肩同宽，可稍屈膝站立。身体的背部朝固定端。两手分别抓住一侧手柄，固定在身体两侧，掌心朝前，确定弹力带绷紧。缓慢地朝前上方牵拉弹力带，使弹力带与手臂在同一条线上。静止一段时间后，缓慢还原到初始位置。如图7-28所示。

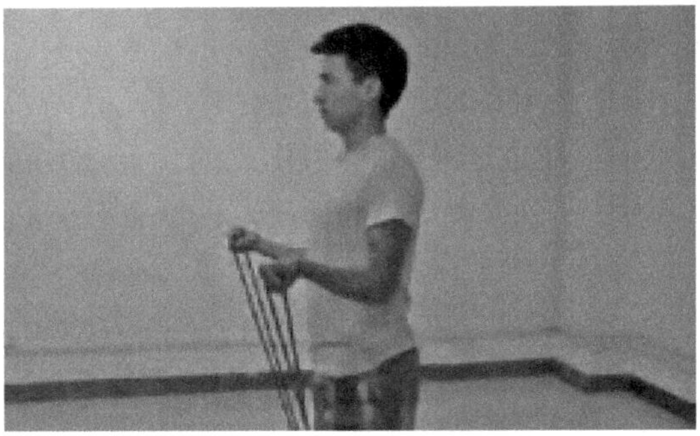

图7-28　屈臂上牵拉

训练要求：保持躯干固定状态，背部在整个锻炼过程中都得绷紧。以缓慢的可控制的方式重复拉伸，直到完成预定组数。完成动作过程中要注意是肩部用力而不是肘关节用力。

训练原理：此训练动作可有效地训练三角肌前部、中部和斜方肌，提高网球发球过程中肩关节力量。

注意事项：动作完成时间为1～2秒，还原时间为2～3秒。建议训练次数为10～15次，组数为2～3组，间歇时间为30～60秒。主要体会肩关节发力，而不是简单的肘关节屈伸。

（5）颈部后屈伸

训练方法：上体保持直立状态。双臂举起，肘关节保持弯曲，将杠铃或实心球放置于颈后。通过肩关节固定肘关节的屈伸动作将杠铃举起或将实心球抛出去。如图7–29所示。

图7–29　颈部后屈伸

训练要求：训练时保持躯干和下肢的稳定性，主要依靠运动员的上肢力量将重量提起。利用实心球训练能更有效地加强运动员上肢的动作速度和爆发力，使训练效果更加明显。

训练原理：训练中的发力顺序与网球发球手臂的鞭打动作一致，加深运动员手臂力量训练的准确性。

注意事项：合理安排训练的组数、次数和间歇时间，保证运动员在完全恢复的状态下进行训练，提高手臂的爆发力。建议通过实心球训练，选择适宜重量的实心球或是改变身体的姿势以提高发力的难度。

2. 躯干发球速度训练

网球发球技术动作中，运动员运用到了躯干扭转动作， 发球中运动员有一个满弓的动作，满弓动作后结合躯干扭转力量传递至击球点。躯干部位不仅有旋转力量还有髋关节屈的动作，不难看出运动员发球后躯干位置为朝向地面。

（1）背屈伸

训练方法：起始姿势为俯卧在垫子上，上体前屈，两足固定，两手抱头或双手放在双耳侧。上体尽量向上挺，到最高点时，静止1秒，然后慢慢恢复。注意身体下落的时候要慢，2秒下到最低点，身体起来的时候要快，尽量在1秒内完成。一组里面要尽可能保持快起慢下的频率。上体挺起时吸气，前屈时呼气。如图7–30所示。

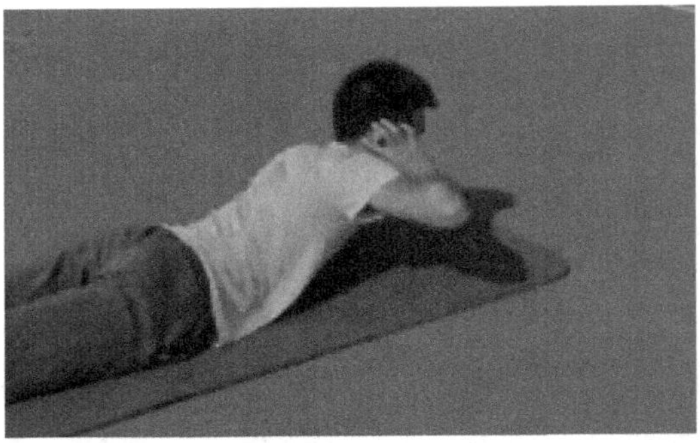

图7–30 背屈伸

训练要求：向上挺身时应尽力收缩竖脊肌，动作不要过快。在运动过程中腰背部必须始终挺直，不准松腰、含胸、弓背；上体前屈时，尽量慢些，切忌突然快速屈体，防止腰背部受伤；可以俯伏在长凳上，让上身前滑直到小腹贴在凳边，向前伸体，让上体直向下垂。需要让一同伴压住或坐在小腿上，也可俯卧在瑜伽球上，在其他器械上练习动作也类似。

训练原理：背屈伸动作训练能够加强发球时满弓动作的蓄力，为击球提供更大的力量来源。

注意事项：在进行背屈伸练习后，一定要进行有效地放松，放松方式是下腰，双腿并拢且不要弯曲，身体尽量贴到双腿上，保持10～20秒。这样不仅可以提高身体核心部位的灵活性，还可以化解堆积到腰部的乳酸。背屈伸这个动作练习腰部强度一般不会很大，如果想增加锻炼强度，可以抱一杠铃片在胸前。

（2）悬空转体

训练方法：双手拉住横杠，双脚并拢抬起与地面保持垂直，转动髋关节使双脚向前后左右接触地面。练习中，保持肩、髋、膝、踝关节的全方位、全角度转动并保持稳定性。如图7–31所示。

图7–31 悬空转体

训练要求：通过髋关节左右转动使脚外侧接触地面，主要体会髋关节带动全身转动，提高运动员腹部及腹内外斜肌的力量。训练中保持手臂和肩关节的稳定性，防止左右晃动。

训练原理：运动员躯干扭转训练中以肩关节为固定点进行练习，加强运动员的躯干旋转力量。

注意事项：注意训练组数、次数和间歇时间，练习中不宜过于追求髋关节的转动速度。体会腹部及腹内外斜肌的强力收缩。肌肉进入顶峰收缩时， 保持1～3秒，加强肌肉的刺激深度。

（3）侧卧屈伸

训练方法：运动员侧卧于垫子或长凳上，膝关节伸直并保持腿部固定。徒手或手抱适宜重量的杠铃片，躯干部位做侧向屈伸动作。按照自身躯干部位力量强弱决定速度的快慢和负重的大小，左右侧交替训练。如图7–32所示。

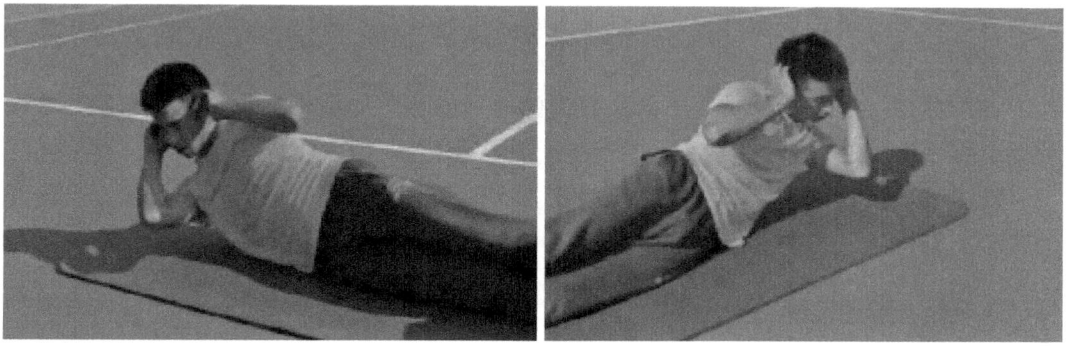

图7–32　侧卧屈伸

训练要求：保持腿部的固定姿势，训练中防止左右晃动，躯干部位保持在额状面进行屈伸动作，避免有前后的波动。

训练原理：网球发球中，躯干不仅在矢状面做屈伸动作，还有躯干部位在额状面的屈伸动作，这一训练有助于提高运动员躯干部位的整体力量。

注意事项：训练中注意左右侧交替训练，保持躯干左右侧力量的均衡性。练习时主要体会侧屈伸的动作速度，而不是躯干部位的绝对力量。合理安排训练组数、次数和间歇时间，使训练内容更加系统化。

（4）躯干直立侧屈伸

训练方法： 运动员双手持哑铃保持身体呈直立状。运动员做屈伸动作训练躯干部位的侧屈伸肌群，可有效地提高运动员躯干部位的力量素质。如图7–33所示。

图7–33　躯干直立侧屈伸

训练要求： 根据运动员身高选择适宜强度的哑铃，训练中避免过于强调运动员的最大力量。

训练原理： 训练运动员躯干部位肌肉的力量能够更加精确有效，阻力与发力方向相反，提高训练的效果。

注意事项： 训练中合理安排训练组数、次数和间歇时间，保证运动员在完全恢复的状态下进行下一组训练。训练中保持合理的呼吸，避免出现过多的憋气现象。

3.下肢发球速度训练

网球发球中力量的主要来源是腿部蹬地，利用双腿蹬地将力量传递至击球点。运动员在进行下肢动作速度力量素质训练时不仅需要加强力量训练，还需要对训练腿部位置、发力方向和运动轨迹进行仔细分析，使运动员的训练内容更加系统有效。

（1）腿部旋转

训练方法： 运动员保持坐姿，将弹力带一端固定于脚掌，对侧手握住另一端牵拉弹力带。如图7–34所示。

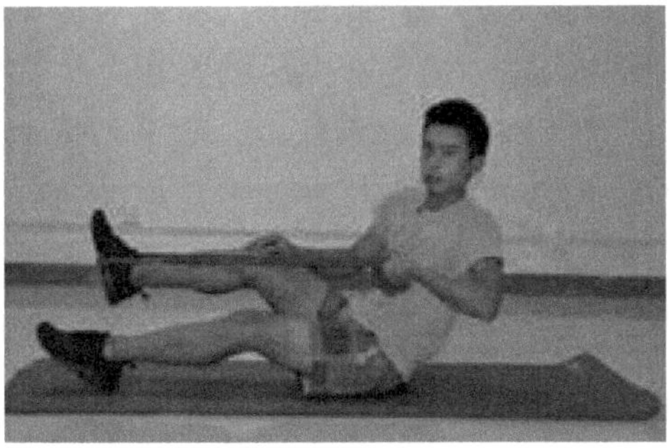

图7–34　腿部旋转

训练要求： 训练中主要体会双手牵拉的力量，保持适度匀速的力量，提高髋关节的力量。

训练原理： 网球发球过程中不仅是躯干的扭转产生的力量，还有腿部蹬地和膝关节的旋转产生的力量。这种训练方法有助于增加运动员的整体力量来源，使训练更加有效。

注意事项： 训练中要合理安排训练组数、次数和间歇时间，保证训练处于完全恢复的状态下进行。严格控制身体旋转的角度，避免因重复训练导致运动员处于眩晕状态，要保持头部姿势固定。

（2）跳绳

训练方法： 运动员进行跳绳练习，可增强运动员踝关节的爆发力，为发球速度奠定基础。跳跃中保持膝关节的直立状态，主要以运动员的踝关节为发力点。

训练要求： 跳绳中保持较快的速度进行训练，避免将训练变成耐力型训练。

训练原理： 短时间快速的跳绳训练能够更有效地提高运动员的踝关节爆发力，从而提高发球的力量。

注意事项： 训练中采取短时间、高强度间歇训练方法，可提高运动员的磷酸原功能系统。训练前后需要对膝关节进行充分的热身活动和运动保养，防止过度训练后膝关节出现损伤。

（3）五级跳远训练

训练方法： 运动员原地站立开始进行连续5次跳远训练，每一次落地后迅速发力进行下一次跳跃，可提高运动员的大腿力量和踝关节的爆发力，并增加运动员下肢发力的协调性。如图7–35所示。

图7–35　五级跳远训练

训练要求：落地后迅速进行下一次跳跃，保证正确的立定跳远技术动作。跳跃中通过摆臂使上、下肢协调发力，不仅可以提高运动员的协调能力，更能加深对腿部肌肉的刺激。

训练原理：下肢力量与上臂运动的协调性，网球发球中需要运动员具有良好的眼、手、脚的协调性。

注意事项：建议在充分恢复的状态下进行下一组训练，以运动员的腿部爆发力和协调性为主要训练目标。跳跃过程中要尽量保持双腿并拢，与网球发球时的腿部位置和姿势一致。

（4）单腿后拉弹力带

训练方法：将弹力带一端固定，另一端放在脚踝处。在身体保持直立稳定的状态下向后牵拉弹力带，牵拉过程中保持大腿与小腿呈一条直线。如图7–36所示。

图7–36　单腿后拉弹力带

训练要求：可变换弹力带一端的固定点，使腿部向各个方向进行收缩，加强大腿前后左右的力量。旨在于提高腿部骨骼肌的力量，增加运动员腿部力量的稳定性，在蹬地发力过程中保持一定的稳定性。

训练原理：提高运动员大腿各个方向上的骨骼肌肌群的力量，增强腿部的稳定性，避免蹬地时力量向其他方向传递。

注意事项：此动作主要练习大腿近端小肌群，弹力带的弹性不宜过大，非习惯腿进行练习时可适当增加练习强度。要避免出现髋关节一高一低的现象，拉升时要保持速度均匀。

第二节　耐久力量训练

网球运动的特点是耗时长、运动负荷大、击球次数多。一场实力相当的比赛往往可持续3～5小时，会消耗运动员极大的体力与精力。规则规定：每盘中的单数局结束后要交换场地，并有90秒的休息时间，分与分之间可以有20秒的间隙。快速场地和慢速场地比赛的回合上差别比较大，因而真正的净运动时间也是不同的。运动负荷包括运动量和运动强度，运动负荷的大小与运动员的打法和场地性能有关。据统计，女子单打实力相当的高水平比赛中运动员的跑动量累计为5000米左右，男子5盘3胜的比赛中运动员的跑动量累计在6000米以上。随着快速场地的广泛使用和网前战术的发展，比赛的运动量有减少的趋势，但运动强度却在增加。在慢速场地上底线型选手的对决中双方来回击球次数累计可达千次，需要网球运动员具有良好的耐久力量素质，良好的耐久力量有助于运动员在比赛中更加优秀地体现出自身的技战术素养，为比赛关键时刻奠定力量基础。良好的耐久力量是运动员在年度训练计划和连续多站比赛时所需的身体素质基础。

一场比赛持续较长的时间，要求网球运动员具有良好的耐久力量素质以保证技战术的正常发挥。因为在技巧性和精确性要求较高的网球比赛中，疲劳会直接影响技术动作效果，使失误率增加；当神经肌肉疲劳时，对来球的判断、反应、动作速度以及协调性和灵活性将随之下降。

发展耐久力量素质时需要注意技术动作的节奏和工作肌肉的负荷情况，动作节奏加快，负荷量加大，则持续活动的时间就会缩短。用较慢的节奏进行训练时，耐久力量素质就会提高得较快；相反，节奏较快的耐久力量素质训练很难提高耐久力量素质。科学实验证明：进行中等速度的训练时，耐久力量素质可以提高40倍，而进行高速度训练时则只能提高3.5倍。

发展网球运动员耐久力量素质训练，需要注意运动员的年龄、性别等因素，不同年龄阶段身体各项素质发展的敏感时期也是不同的。例如，青春发育前期女生的耐久力量素质几乎和男生相同，成年男子与女子在训练中差别较小，但是在剧烈的活动中，女子的耐久力量明显低于男子，所以，在耐久力量素质训练中，教练员需要整体分析运动员的年龄和性别因素。将耐久力量素质安排在训练课的后半程，能够更加有效地提高运动员的耐久力量素质。发展专项耐久力量训练时，需要注意耐久力量素质训练应与相对应的速度素质和灵敏力量素质训练相结合。

一、耐久力量概念

网球运动员的耐久力量是指在长时间运动中克服疲劳的能力。运动疲劳是一种生理现象，有机体经过长时间的活动产生疲劳，工作能力下降，虽然限制了运动时间以及运动水平，但却是机体自我保护的关键。运动员的耐久力量按照与专项的关系可以分为一般耐久力量和专项耐久力量。如图7–37所示。按照器官系统机能可以分为心血管耐力和骨关节肌耐力；根据运动中的参氧程度又可以将心血管耐力分为有氧耐力、无氧耐力以及有氧和无氧混合耐力。有氧耐力是指机体在氧气充足的情况下的耐久力量素质；无氧耐力是指机体在氧供应不充足、有氧债的情况下的耐久力量素质；有氧和无氧混合耐力是指机体在有氧和无氧双重情况下的耐久力量素质。

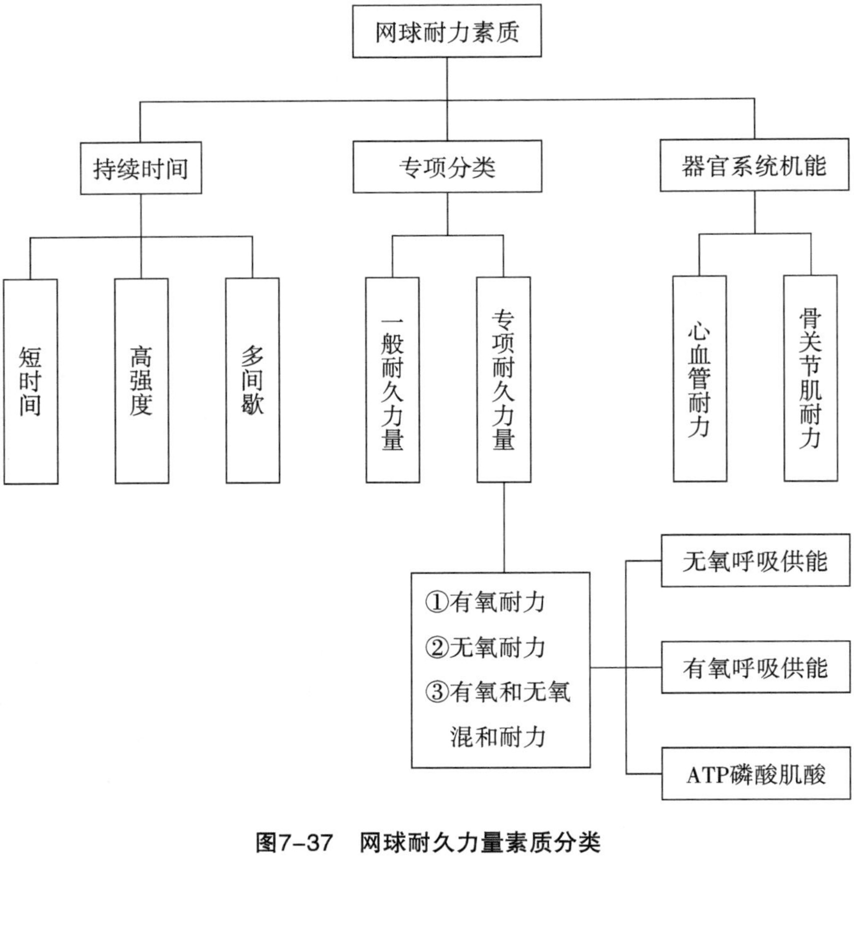

图7–37 网球耐久力量素质分类

二、耐久力量的表现形式

一般耐力（有氧耐力）是耐力的基础，运动员有氧耐力的发展水平主要取决于3个因素：一是供给运动员运动中所必需的能源物质的储备；二是为骨骼肌工作提供ATP所必须的有氧代谢能力；三是骨骼肌和韧带等支撑运动器官承受长时间耐力工作的能力。通过提高运动员的摄氧和用氧能力，保持体内适宜的糖原和脂肪的含量，以及提高骨骼肌和韧带等支撑运动器官承受长时间负荷的能力，这是发展有氧耐力的基本途径。网球运动中需要运动员具有良好的有氧耐力素质来保证比赛中竞技水平的发挥。

网球运动在比赛中不仅需要一般耐力素质，还需要较强的专项性耐力素质，击球瞬间和每一次跑动都是带有专向性的耐力素质。训练中提高最大接受氧气量的手段主要是周期性的训练，这些练习强度必须掌控在一定负荷范围之内，这个负荷主要是指练习的强度和时间。训练强度是指发展有氧耐力的训练强度，一般都会低于最大强度的70%，以有氧系统供能为主。练习的强度可以用心率负荷来控制，一般练习强度在140～160次/分钟，优秀网球运动员的心率在160～170次/分钟，通常用公式表达为安静时心率+（最大心率–安静时心率）×（60%～70%）。根据这种训练强度进行长时间的工作可使有氧系统供能得到改善，心肺系统的机能水平、骨骼肌供血和直接吸收氧气的能力得到提高。训练中如果心率达到170次/分钟以上，就会产生氧债，训练将朝着无氧方向转换，而训练中心率过低，在140次/分钟以下，有氧耐力的能力就会降低。

网球专项耐力定义为网球运动员在较长时间的网球训练和实战中，机体能够多次持续不断地完成技术动作，抵抗并克服疲劳的能力。网球专项耐力训练使用的训练方法主要是大强度、大运动量，但每次练习时间不宜超过10秒，一般控制在4～8秒为宜，两次练习的间歇时间在20～30秒，针对运动员通过练习达到一定水平，以此基础再逐步缩短间歇时间。一般以5次为一组，可以根据队员原始水平的高低具体确定组数的多少。网球运动员的专项耐力训练是逐步加强的过程，练习时要严格按照生理周期和生长规律对选手有针对性地采用不同的训练方法和负荷。现代网球运动对运动员的耐力素质要求越来越高，只有奠定良好的耐力素质，运动员才能在高级别赛事中取得优异的成绩。网球选手进行训练时，其人体组织、器官和系统的运动机能水平会发生相应变化，比如，运动技术、战术的改变、意志品质的改变及适应能力的改变等都必须符合专项特征和比赛的需求。综合以上得出不同打法特点和个人特征，这也取决于每个阶段专项能力的不同练习方式。因此，需要在训练手段上去改革、完善，才能多次地、最大限度地挖掘人体运动极限的潜力，创造理想的比赛成绩。网球实战训练中，专项耐力应该占有较大的部分，发展耐力必须遵循渐进式的原则。当运动员训练水平逐步提升时，人体承受负荷量也会相应地升高，因而能够获得更高的耐力。

网球比赛中每一分结束后有20秒的时间来准备下一次发球，在局间休息中有90秒的时间进行休息。平均比赛强度指运动员在某一专项比赛中竭尽全力的强度，该强度随着比赛移动距离或时间的不同而变化。比赛强度具有3个与训练强度不同的特点：①比赛强度基本反映了一个运动员的整体运动能力，它是在运动员的身心经过充分准备后才可以达到的运动水平。比赛强度是与运动员的参赛数量密切相关的。②比赛强度是一个动态变化的过程，具有极强的项目特点，如赛艇可以根据强度的变化分为加速、途中和冲刺等阶段，网球运动强度的变化复杂，一个平均强度不可能客观和全面地反映专项强度状态，如果将其作为训练的主要依据则很可能违背专项强度的特点，使训练走向反面。③比赛强度带有鲜明的个体特点，不同运动员在速度和耐力、在有氧和无氧耐力等方面具有不同的特点，有些运动员的比赛前程优于后程，而有些运动员喜欢后程发力制胜，这些特点导致了比赛不同阶段的差异，同样的平均强度结果可以有不同的专项运动过程。由此可见，比赛强度实际上是一个各种能力交融、受多因素影响、并且是短暂实现的“竞技状态”[1]。

网球运动员在训练过程中需要对耐久力量素质进行划分，并将各种耐久力量素质运用在训练计划中，使训练更加系统化。有氧与无氧训练在认识和实践上经历了一个不断深入并螺旋式上升的过程。有氧和无氧能力是一个能量代谢的“统一体”，对于任何一个运动项目来说，尽管由于当时的科学认识水平以及运动训练实践的发展所带来的局限性，造成在不同的时期对它们的关注有所不同，但无论是有氧能力还是无氧能力都不能单独成为网球项目制胜的唯一要素，形成符合专项代谢特点的有氧与无氧平衡才是耐力训练的根本任务[2]。

三、耐久力量的专项性训练方法

网球是一项混氧运动。研究表明，网球每一分的回合中主要是由磷酸原系统供

[1] 陈小平. 有氧与无氧耐力的动态关系及其对当前我国耐力训练的启示 [J]. 体育科学，2010，30（4）：63-68.

[2] 褚云芳，陈小平. 对耐力训练中“有氧”与“无氧”若干问题的重新审视 [J]. 体育科学，2014，34（4）：84-91.

能，但有氧能力对高强度训练和比赛每一分之间间歇时对机体恢复也起到重要作用，无氧供能占到了70%左右，当比赛进行时，运动员大约在70%的时间内需要这一系统，大约在20%的时间内是无氧的乳酸运动，其余10%的时间内需要有氧系统，网球是一种有氧、无氧混合供能的间歇性运动项目。因此，对网球运动员的有氧及无氧供能能力进行量化训练是非常重要的。而长期以来，对网球运动员身体机能，特别是有氧供能和无氧供能能力，运动员需要出色的爆发力水平，而运动员爆发力的好坏主要在于无氧的做功能力，肌肉中的ATP和CP在10秒内就几乎耗尽， 因此，这一时期的最大输出功率可用于评估ATP和CP的功能能力。

肌肉耐力练习的内容与力量练习大致相同，只是负荷的强度较小，练习持续的时间长、反复次数多。网球训练在选择这些练习时应针对网球运动专项的特点、要求，选择不同的练习、持续时间（或重复距离、次数） 以及强度。

1. 法特莱克训练法

训练方法：准备活动慢跑及柔韧练习5分钟。快速跑1分钟—匀速跑3分钟+竞走5分钟—慢跑1分钟—逐渐加速跑3分钟，直到极限后再坚持1分钟快速跑—放松跑5分钟+极限跑100米—慢跑5分钟。练习2～3组。

训练要求：练习中可把间歇跑、重复跑、加速跑和走等方法有机地结合起来。法特莱克训练法练习对过程没有特别的限制，可自由选择地形、路线和速度等，以提高练习的兴趣，提高耐力水平。

训练原理：法特莱克训练法是变换练习法的一种形式，是一种由持续练习法和变换练习法综合而成的组合练习。

注意事项：法特莱克训练法的特点是在各种变化的外界自然条件下进行持续、变化的跑动练习，时间可为1～2小时，强调自我调节，有节奏的变化。

2. 12分钟跑

训练方法：12分钟跑本是运动员体能测试中评价训练水平和体能的重要指标，但由于它作为有氧代谢运动的典型锻炼活动，花费时间不长，运动量适宜且可自行掌握，近年来逐渐成为一项深受大众喜爱的健身活动。

训练要求：具体方法是按照年龄和性别分组，规定在12分钟内应跑出的距离，然后根据相应的健身标准评判跑步者的心肺功能。此外，在12分钟内尽力跑或跑出最大距离后，3分钟内的脉搏数应小于180减年龄数。只有脉搏数合格，跑出的距离才有效。

训练原理：12分钟跑的理论根据是当人体达到最大心输出量的运动强度时，训练效果最好。其创始人美国运动医学专家肯尼斯·库珀博士认为：如果以脉搏数为指标，那么用接近极限运动时的脉搏数（MHR）减去安静时脉搏数（RHR），然后乘以70%，再加上安静时的脉搏数，此时的运动量最适宜。假设前者为每分钟200次，后者为每分钟60次，计算方法如下。

（MHR－RHR）×70%+RHR=（200－60）×70%+60=158次/分钟

注意事项：进行12分钟跑，必须根据个人体力情况制订适宜的运动方案。测验前还需通过以下准备阶段：以步行为主，中间穿插慢跑训练12分钟；以慢跑为主，穿插步行12分钟；全部慢跑12分钟。

3. 间歇性训练法

（1）在场外进行间歇性训练

方法一：

10分钟跑，心率为120次/分钟；5分钟冲刺—大强度运动结合小强度恢复运动；上体环绕运动。重复这组动作4次，共进行40分钟有氧跑和20分钟无氧跑耐力训练。

方法二：

冲刺跑30米；跳起摸高10次；侧步交叉跑30米 ；变向跑30米；碎步跑30米；蛙跳15米；高抬腿跑30米。将这些练习组合在一起进行 30分钟的练习。

方法三：

冲刺100米 ；慢跑100米 ；再冲刺100米。这种练习应持续20～25分钟。

（2）网球场上进行间歇性训练

教练员站在网前向一名运动员连续送出斜线球。该运动员开始站在底线中点，每次击球后必须回到中点。运动员重复这组训练2分钟，运动量约为极限的85%。休息2分钟。重新开始这一程序，重复5次。教练员在网前送球。运动员在教练员送到的各个位置上击球，然后绕网球场在各点做训练。教练员在场上描定5个点用以练习5项基本运动，2分钟后教练员让活动停止，休息片刻，让运动员按顺时针方向轮换。底线折返跑、截击球的移动练习、单腿或并腿回跳接过顶球、击低球和挑高球及上网击短球[1]。

［1］陶志翔，网球运动教程［M］. 北京：北京体育大学出版社，2011.

4. 心肺耐力

3000米跑：主要检测训练者对于自身体能的分配和掌控能力，如果训练者可以在13分钟内从容完成3000米跑，说明在体能分配和掌控方面已达到合格。

15分钟游泳：不限制距离，主要测验的是训练者在水中能否坚持不间断地游泳15分钟，这对于其自身的心肺功能和呼吸技巧是极大的考验。至于泳姿，这里并不作特别要求，但一定要注意的就是不要中断游泳。

5. 速度耐力

80米跑：10～11秒，可以判断训练者的直线速度耐力合格。

150米跑：19～22秒，可以判断训练者的混合速度耐力，即曲线速度耐力合格。

6. 力量耐力

杠铃全蹲：负重重量为训练者的体重，如果训练者可以在杠铃离开深蹲架到杠铃重新落到深蹲架这个过程内，持续完成15次全蹲，即力量耐力水平合格。

连续起跳能力：测量出训练者的原地最大摸高，在这个基础上减去20厘米，定为测试目标。如一个训练者的原地最大摸高在330厘米，他的目标高度即为310厘米。

7. 变速跑

变速跑是以不同速度交替练习的方法。可采用多种距离变速，如100米快+100米慢+100米快+100米慢，或300米快+300米慢+300米快，以及更长的距离，如500米或1000米进行变速练习。短距离大强度变速练习可发展速度耐力，长距离可发展专项耐力。练习时应根据不同的对象和任务安排，并注意控制强度和休息时间。

8. 法特莱克跑

法特莱克跑是在自然条件下，不拘形式以较快速度为主、快慢交替的长跑练习。例如，在草地、树林、小丘、小径、公路、田野等地练习，距离一般为3000～7000米，超长距离项目运动员距离可为10～20千米。可采用阶梯式变速方法，如200米快—250米慢—300米快—350米慢等练习形式，可发展一般耐力和专项速度。

9. 连续跑台阶

在高20厘米的楼梯或高50厘米的看台上，连续跑40～60步，每步2～4级，重复

4～6次，每次间歇5分钟，要求动作不能间断，心率控制在120～160次/分钟。练习时间可以不作规定，跑到顶向下走时应尽量放松，一级一级向下走，当心率恢复到120次/分钟时，即开始下一次练习。

10. 长距离自行车

在公路上以30千米/小时的速度进行骑自行车练习，每组30分钟，练习3～5组，间歇10分钟。可以规定30分钟内骑行的最短距离。每组练习结束时心率应达到160次/分钟以上，待恢复到120次/分钟时则应进行下一组练习。

11. 卧推接前后滚翻接纵跳

在卧推架上，将本人体重50%的杠铃推举20次，然后在体操垫上做前、后滚翻各10次，紧接着做原地纵跳25次。练习4～6组，间歇5分钟。纵跳时从深蹲姿势开始，连续完成。

12. 前滚翻接仰卧起坐接俯卧撑

在垫上做4个前滚翻，然后仰卧起坐20次，接着连续做俯卧撑10～20次。练习4～6组，动作要规范。

13. 小步跑接高抬腿跑和后踢腿跑接加速跑

在跑道上做小步跑100米，接着做高抬腿跑100米，然后做后踢腿100米，紧接着加速跑50米。练习4～6组。要求各种跑的练习必须符合技术规范要求，第二组练习开始心率指标不低于120次/分钟。

14. 负重体侧屈接负重体转和负重体前屈接负重高抬腿走

原地肩负杠铃杆做体侧屈45°，左右各10次，然后肩负杠铃杆体转90°，各转动10次；接着肩负杠铃杆做体前屈10次；最后，肩负杆铃杆做高抬腿走50米。练习4～5组。要求动作保持应有的技术规范，高抬腿走时大腿必须抬平。

15. 俯卧撑接仰卧举腿和原地跳绳接单足跳

俯卧撑10次，然后垫上仰卧举腿25次，接着做原地双脚跳绳100次，最后做左、右单足跳各50次。练习4～5组，间歇5分钟。跑绳时可以计时，仰卧举腿时应直腿举。

16. 跳深接立卧撑和原地高抬腿接加速跑

利用跳箱盖或阶梯做跳深20次，然后做立卧撑60次，接着做原地高抬腿50次，最后做60米加速跑。练习3～4组，做跳深时动作不能停顿。

17. 接抛地滚球

练习时与同伴面对面相距3～5米，当同伴用手向你的左、右两侧抛出地滚球时，练习者应当快速移动，用手接住抛来的网球，立即将球抛回给同伴，并准备接抛下一个来球。抛出的球其方向和距离要不断变化，迫使练习者在全力移动的情况下才能将球接住，中间不要有停顿，应连续的完成接球动作。每组练习2～3分钟，稍做休息，再重复做。

18. 组合技术练习

左右移动连续进行底线抽击球练习，30～50个好球为一组。进行练习比赛。连打7盘或9盘的组合技术练习比赛，或进行身体训练后再进行这样的练习比赛。这些练习能有效地提高专项耐力素质[1]。

19. 专项耐力组合训练

（1）击落地球“V”形练习　从底线的“T”点开始移动，向左侧成对角线向前冲刺3米并做一个反手击球动作，反撤至起跑点，向右侧对角线冲刺3米；后撤至起跑点以前，做一个正手击球动作。在7秒内尽可能多地重复这一动作。

（2）侧步冲刺　从发球线的“T”点开始。向右侧单打线侧跨步（面向球网），用球拍触右侧单打线并快速向左侧单打线侧跨步。在7秒内尽可能多地重复这一动作。

（3）高压和低截击练习　拿一只海绵网球，从一个发球区的右前角开始。后撤至发球区的左后角，跳起模仿侧身正手打高压球的动作。将球掷出，越远越好，快速向前移动力求在球第二跳前用执拍手将球抓住。在7秒内尽可能多地重复这一动作。

（4）双打线区的跳跃　这是模仿恢复步动作。站在单双打线区的一边跳起，次数越多越好。从单双打线区的一条边线跳至另一条边线。落地时，外侧腿用力弹起落至另一条线。在7秒内尽量多地重复这一动作。

（5）随球上网击球的冲刺　冲刺4米，做一卡里奥卡步，同时模仿一个反手削球上网动作。在4米的尽头，做一次稳定的双脚跳（横跨步），然后绕一锥体转一圈回

[1] 陶志翔，等. 网球[M]. 北京：北京体育大学出版社，1998.

到起跑点，同时模仿正手削球随球上网做击球动作， 在7秒内尽可能多地重复这一动作。

（6）迂回练习　相隔约4米处放置两只实心球（锥体或球拍袋）。手握球拍向右冲刺，用球拍轻触第一只球的背面。然后突然起动，向左冲刺轻触另一只球的背面。在7秒内尽可能多地重复这一动作。

（7）“V”形移动低空截击　呈对角线向前移动模仿一个正手低空截击动作，然后立即成对角线向左移动，模仿一个反手低空截击动作。快速向后垫步移动至起跑点。在7秒内尽可能多地重复这一动作。交替使用正反手截击。

（8）格拉芙式侧身正手击球练习　在底线开始，呈“C”形跑向3米开外的一个锥体并模仿一个侧身正手击球动作。快速垫步返回起跑点，面向球网。在7秒内尽可能多地重复这一动作。

第三节　柔韧力量训练

柔韧力量素质是指人体各关节在不同方向上的运动能力以及肌肉韧带等软组织的伸展能力。网球运动中的技术动作需要控制各个关节部位的角度。在大量研究中发现，学者通过三位高速摄像等仪器检测出运动员各个关节部位的角度，比如，发球过程中从踝关节、膝关节、肩关节和肘关节角度进行深度分析，总结出发球速度与身体各关节角度的相关性。网球专项所需的柔韧素质突出表现在肩、髋、腰、膝关节活动幅度及上下肢肌肉和韧带的伸展能力上，这对于掌握网球技术动作，避免运动损伤和发展其他身体素质都有着重要的作用。关节部位的柔韧力量在很大程度上能够限制运动员的技术发展空间，从最初动作动力定性到最后的动作自动化过程中都需要运动员严格关注各项技术中关节的角度变化。

在体育运动中，因项目不同对关节活动幅度要求的程度也就不同。但各关节全面柔韧的发展是基础，只有在其全面发展的基础上，才能突出本专项需要的关节部位柔韧的重要性。例如，投掷、游泳、举重、体操、球类等项目需要肩关节柔韧性较高，投掷标枪时，肩部柔韧差不能满弓，游泳运动员肩部柔韧差将被列入淘汰之列，举重运动员肩部柔韧差将不能从事举重运动，体操运动员肩部柔韧差会导致大量动作不能到位、技术发展受到限制从而被淘汰。这些项目的运动员必须以全面发展各关节柔韧并适应本专项需要为前提，才能突出肩部柔韧的重要性。

网球中各项技术动作都要求运动员全身发力，并不是单一的身体某一环节部位发力。而人体躯干是连接上肢和下肢的关键，如果运动员躯干的柔韧素质较差会导致整体协调出现断层，影响整体击球的效果。因此，发展网球运动员躯干部位的柔韧力量至关重要。而肩关节和髋关节属于球窝关节，根据其关节构造体现出关节活动范围较大、灵活性较高等特点，肩关节和髋关节可以做前屈、内收、外展、内旋、外旋、水平屈和环绕运动。训练中发展网球运动的肩关节和髋关节的柔韧性可以提高上下肢骨骼肌和韧带的伸展能力，膝关节的结构比其他关节更为复杂，属于滑车关节， 可以做屈伸和回旋动作，运动中最容易出现伤病的就是膝关节，所以，加强膝关节骨骼肌和韧带的力量和柔韧性才能够有效地保护运动员的膝关节， 巩固运动中膝关节的稳定性。

不同关节的构造在很大程度上是由遗传因素决定的，很难通过训练进行改变，但关节内部软组织的伸展性可以通过柔韧力量训练，从而得到改善。同样柔韧力量素质与年龄和性别有很大的关系，运动中柔韧力量素质是一种非常重要的运动素质，其不同力量、速度等其他动力性运动素质。柔韧力量素质的强弱不仅能够促进骨骼肌肌群的内部协作和运动技术提高，还能够改进本体感受器向动力系统提供信息的重要环节。网球运动员身体的柔韧力量素质还在很大程度上影响了整体运动素质的发展水平，对肌肉速度和力量的发挥、动作幅度、动作掌握进程技术水平及灵敏、协调力量素质的提高有很重要的作用。

柔韧力量素质促进骨骼肌的力量，增加骨骼肌的动作幅度，尤其是网球运动对综合能力要求特别高，过大的肌肉体积会影响运动员关节的灵活性。加强运动员骨关节肌和韧带的柔韧性发展，当肌肉体积增加到一定程度时，同样可以获得新的提高。培养网球运动员柔韧力量素质中应当在训练中注意以下几点：①培养运动员柔韧力量素质遵从循序渐进、持之以恒的原则。②柔韧力量素质训练中要结合网球的各项技术动作。③将柔韧力量素质训练方法和手段相结合。④柔韧力量素质训练中将各部位柔韧力量素质与相对应的力量训练结合。⑤掌握好练习的时间、温度、环境等客观因素。对网球运动员柔韧力量素质的基本原理及其训练的注意事项进行较为详细的阐述。网球柔韧力量素质训练中，提高网球运动员柔韧力量素质的训练方法包括静力性训练和本体促进法。

一、柔韧力量的概念

柔韧力量素质是人体骨骼肌和韧带等软组织在不同方向上的伸展能力， 不同的个体，柔韧力量不同，所表现的柔韧程度也不尽相同。对某一个体而言，其各关节部位的柔韧程度也大小不一。关节面结构是评价该关节柔韧素质的因素之一，关节头与关节窝的弧度越大，相对柔韧程度就越好。关节周围肌肉、肌腱、韧带也是影响柔韧素质的重要因素。肌肉的横断面积、起止点的位置、韧带的牵伸程度等因素也会限制柔韧性的发挥。

二、柔韧力量的表现形式

网球运动中提高运动员的柔韧力量素质，力量拉伸是主要的途径。例如，骨骼的牵拉方法、关节的活动幅度、肌肉的伸展程度以及韧带的拉伸组成了柔韧素质的评定内容，这对协调性、灵活性的发展也有着一定的影响。拉伸身体各骨骼肌是提高柔韧素质的主要手段，主要包括静力性拉伸、动力性拉伸、被动拉伸和PNF法拉伸等形式。在训练前的准备活动中，安排适当的拉伸来提高机体运动的积极性，避免运动损伤。目前，柔韧素质的训练方法主要有3种。

1. 静力性拉伸

静力性拉伸在日常训练中使用最为广泛，通过缓慢的力量拉伸关节部位及保持静止状态，使参与拉伸的骨骼肌和韧带等达到最大限度，明显感觉到酸胀的感觉后持续一段时间。根据国内外研究表明进行静力性拉伸的时间一般要控制在30～60秒较为适宜，时间过短会导致拉伸的效果不太明显，时间过长反而会导致肌肉力量下降甚至受伤。

2. 动力性拉伸

有节奏的振动重复同一动作，使拉伸的部位逐渐加大活动幅度，从而拉动骨骼、拉开关节、拉长肌肉、拉松韧带等软组织，扩大关节的活动范围。动力性拉伸的次数控制在15～25次最为适宜。

3. PNF 法拉伸

PNF法一般译为本体感觉神经骨骼肌促进法，是一种利用运动感觉、姿势感觉等刺激，增强有关神经系统反应，促进相应骨骼肌收缩的锻炼方法。这种训练方法最初主要运用在对瘫痪病人的治疗上，近几年在体育运动中运用比较广泛，运用PNF收缩—放松—相反方向牵拉的方法来提高运动员的柔韧力量素质，在放松活动中运用PNF收缩—放松技术（不旋转）的拉伸方法来达到放松的目的[1]。PNF技术是使用离

[1] 王丹. 发展网球专项生肩关节、躯干、髋关节柔韧素质的实验研究［D］. 北京体育大学，2012.

心性、向心性和静力性肌肉收缩的模式，这些肌肉收缩和一定的阻力以及适当地促进程序相互组合，包含了主动肌和拮抗肌交替收缩和放松的方法。

柔韧力量素质可以分为以下几种类别。

①一般柔韧性指运动员在进行训练时，为适应身体练习，保证一般训练顺利进行所需要的柔韧素质。例如，网球运动员在速度练习时，加大必要的步幅所需要的腿部柔韧性。

②专项柔韧性是专项运动技术所特殊需要的柔韧性。它建立在一般柔韧性基础上，并由各专项动作的生物力学结构所决定。例如，赛艇运动员需要良好的脊柱、肩和髋关节柔韧性；速滑和赛跑运动员则要求髋、膝、踝关节特别灵活；蝶泳则要求运动员必须具备大幅度的肩、腰部活动幅度；体操运动员为了完成各种器械练习，肩、髋、腰、腿等部位必须表现出大幅度的活动范围。当运动员的柔韧性发展达到一定水平时，各关节的运动幅度会超过有效完成动作所要求的程度，这种超出，就是柔韧性“储备”。

③主动柔韧性指运动员依靠相应骨骼肌肌群的积极工作，完成大幅度动作的能力。主动柔韧性不仅涉及培养对柔韧性有直接影响的能力，而且还涉及力量素质的发展，力量素质的发展能促进主动柔韧性水平的提高。

④被动柔韧性是指被动用力时关节所能达到的最大活动幅度，运动员被动柔韧性的指标一般高于主动柔韧性。被动柔韧性是发展主动柔韧性的基础。

柔韧训练强度主要反映在动作频率、用力大小和负重3方面。动作频率不宜太快，应主要采用中等或较慢的频率，以延长对关节的作用时间，避免拉伤。借助外力进行被动性练习时，用力程度应逐渐加大，并以运动员主观感觉为根据。当运动员感到酸疼时应减小力量，当感觉到肌肉胀痛时可坚持一下，当感到肌肉麻时则应停止训练。采用负重练习发展柔韧性时，负重量的大小取决于练习的性质：在完成静力拉伸的慢动作时，负重量可相对大些；在完成动力性摆动动作时，负重量应小些，一般控制在1～3千克（普拉托诺夫，1984）。总之，柔韧训练宜采用中等强度进行。强度过大、过猛均容易造成拉伤；强度过小，则不易达到很好发展柔韧性的目的。练习重复次数应根据运动员的年龄、性别、项目特点以及不同训练阶段（即发展柔韧性阶段、保持柔韧性阶段）的任务进行安排。普拉托诺夫[1]指出：少年运动员（11～14岁）一次课的练习重复次数应比成年运动员少1.5～2倍；女子的重复次数应比男子

［1］〔苏〕K. 普拉托诺夫. 趣味心理学［M］. 北京：科学普及出版社，1984.

少10%～15%。动作重复的最多次数，是通过完成几组动作达到的数量。练习时每组动作可安排10～15次练习。每组练习的持续时间可保持在6～12秒，摆动动作可在10～15秒，静力性拉伸练习的停留固定时间可控制在15～30秒。

网球运动员进行柔韧力量素质训练时，需要根据不同身体形态进行训练，因为不同人体的生理结构不同，相对应的身体各骨关节的结构也是不同的，肌肉内部的韧带、组织都有很大的区别。根据不同运动项目需要做出相应的改变，比如，游泳项目应加强踝关节和躯干部位的柔韧性；体操项目主要要求肩关节、髋关节、腰腿部的柔韧性。网球主要是踝关节、膝关节、髋关节、躯干部位、肩关节、肘关节和腕关节的柔韧性，身体各关节部位在击球时都得到充分运用，所以，训练中教练员需要注意各个关节部位柔韧力量的相互结合，并使柔韧力量的平衡性达到最佳。

三、柔韧力量的专项性训练方法

网球运动员的技术动作多种多样，运动员判断来球的落点后需要快速反应做出动作，对手通常会击大角度的回球占据主动优势。对手的大角度回球就需要运动员具有力量的爆发力和柔韧力量素质，有时大腿根部几乎贴近地面。不断地变换击球动作回球，需要运动员力量好的柔韧力量为基础，各关节的柔韧力量是完成各项技术动作的关键点，所以，力量训练中不仅需要良好的快速力量、耐力力量，更需要较强的柔韧力量为基础，才能使提高击球的力量和速度。

（一）上肢及颈部柔韧力量训练

更快速的击球需要依赖力量好的鞭打效果，鞭打过程中需要运动员上肢各关节部位有较强的柔韧力量，使力量有顺序、连贯地传递至击球点。颈部的柔韧力量主要是用于很好地控制头部的空间位置， 更好地观察来球的变化状态。训练中采取以下训练方法提高运动员的上肢和头部的柔韧力量。

1. 左右转动（颈部）

训练方法：坐立或站立，保持躯干部位静止不动，头部向左右（屈或水平旋转）、前后屈伸。转动角度大约为30°，保持5～7秒转动到另一侧。整个过程中身体不晃动，动作要缓慢。如图7–38所示。

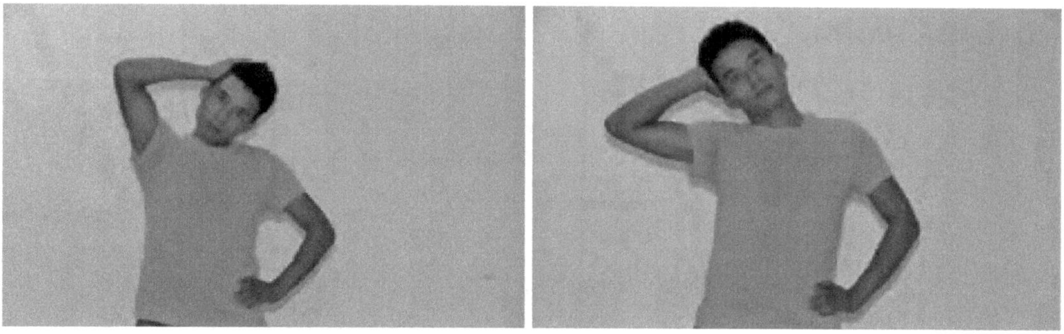

图 7–38　左右转动（颈部）

训练要求：要求躯干部位的稳定性，颈部转动角度不宜过快，维持姿势在几秒内的顶峰状态。大角度和过快的转动可能会拉伤颈部肌肉，所以，训练中要保持缓慢的速度持续拉伸。

训练原理：通过侧面拉伸使另一侧部位的骨骼肌达到最大程度的拉伸，提高骨骼肌的柔韧力量。

注意事项：合理安排训练强度和密度，避免单次大强度训练，使训练有效并且持续性训练。训练可在任何场地进行，不受场地限制，训练需要对颈部骨骼肌进行按摩放松。

2. 颈部拉伸（弹力带）

训练方法：将弹力带放置在额头周围的位置，头部向各个方向运动拉伸弹力带。训练的方法与左右转动训练相同，主要是添加训练器械（弹力带），增加训练中的阻力，使效果更加明显。

训练要求：训练循序渐进的原则，从低强度的训练开始，慢慢增大训练负荷。训练中保证颈部的均衡性，避免出现导致两侧力量不一致的现象，建议两人一起训练，以提高训练效果。

训练原理：通过弹力带的弹性力量能够深度刺激颈部的小骨骼肌力量，进而提高颈部的柔韧性。

注意事项：选取适宜强度的弹力带进行训练，训练中注意头部弹力带固定的位置，保证安全。两人一组练习，便于更好地判断阻力的方向和训练的间歇时间。训练中要保证躯干部位的稳定性。

3. 腕关节屈伸

图7-39　腕关节屈伸

训练方法： 单人练习，练习者呈站立姿态，双手平举练习侧手掌正对前方，非练习侧拉动另一侧手掌做屈伸练习。练习中保持两侧关节部位的均衡性及屈侧和伸侧柔韧力量的均衡性。如图7-39所示。

训练要求： 练习者通过自身感受适宜加大拉伸的幅度，练习时可选择每天练习3组，每组3次，每次坚持15~30秒时间。

训练原理： 通过拉伸腕关节屈伸部位，可以提高腕关节部位的柔韧力量。

注意事项： 训练中保持适当的间歇时间，拉动过程中保持缓慢持续性，可选择单个手指拉伸，连接各手指的肌肉得到充分的拉伸，刺激腕关节。

4. 前臂内旋、外旋拉伸

图7-40　前臂内旋、外旋拉伸

训练方法： 站立（或坐、卧），两脚分开与肩同宽，或略宽于肩，屈膝降低身体重心。弹力带一端固定，一侧手臂屈曲，手握弹力带另一端。手指尖指向自己，通过转动肘窝的方向来拉伸前臂的内旋、外旋肌群，全程保持身体和上臂稳定。身体前倾亦可拉伸腕关节部位。如图7-40所示。

训练要求： 训练场地不受限制，运动员可以随时随地进行练习，以提高运动员前臂部位的柔韧力量，防止比赛中出现损伤现象。

训练原理： 固定腕关节部位，肘关节转动锻炼前臂肌群的柔韧力量。

注意事项： 注意肘关节转动的速度，速度过大容易造成前臂肌群的损伤，肘关节要保持缓慢、持续的转动，训练过程中注意合理地安排训练强度和间歇时间。

5. 前交叉肩拉伸

训练方法：练习者俯卧，两臂向前伸直，旋转手腕拇指指向地面，两手交叉相对，通过来回向前、向后拉伸完成动作。如果两臂同时拉伸有困难或向前拉伸到目标区域时胸部受限制，则保持两臂伸直，借助墙壁或其他物体保持一侧手臂达到特定的位置，另一侧手臂可放在一边。如图7-41所示。

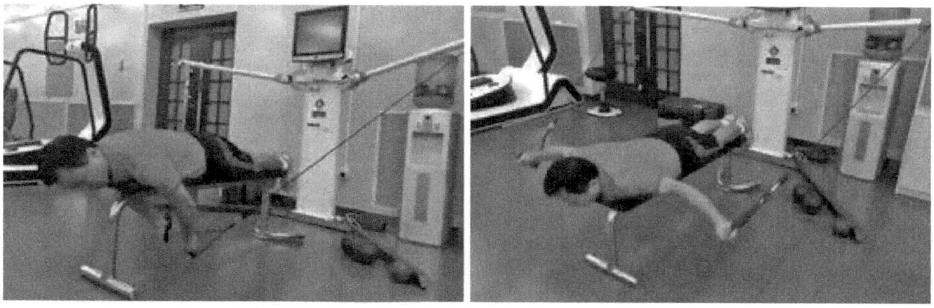

图7-41　前交叉肩拉伸

训练要求：将需要拉伸的上肢举到肩部水平位置，使上臂与地面保持水平，手指竖直向上指，用另一只胳膊轻轻用力把需要拉伸的手臂拉向躯干，在做这个动作的时候要注意保持躯干和头部不动。

训练原理：主要活动背部和肩上部。

注意事项：拉伸时，手臂不要用力过大，对于经常手提重物的人群而言这些运动是有很大益处的。练习时要保持身体正直，两眼平视前方，呼吸要均匀流畅。

6. 双臂外展拉伸

训练方法：双手于身体后侧握紧弹力带，通过做肩关节伸拉动肩部。训练中保持身体呈直立状，目视前方或凝视天花板，保持正常呼吸， 训练中保持牵拉的持续性。如图7-42所示。

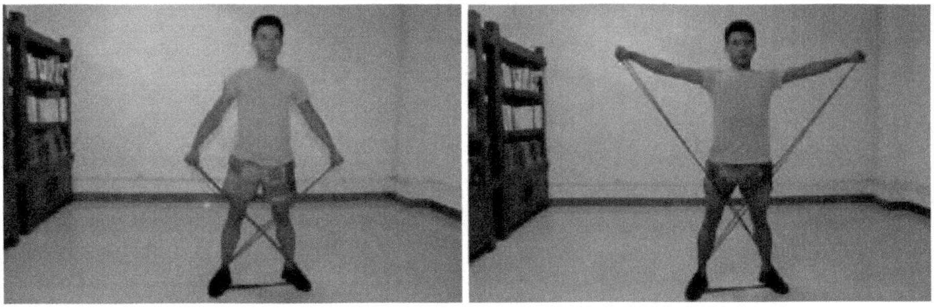

图7-42　双臂外展拉伸

训练要求：训练中保持双臂向正后方上摆，避免向左右两侧偏移，使两臂肌肉均衡提高，训练中可采取直立或站立的姿势进行训练。

训练原理：向后摆动，牵拉手臂肱二头肌、三角肌前束和胸大肌。

注意事项：训练中合理安排训练强度和练习组数，保证缓慢、持续地牵拉，避免快速摆动造成拉伤。

7. 肩部拉伸

训练方法：手扶固定物旋转运动肩关节，锻炼肩关节的柔韧力量。如图7–43所示。

图7–43　肩部拉伸

训练要求：拉伸过程中保持缓慢、持续牵拉，拉伸过程中一定要不断询问对方的感觉。要稳定地提高肩部关节的柔韧性，防止因力量过大而导致肩部拉伤。

训练原理：通过双人练习，拉伸过程中练习者的骨骼肌更加能够达到充分放松的状态。

注意事项：针对不同年龄阶段的对象，拉伸的强度和次数也有所区别。青少年时期建议少量安排柔韧力量训练。

8. 肩关节球拍练习

训练方法：训练前或结束后手持球拍在肩关节部位做各个方向上的运动，比如，绕肩发球、肩关节大绕环等动作都可以加强肩关节部位的柔韧力量素质，便于运动员更好地发展肩关节力量。如图7–44所示。

图7–44　肩关节球拍练习示意图

训练要求：练习中挥拍速度由慢到快，逐渐加大肩关节部位的刺激。特别是对三角肌中束，需要运动员通过做肩关节外展动作才能刺激到骨骼肌，建议做肩关节外展后的屈伸动作。

训练原理：利用球拍等器械能够更有效地锻炼关节部位的柔韧力量，训练简单、方便。

注意事项：挥拍过程中速度由慢到快，幅度不宜过大，防止肩胛骨及深层的肌肉受到损伤。可适当地利用弹力带加深对骨骼肌的刺激，提高训练效果。

（二）躯干柔韧力量训练

网球击球过程中需要运动员不断地将转体的力量传递至球拍，躯干的扭转强度是增加击球力量的关键，但在提高躯干部位力量的同时还需要对躯干部位的柔韧力量进一步提高。所以，训练中应当结合柔韧力量、速度力量的特征来培养躯干部位的力量素质。

1. 腹部支撑

训练方法：腹部支撑拉伸时，先坐在健身球上，然后开始慢慢向前移动，直到位于身体躯干部位的下方，人仰卧在健身球上。确保双脚张开，并尽力远离球体以保持平衡，躯干上部和肩部贴在球上，确保头部支撑在球上面，双臂伸向地板，随着每次呼吸，均可感受腹部被拉伸的感觉。如图7-45所示。

图7-45　腹部支撑

训练要求：训练中保持整体的平衡状态，如果力量太差，可请同伴辅助训练。前期有背部损伤的，千万不能在无专业教练员指导的情况下进行训练。训练前要充分活动开躯干部位。

训练原理：利用健身球的支撑点能够更加有效地刺激腰腹部的柔韧力量。

注意事项：合理安排训练的强度和密度，训练中保持呼气和吸气，减少训练中憋气的次数。为保证安全，建议两人一组进行训练，相互监督训练动作是否正确，并安排间歇时间。

2. 眼镜蛇拉伸

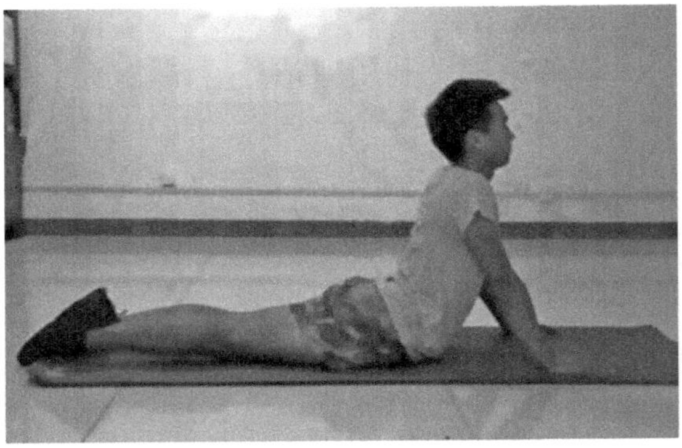

图7-46 眼镜蛇拉伸

训练方法： 做眼镜蛇拉伸时，双足并拢，足尖挺直，贴于地面，手掌支撑在地面上，尽量贴近胸部，呼气，同时伸直手臂，撑起上身，挺背，确保臀部夹紧，髋部紧贴在地面上。如图7-46所示。

训练要求： 初练时，可选择将脸贴在地面上，双足并拢，足尖挺直，弓背，同时保持臀部夹紧，髋部贴在地面上，依靠肘部和前臂支撑起身体，而不是单手用力，这种方式可减少脊柱受到拉伸的强度。

训练原理： 有效地刺激运动员的腹部肌群和髋关节，提高躯干部位的柔韧力量素质。

注意事项： 训练中合理安排训练的强度和密度，注意训练中的间歇时间，保持训练中的呼吸与技术动作相结合。避免训练中运动员进行不必要的憋气，可选择在瑜伽垫上练习此动作。

3. 弹力带仰卧起坐

训练方法： 将弹力带一端固定在较低的位置，仰卧在垫子上，头部紧贴在垫子上，两膝微屈。两手握住弹力带的另一端，把弹力带拉到髋部以上的区域，弹力带从头的一侧穿过，前臂伸直，肘关节弯曲，两手在腰部以上8厘米处，弹力带紧绷。缓慢地将两肩抬离垫子，同时两手向膝关节移动牵拉弹力带。

训练要求： 保持躯干部位的稳定，背部在整个训练过程中都要处于收缩状态，缓慢地、可控制地重复拉伸，直到完成预定组数，两侧交替进行训练。

训练原理： 利用弹力带的弹性强度加大躯干部位的柔韧力量，深度刺激躯干的深层肌肉。

注意事项： 完成动作时间为2秒左右，还原时间为3秒左右。合理安排练习组数与次数，建议10～15次，2～3组。训练中根据自身力量强度选择适当弹性强度的弹力带进行训练，有效地提高力量刺激。

4. 髋部转动

训练方法：练习者仰卧在瑜伽垫上，躯干挺直紧贴于地面，大腿抬起地面垂直，膝关节可以伸直也可以弯曲。转动髋关节使大腿贴于地面，随后转动到另一边，转动过程中肩部贴紧垫子。如图7-47所示。

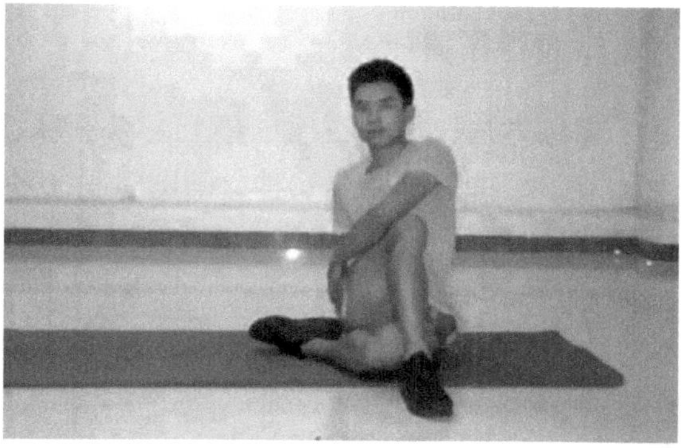

图7-47　髋部转动

训练要求：转动过程中保持躯干部位的平衡性，肩关节始终紧贴于地面，保证两侧的均衡性。转动过程中要保持合理的呼气和吸气。

训练原理：提升躯干深层的力量。

注意事项：合理安排训练中的间歇时间、组数和次数，建议两人一组进行练习，避免转动不平衡导致躯干两侧力量发展不协调的现象。

5. 躯干转体

训练方法：借助健身球，呈俯卧撑姿势，通过提起膝关节向对侧运动，拉伸腹部力量，再换另一侧进行练习。如图7-48所示。

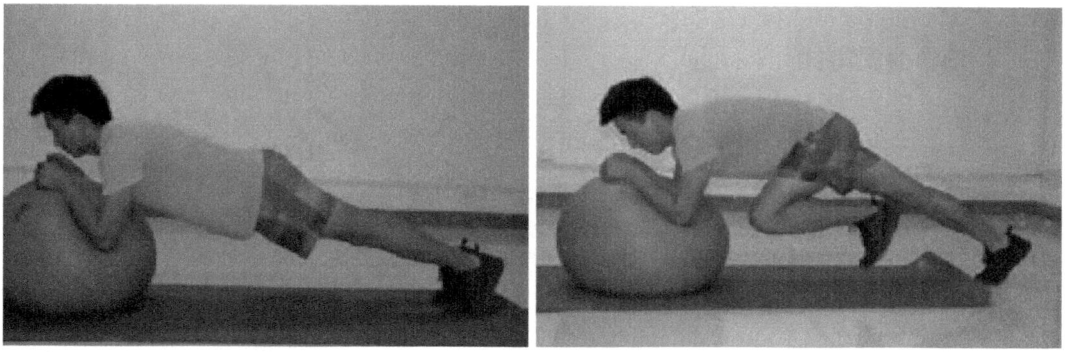

图7-48　躯干转体

训练要求：转体时两脚尖不得离地，双手不得离球，转动速度逐渐加大，根据自身感觉体会躯干转体发力，防止速度过快造成拉伤等现象。

训练原理：提升运动员腰腹及背部的柔韧力量。

注意事项：训练中合理安排训练强度以及训练组数和次数，两人练习时选择身高相当的同伴进行配合练习。训练中逐渐增加身体的重量或压球的重量，提高转体的力量。

6. 仰卧举腿

训练方法：仰卧在瑜伽垫上，双手掌心向下，抬起双腿成90°，也可向左右转动髋关节，维持这种姿势20秒，间歇时间30秒后再换腿做1次，两腿各做2次。如图7-49所示。

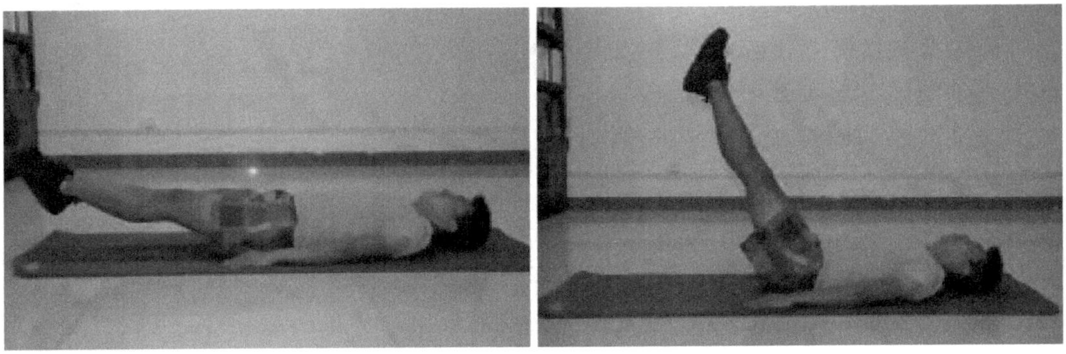

图7-49　仰卧举腿

训练要求：左右腿向后交叉上举时，相反的肢体要贴紧地面，并保持身体的平衡。
训练原理：提升运动员腰背的柔韧性。
注意事项：训练中合理安排强度、训练组数、次数和间歇时间。

7. 仰卧交替传球

训练方法：运动员呈仰卧姿势，将实心球从膝关节下方交替穿过，依次重复这一动作。如图7-50所示。

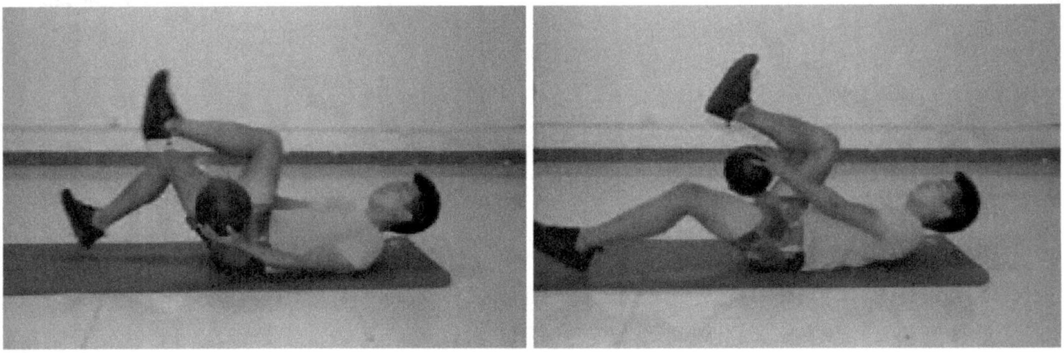

图7-50　仰卧交替传球

训练要求：稳定地向上抬起手臂，使背部受到强烈拉伸。

训练原理：适宜控制双腿交换的频率，保持稳定的收缩强度。

注意事项：合理安排训练强度和间歇时间，建议两人一组练习，互相监督动作的规范性。练习一段时间后可采取弹力带进行练习，加强对背部的深度刺激。

（三）下肢柔韧力量训练

腿部的柔韧训练，主要为发展腿部前、侧、后的伸展和迅速收缩的能力，以及髋关节灵活性。网球运动员腿部柔韧训练主要采用甩、压、开、踢、控和劈腿等动作方式。

1. 大腿后侧拉伸

训练方法：仰卧，左膝弯曲90°，用右手向上拉弯曲的左腿，拉到另一侧。左臂向外伸直。转头看向左手。接着，再用右手将弯曲的左腿向上拉，腰部和髋部会产生轻微的拉伸感。保持这个姿势5～15秒，两侧做同样的动作。

训练要求：保持躯干部位的稳定性，主要体会两侧大腿根部的拉伸。拉伸时手臂拉动力量应适中，使腿部得到充分的拉伸。

训练原理：髋关节近固定时，拉动大腿得到拉伸。

注意事项：训练中可选择同伴之间相互拉伸，但要注意力量的大小。保持持续缓慢地拉伸，拉伸动作过快会导致大腿根部拉伤。要合理安排拉伸的组数和次数。

2. 肋木弓步压腿

训练方法：面对肋木一大步的距离。将左脚或右脚放置在肋木髋关节部位的高度，前屈髋关节后腿伸直，身体重心在两腿之间，保持20秒左右，然后换另一只脚在前。

训练要求：后脚脚尖方向应该与前脚脚尖方向保持垂直状态，后腿保持伸直状态。上体向前下压，尽量使髋关节向下降。脚在肋木上的高度可以不断变化，与肋木距离可以不断加大，但要在自己能够承受的范围内。

训练原理：在大腿后侧拉伸的前提下充分拉伸腿部，刺激大腿的柔韧性。

注意事项：训练中合理安排拉伸的组数和次数，拉伸到最大角度后保持20秒左右的顶峰收缩，使腿部得到充分拉伸。

3. 前后交叉提前下压

训练方法：原地站立，双腿直立。将左腿交叉放在右腿的前面，直腿前屈下压，双手压放在双脚脚面上，维持这种姿势20秒。然后换右腿交叉放在左腿前面，双手放在脚面保持这种姿势20秒。

训练要求：双腿保持直立状态，上体尽量向下，但要在自己能够承受的范围之内进行，防止出现拉伤现象。

训练原理：前后交叉状态肌肉处于被拉伸状态，上体向下，手放在脚面上能够进一步刺激大腿深层肌肉。

注意事项：训练中合理安排左右腿练习的组数和次数，根据自身力量控制拉伸的动作幅度和速度，缓慢、持续地牵拉腿部力量。建议两人一组训练，以提高训练的安全性，要避免因动作过大造成的腿部后侧拉伤。

4. 弓箭步下压

训练方法：运动员俯卧于地面，四肢张开，抬起对侧手臂和腿部。依次重复这一动作，提高身体的平衡能力。如图7-51所示。

图7-51　弓箭步下压

训练要求：保持躯干部位的稳定性，防止左右晃动。保持缓慢、持续地下压。双手可叉腰或者放在前腿的膝关节部位，保持两条腿拉伸的均衡性。

训练原理：拉伸大腿，提高腿部的柔韧力量素质。

注意事项：合理地安排练习的组数和次数，腿部两侧要安排相同负荷的训练。

5. 前后分腿拉伸

训练方法：坐在瑜伽垫上，双腿向前伸直，双手在身体两侧保持平衡。右腿外展，接触垫子后屈膝，使脚接触左腿膝部。吸气，双臂撑起身体。左腿向身后伸展，大腿上部、膝关节、胫前部和脚掌内侧接触垫子，呼气，下压髋部。

训练要求：练习中保持较大的动作幅度，动作结束后要保持10秒左右的收缩状态。

训练原理：通过屈膝调节大腿之间的角度拉伸腿部肌肉群。

注意事项：练习时做好充分热身准备活动，保证身体在活动开的情况下进行练习。做动作时持续且较为快速地牵拉大腿部位的肌肉群，要注意两腿之间的力量均衡。

6. 体前屈

训练方法：运动员呈直立状，躯干前屈双手抓住踝关节，保持10～20秒，缓慢起身还原成开始姿势，重复练习。如图7-52所示。

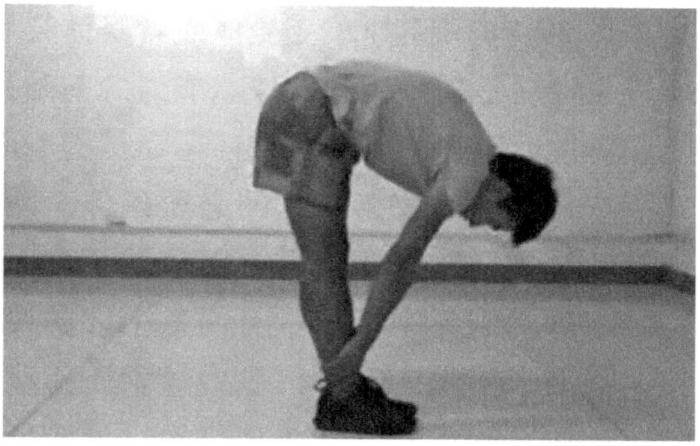

图7-52　体前屈

训练要求：训练中要保持身体的稳定性，缓慢、持续地牵拉大腿根部，注意两侧的均衡性。

训练原理：屈膝并固定，然后做关节的屈伸动作，提升大腿部位的柔韧度。

注意事项：训练中合理安排训练的强度和密度及练习组数和次数。

7. 坐姿拉伸

训练方法：运动员坐在凳子上，双手摸地或双手抓住脚踝位置，拉伸竖脊肌和肩关节肌肉，依次重复这一动作，换腿练习。如图7-53所示。

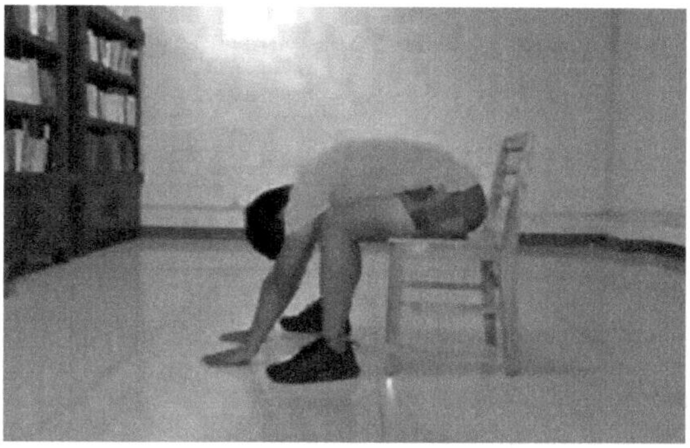

图7-53　坐姿拉伸

训练要求：拉伸过程中要保持躯干部位的稳定性。

训练原理：随时随地均可进行腿部拉伸。

注意事项：合理安排训练的强度和组数，练习时要保持躯干部位的稳定性，防止向左右两侧晃动。建议此练习安排在训练课的前期，以便于更好地拉伸腿部力量。

第四节　灵敏力量训练

灵敏力量素质是人体各项身体素质的综合表现，包括运动技能、神经反应和多种多样的身体活动能力。灵敏力量在运动技能的运用和发挥中的作用至关重要，特别在同场对抗类的项目中，甚至直接决定了技战术的运用效果。因此，美国的霍斯金斯

（Hoskins）曾提出“灵敏性是技能的灵魂”的论断。排球专家指出，灵敏性的高低决定一个运动员的技术水平[1]。灵敏是一种复杂的运动素质，多种运动项目中都需要运动员具有良好的灵敏素质，以保证运动员对突然变换的条件做出精确判断，快速敏捷、灵活多变和迅速改变身体或者身体某一环节的运动方向。因此，灵敏力量素质的增进与发展是提高运动技战术能力的基础，是运动员必须具备的能力。网球运动属于隔网对抗性项目，隔网对抗性运动员的身体素质是掌握各项技术的基础，同时也是比赛中应用技术和完善战术的必要条件。网球界普遍认为灵敏性力量、速度力量是网球运动员主要的身体素质。网球运动中，对于不同位置、不同高度、不同旋转和角度的来球都需要运动员具有向各个方向快速移动、改变身体姿势和身体某一环节状态的能力。网球运动中灵敏力量素质就显得尤为重要，良好的灵敏力量素质能够使运动员快速平稳地到达击球位置，提前做好击球的准备和较为从容地完成各项技术动作。

灵敏力量素质具有按需要改变技术的速度、方向和变化的能力。人体根据五大运动感觉系统的感受器接受的信息进行选择、组织、判断并最终做出决策，确定动作、选择移动方向。在较为复杂的运动过程中，运动员应该是一个边接受信息、边判断、边移动做动作的过程，运动员在开始时所选择的信息和进行的判断可能是正确的，也可能是错误的，但可以肯定的是这些瞬间的判断和决策都是运动员认为是正确的，也是其所需要的；随着信息量的不断增加，判断和决策的准确性会越来越高，越来越多的运动员在运动过程中会使用假动作迷惑对手；如果判断错误，运动员会进行最后的决策并尽最大努力来弥补先前的失误。随着学者研究的深入，灵敏性成为力量和速度等素质转化为技术的桥梁，这无疑是对身体训练难以转化为技术这一尴尬处境的化解，可以帮助运动员的各项身体素质良好地运用到技术动作中。

灵敏是多种运动技能和身体素质在运动中的综合表现。运动技能掌握得越多、越牢固，机体运动时动作就会更加协调、稳定，而且容易达到高度的自动化，表现出灵活而省力。按照条件反射学说，运动技能本身是在多种感觉器官的参与下，大脑皮质有关中枢间建立的暂时神经联系，这种暂时神经联系建立得越多，在环境条件改变需要做出反应时，大脑皮质有关中枢间暂时神经联系的接通就越迅速、准确。

灵敏性与年龄、性别、体重和整个机体功能状态等有关。从儿童期到成熟期，灵敏性将逐步提高，青春期灵敏性的发展最迅速。青春期前男孩的灵敏性稍优于女孩，青春期后男孩的灵敏性远好于女孩。体重会明显影响人的灵敏性，体重过大会使身体各部分的惯性加大，增大肌肉收缩的负荷，在进行改变方向的动作时，速度必然减

[1] 葛春林. 最新排球训练理论与实践 [M]. 北京：北京体育大学出版社，2003.

慢。人在疲劳时，爆发力、动作速度、反应速度、协调性会下降，灵敏性会显著降低[1]。比如，网球运动员在底线正反手击球中，运动员需要经常改变身体的运动方向和运动状态来处理不同的来球。底线击球的稳定性和落点以及球的旋转和球速都有了很大的提高，使对手回球的难度加大，加大了运动员在比赛中进攻的欲望。在提高底线正反手击球过程中，通过快速的脚步移动到达击球位置，现役职业网球运动员中运动员往往通过快速击打出快、准、狠的回旋球， 占据场上的主动优势。底线正反手击球中需要运动员具有良好的灵敏素质力量，通过不断改变自身的击球动作和身体的运动状态进行击球。

一、灵敏力量的概念

灵敏力量素质是指运动员迅速改变体位、转换动作和随机应变的能力，是运动员运动技能和各种素质在运动中的综合表现，其突出特点是能够随机应变地完成动作，当环境条件突然发生变化时，还需要创造出新的动作，以适应新的突变情况。

二、灵敏力量的表现形式

网球运动随着运动员的身体素质越来越出色和对运动器械的科学化运用，使比赛表现出“快”和“变”两个方面，相应地需要运动员具有快速多变的灵敏力量素质。“快”和“变”是灵敏力量区分速度、力量、耐力等运动能力的本质属性。单纯地“快”和单纯地“变”都不应是灵敏力量素质的内涵。“快”是指预判决策快（反应快）、动作快；“变”是指方向的变化和动作的变化。所以不难看出，在灵敏力量素质中，“快”是根本，“变”是关键，运动中的表现特征是快速、合理、协调、准确。因此，将灵敏性定义为处在特定运动场景中的肢体感受刺激，并根据需要迅速改变方向或变换动作的能力[2]。所以，灵敏力量素质在现代网球运动员的身体素质中也主要体现为“快”和“变”。“快”指比赛双方的击球速度快，运动员通过不断加大击球速度给对手施加压力。“变”主要是运动员通过变化击球的落点、高度、旋转等因素影响对手对来球的判断。训练中，教练员应当把各项身体素质集中表现在运动员的灵敏力量素质上，进而综合身体素质表现在运动员的技战术方面。

---

[1] 王瑞元，苏全生. 运动生理学 [M]. 北京：人民体育出版社，2012.

[2] 赵西堂，葛春林，孙平. 试论运动灵敏性的概念及其分类 [J]. 武汉体育学院学报，2012，46（8）：92-95.

根据逻辑学的分类规则并结合理论与实践的需要，将灵敏力量素质分为预判决策能力、变换动作和快速变向能力，并指出这一分类方法既有利于人们对灵敏力量素质各方面属性的认识，又满足了不同项目对灵敏力量素质的特殊要求，是较为合理的分类方法。当对手回球到达场地时，需要运动员快速通过移动能力改变身体运动状态和方向进行击球，这就需要运动员降低身体重心、缩短步长并减速以便于改变方向，人体在冲刺时保持较低身体重心和前倾的身体姿势是减速、加速和保持身体稳定所不可或缺的，运动员改变身体方向时也必须减速并降低身体重心。

三、灵敏力量的专项性训练方法

灵敏力量素质训练主要是通过各种突然的刺激使运动员瞬间改变运动方向，提高运动员快速转换的能力，如在跑动过程中快速跳跃或者原地站立做相反方向的转体等动作。发展运动员的灵敏力量可以通过专项、徒手、器械或者游戏等方法提高，这几种方法是提高灵敏素质的主要途径。网球运动员在比赛中有多种方式将球打回到对方场地。正反手、截击、高压等动作都需要运动员具有良好的灵敏力量素质。

（一）灵动训练

网球运动中运动员需要通过不同的技术手段对来球迅速做出反应并将球打回到对方场地，所以，在训练中应当加强运动员各项技术动作的组合训练，结合比赛中技术动作的时相，合理地安排训练内容。训练中安排循环训练法、变换训练法和不同强度的间歇训练法，提高运动员的灵敏力量素质。

1. 底线正反手击球

训练方法：运动员在底线进行正反手击球，教练员依次向运动员正反手部位扔出网球，扔球范围在两个标志物附近。运动员通过快速判断球的落点，将球打到对面场地的左右角位置。

训练要求：运动员在击球后迅速回到底线位置，移动过程中采用并步移动，击球时保持合理的呼吸时相，尽量每一次击球都打到对面底线的两个角落，提高击球的质量。

训练原理：考验运动员的灵敏性，加强运动员快速判断左右位置的来球。

注意事项：合理安排组合训练中的训练强度和间歇时间，建议安排短时间高强度的间歇训练，运动员在击球过程中保持较高的心率。一段时间训练后，可增加扔球的速度，加大快速判断和移动灵敏性的难度。

2. 绕八字击球

训练方法： 在底线位置放置两个标志物，运动员通过绕八字进行正反手击球，采取小碎步和并步移动的方式。训练中首先保证运动员移动和判断的准确性，移动过程中保持身体的动态平衡。

训练要求： 运动员在快速移动过程中要保持动态平衡，练习快速判断来球和击球的灵敏性。

训练原理： 绕八字训练可以提高运动员的移动能力，并降低运动员判断来球后击球的难度。

注意事项： 教练员合理安排运动员训练的间歇时间，训练时间可以结合比赛中正反手击球的时间和间歇时间，相应的比赛强度和训练强度相结合。标志物可以摆放2～3个，不同的位置摆放，训练运动员的灵敏性。

3. 击球上网训练

训练方法： 教练员在网前抛球，运动员从底线开始随上一正一反两次击球，到网前进行两次正反手截击，底线位置正反手击球的落点为斜线角度，前场两次击球的落点为对方发球外角位置，网前两次截击的落点为底线两个角度。依次重复这一练习动作，可选择4～5人一起训练。

训练要求： 保持击球点的连贯性和喂球的准确性，运动员在完成击球后迅速进行下一次击球。

训练原理： 提高运动员的进攻能力，连续上步击球和截击的组合训练，加强运动员进攻的连贯性。

注意事项： 训练中，教练员要提高运动员训练的积极性，严格要求运动员在移动过程中的步法训练。未轮到练习的运动员可在底线位置做挥拍练习，进行热身。

4. 正反手击球训练

训练方法： 教练员站在运动员对面T点进行喂球，运动员从底线的一个角开始击球，击球后横向移动到底线的另一个角击球。第一次击球为正手反斜线或者反手反斜线，第二次击球为正反手位置的斜线击球。

训练要求： 训练中，教练员要注意运动员的移动速度和位置，运动员在底线位置的横向移动应采用小碎步和并步，运动员主要体会移动过程中的动态平衡和击球的准确性，不要一味地追求速度。

训练原理： 提高运动员的移动能力和击球的准确性。

注意事项： 训练中可选择人对人练习，运动员击球后通过环形移动，依次进行击球。提高运动员击球的连贯性，教练员的喂球主要是一次喂球后再连续进行二次喂球，保证喂球与移动同步。

5. 发球上网训练

训练方法： 两人一组训练，一人发球，另一人接发球。训练中主要考验发球方在发球后进入前场的截击组合训练，接发运动员主要通过适宜高度的接发球提高对方的截击技术。

训练要求： 要求运动员采取比赛训练法，通过变换发球的类型提高运动员发球后的截击训练和不同类型发球的质量。

训练原理： 发球上网是快速结束这一分的有效战术，运用比赛训练法能够有效地提高运动员的组合进攻训练。

注意事项： 训练中采取比赛训练法，使运动员在放松的状态下进行训练。严格控制运动员的训练强度和间歇时间，发球方要不断变换发球的落点和发球的类型，保证发球的成功率。

6. 绳梯扔接球

训练方法： 训练运动员做绳梯训练，小碎步练习。教练员面向运动员扔网球，运动员接住网球后迅速将网球扔回到教练员的手中。依次重复这一动作，训练一段时间后可选择同时扔接两个网球。

训练要求： 训练时保证运动员小碎步练习时始终站在绳梯中，并进行接球练习，教练员根据运动员的灵敏力量选择扔球的速度。

训练原理： 考验运动员眼、手、脚的灵敏性，脚步移动过程中对来球进行预判并接住。

注意事项： 合理安排训练的组数和次数，保证运动员快速激发肌肉的速度。手、眼、脚的协同配合下，提高运动员的灵敏力量素质，训练中结合呼吸时相。

7. 绕障碍物练习

训练方法： 用于运动员的热身练习，使运动员快速进入训练状态。运动员面前放置一纵列标志物，标志物前方放置一定间隔的标志杆，运动员以快速小碎步通过标志物然后绕过标志杆，做30米的加速跑。

训练要求： 小碎步、转动身体、加速跑训练。

训练原理：训练中要有效地提高运动员的小碎步步法，进行转体训练和短距离的冲刺跑训练。

注意事项：训练中合理安排训练的组数、次数和间歇时间，量度和强度保持适度，防止运动员在热身活动中消耗太多的体能。建议多人训练中采取此练习方法，能够有效地提高训练质量。

（二）游戏训练

通过游戏训练能够使运动员在练习的过程中更加放松，放松的状态有助于提高运动员的灵敏力量素质，更加刺激运动员的中枢神经系统的整合与骨骼肌的传导速度。所以，在训练中通过各种游戏能够有效地提高运动员的灵敏力量素质，运动员在遇到不同来球后能够做出快速反应，完成各种有效的击球路线和角度的动作。

1. 猜拳练习

训练方法：在网球场的一半场地进行练习，两人一组通过相对猜拳后，输方转身跑向球场底线，胜方进行追赶，若输方跑到底线则算作得一分，被追上则丢一分。

训练要求：两人离底线的距离一致，通过快速猜拳判断自己是胜方还是输方，并快速跑动。两人练习可通过游戏加分激励运动员的获胜欲望，提高训练的效果。

训练原理：快速反应自己是胜方还是输方，两者的任务不同，要快速判断自己是追还是逃，能够有效地提高运动员的灵敏力量素质。

注意事项：训练中合理安排场地，使运动员离两侧底线的距离一致。练习者高度集中注意力，最短时间内反应自己是追还是逃。掌握合理的间歇时间，使运动员在充分恢复的状态下进行下一组练习。

2. 信号练习

训练方法：运动员面对信号灯站立，信号灯上共有红、黄、蓝、绿4种颜色，分别代表正手、反手、截击和发球。运动员在看到信号灯显示后快速做出相应的技术动作，不做动作时要保持小碎步状态，信号灯显示后开始做动作。

训练要求：短时间内做出动作，快速反应颜色所代表的技术动作，刺激视觉神经，加快传导速度。未做动作时要保持小碎步，准备随时开始做动作。

训练原理：通过小碎步运动状态和视觉神经的刺激，加强运动员的灵敏力量素质。

注意事项：合理安排训练的强度和练习组数与次数，保证在完全恢复的状态下进行下一组练习。可选择两人同时训练，增加运动员之间的竞争性，使运动员彼此之间督促自己在最短时间内完成训练。

3. 对墙接球练习

训练方法：两人一组练习，练习者对墙站立，另一人在练习者后面对墙扔球。练习者快速判断网球的运动方向，接住弹回来的网球。依次重复这一动作，抛球者可根据练习者的反应程度调整扔球的速度。

训练要求：根据接球质量和数量，调整练习者与墙之间的距离，可通过快速扔球增加接球的难度。练习运动员视觉信息加工传递至大脑的速度，加快眼与手的灵敏能力。

训练原理：训练运动员的手眼协调性和灵敏性，不断地转换身体位置进行接球。

注意事项：训练中根据自身力量素质选择抛球的速度，两人之间安排适宜的训练方法。保证在完全恢复的状态下进行下一组练习，保证扔球的连贯性和速度。

4. 灵敏性垫训练

训练方法：平坦位置放置一块灵敏性垫，运动员通过单脚、环绕、旋转在灵敏性垫上进行跳跃性练习，练习时注意仅脚掌位置接触地面。通过变换身体四肢或跳跃姿势进行练习，加强运动员的灵敏力量素质和身体的控制能力。

训练要求：单人或双人练习，加强运动员的踝关节力量和身体的灵敏性，保证仅脚掌位置接触地面。

训练原理：利用灵敏性垫发展运动员的灵敏性练习，加强运动员的专项灵敏素质。

注意事项：注意练习组数与练习次数，保证在完全恢复的状态下进行下一组练习。跳跃过程中通过手臂控制身体的平衡，保证每一次落地不偏离灵敏性垫的位置。

5. 六角灵敏球练习

训练方法：两人对面站立，一人手持不规则球（只会向左右两个方面跳跃），将球扔向地面。练习者观察球的不规则反弹迅速将球抓住。练习者准备时进行幅度较小的跳跃，做好充分准备增加反应速度和灵敏性。

训练要求：训练中保证运动员的间歇时间，在完全恢复状态下进行下一组训练。严格要求运动员的准备姿势，每一次接住球后迅速准备下一次接球。

训练原理：利用六角球的不规则弹性加强运动员的灵敏力量素质，提高运动员眼、手、脚的协调配合能力。

注意事项：扔球范围需要根据练习可移动的范围来决定，在练习者能够接住球的范围内进行有效的训练。练习过程中需要高度集中注意力，合理掌控间歇时间，保证练习者在精力充沛的前提下进行有效的练习。

6. 弹力带训练

训练方法：两人一组进行训练，将弹力带固定在两人腰部位置，面向相反的方向，教练员喊开始后一人立刻转身追赶练习者，练习者被触碰到身体即可，也可两人一组进行短距离追赶，依次重复交换练习。

训练要求：训练中，教练员要合理掌控两人练习的强度，提升短距离的移动灵敏性。

训练原理：弹力带有效地控制两人之间的距离，移动慢则被触碰到，移动快则会受到弹力带的牵拉。

注意事项：合理掌控两人之间的距离，听到教练员喊“开始” 后立刻转身追赶练习者。训练内容安排在练习者精力充沛时进行，保持适宜的间歇时间，运动员在完全恢复的状态下再进行下一组练习。

7. 短时间击球练习

训练方法：教练员与运动员隔网近距离站立，教练员同时扔出3个网球，运动员在3个球落地之前将网球依次打到对方场地。扔出的3个球落点相隔要近，运动员主要体会快速判断击球的灵敏性。

训练要求：运动员在完全准备好的情况下进行练习，将网球打到对方场地即可，可选择小的挥拍幅度。

训练原理：考验运动员在短时间判断3个网球的落点，然后迅速将球打到对方场地的能力。

注意事项：注意教练员扔出球的距离要适中，以便运动员能够在短时间内将网球打到对方场地。合理安排练习的组数和次数，保持足够的间歇时间，此练习建议安排在训练课前部分，且次数不宜过多。

8. 跳跃扔接球训练

训练方法：两人对面站立，脚下放置小木箱，两人在同时跳跃的情况下进行扔接球练习。跳跃的过程中保持单脚跳跃，在腾空过程中将网球扔给对方，依次重复这一练习动作。

训练要求：保持连续跳跃的动作，并同时扔出网球给对方，在跳跃过程中判断对手的来球并将网球接住。

训练原理：运动员在跳跃过程中接住来球，加强运动员的灵敏性和判断能力。

注意事项：训练中合理安排运动员的间歇时间，保证在完全恢复的状态下再进行下一组练习。教练员合理安排小木箱的高度和运动员之间的距离，训练一段时间后可选择同时扔2个网球。

9. 组合训练

①十字交换跳　直立，双脚起跳，在地面上做前后左右十字交换跳。交换频率越快越好，15秒为1组。

②单腿摆动协调练习　单腿有节奏地跳跃，异侧腿配合做摆动，两臂前后摆动触脚尖。10次为1组。

③跳起空中抱腿　原地双脚跳起，腾空后两脚上收，双手抱膝，下落时还原。

④蹲撑直腿交换跑　蹲撑，双腿依次做直腿交换动作，20次为一组。

⑤顺逆跑　一组运动员围成一个圆圈，手拉手顺时针跑（身体半右转）。听哨声后立即逆时针方向跑（身体半左转）。变向要快，每次20秒。

⑥急跑急停　借助篮球场地，从篮球场端线开始快跑至中线急停，原地转身接滑步跑至篮下急停，跳起摸篮板。

⑦躲闪跑　画两条平行线，距离30米，每隔6米插1根标枪。练习者站在线后，听信号后快速跑向另一条线并要闪躲跑过4根标枪。

⑧模仿跑　2人1组，前后站立，距离3米。前者在快跑中做出变向、急停、转身等不同动作，后者及时模仿前者在跑动中做出的各种动作，10秒后两人交换进行，30秒为1组。

⑨对墙接球　2人1组，一人面对墙站立，距墙2～3米，身后一人持球（篮球或排球），对墙抛出各种不同方向的球，前面人接住球后转体180°，传给后面的人。30秒为1组，两人交换练习。

第五节　协调力量训练

协调能力是指运动员在运动中身体各运动器官、各运动部位配合一致完成动作的能力。协调能力并非是一种单纯的身体素质，而是运动员各器官功能、运动素质、心理品质和个性特征以及技能储备的综合表现。运动员良好的协调能力是掌握专项技术的重要基础，它反映着运动员快速准确、有效地完成各种难度动作，符合特定训练目标的能力。运动员拥有良好的协调能力不仅能够在训练和比赛中进行快速反应，还能在最短时间内做出正确的技术动作。

如图7–54所示，一般的协调能力主要包括反应能力、空间感知能力、时间感知能力、适应调整能力、协同动员能力5部分，转向相互协调能力的构成包括一般协调能力和专项协调能力。明确协调能力的不同分类，有助于在训练中更加准确地寻找训练目标，系统化地训练运动员的协调能力。网球专项协调能力分为综合能力、方向感、击球节奏、反应能力、平衡能力、不同击球方式的选择以及适应能力。所以，对于网球运动员的协调力量素质的训练应当有一定的专向性，避免盲目的模仿其他专项的协调力量素质训练。

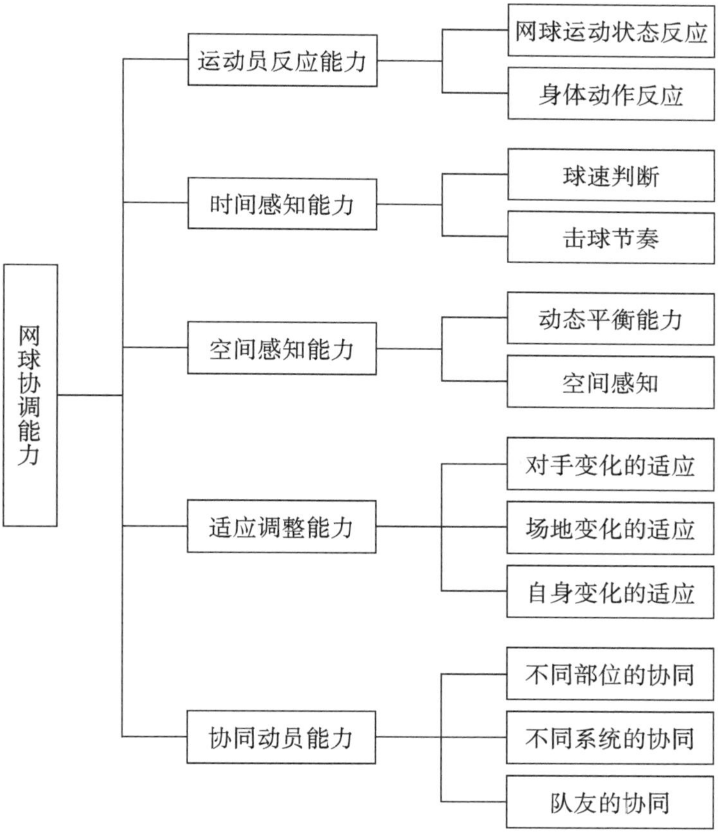

图7–54　网球协调力量分类

网球运动是隔网对抗项目，对运动员的素质要求很高，网球运动对抗激烈、技战术变化多样，对运动员的体能、技能、心理能力都要求很高。运动员在比赛中要粗中有细，针对场上各种突发状况都要迅速做出反应，且多数击球都是在非平衡状态下进行，对运动员的协调能力要求很高。良好的身体协调力量素质可以促进动作技术的掌握以及运动技术的动力定性，对技战术的发挥以及心理情绪等也有积极的影响。运动员比赛发挥的竞技水平、比赛成绩和运动员的协调力量素质息息相关，协调力量素质的强弱在很大程度上影响着运动员的竞技能力，所以，日常训练中应当结合网球专项技术加强协调力量素质的训练。

一、协调力量的概念

体育词典中，协调性被定义为："动作舒展大方，不僵硬，身体各部分配合恰到好处，没有多余动作。"可见，在体育词典中对协调性的定义主要是强调机体动作的圆滑及流畅性。过家兴等人对运动协调能力理解的侧重点则主要在机体配合的有效性上，运动协调能力是指："运动员的机体各部分活动在时间和空间里相互配合，合理、有效地完成动作的能力"。苏联普拉托诺夫认为，协调能力是指："人们迅速、合理、省力和机敏地，也就是最完好地完成任务特别是复杂而突然的任务的能力"，他把协调能力的关注点放在了完好地完成复杂并突然性的任务的能力上。

二、协调力量的表现形式

"运动协调能力"的概念是在日常生活和体育教育文献中广泛使用但不十分确切的概念"灵活性"中区分出来的。在运动员的身体训练中同样包括培养运动协调能力，但这一能力在某种程度上可以归于技术训练和战术训练。运动协调能力可从两个方面来理解：①从形成、从属、连接到一起进行合理地建立完整运动动作的能力。②改造已形成的行动形式或根据不断变化的条件从一些行为转入另一些行动的能力。这些能力在较大程度上是同类的，但也具有本身的特征。不难想象，运动协调能力就是指运动员的机体各部分活动在时间和空间里相互配合、合理有效地完成动作的能力，也可以说是迅速改变身体或某一部分的运动方向的能力。运动协调能力是几种运动素质结合而成或者某一部分的运动方向的能力。运动协调能力是由几种运动素质结合而成，包括力量、反应时间、运动速度、爆发力和协调性。它在躲闪跑、"Z"字形跑、急停和起动等活动中以及迅速改变身体位置时都能表现出来。

网球运动员需要通过各种方法提高协调力量素质。首先，克服不合理的骨骼肌紧张的发展途径，与骨骼肌多余紧张做斗争的问题经常与完善动作协调性的任务联系在一起。网球初学者在对于对方回球时经常会做出不必要的骨骼肌紧张状态，这是因为骨骼肌收缩后为充分放松骨骼肌或者较慢转入放松时相的所谓"协调紧张"，出现多余的骨骼肌紧张现象，这些紧张形式对运动动作总的结果产生消极的影响。其次，训练中进行放松练习，特征是预先确定重点交替骨骼肌的对立状态和将一些肌肉群的重点紧张与另一些骨骼肌的放松结合起来。例如，网球运动中的随挥动作是指击球瞬间需要握紧球拍，然后快速放松手腕使其进入随挥状态。但在比赛中由于运动员的心理紧张导致放松的不及时出现动作僵硬，这就是因为运动员的协调力量素质较低所引起的。因此，训练消除比赛的协调性紧张时，需要对练习中的技术动作协调充分重视，越准确练习就越有效。最后是强直性紧张训练，这是由于运动员机体疲劳所产生的，有一部分是因为先天性的超强直，当人体出现较大的疲劳时，所有人都可能出现展示型的强直性紧张，而降低强直性肌肉紧张的有效手段就像游泳或者在水中漂浮。

动态平衡训练也是提高运动员协调力量素质的训练方法，在大多数项目中，能否使身体在各种姿势中保持平衡，是高质量完成技术动作的关键。人的身体姿势没有完全的静止而有完整的动态平衡。例如，网球运动中的回位，完善动态稳定性主要通过运动节能对不同的外部移动条件的适应来进行的。在训练过程中按照预先的确定，改变训练课的条件。完成空间感觉和空间准确性的途径也是提高运动员协调力量素质的重点，专门性地完善“空间感觉”和动作的空间准确性的解决办法是以系统地循环提高对评定行动过的空间条件时的精确分化要求和对规定空间参数限度内控制动作的准确性要求为基础。例如，网球运动中反手位的高球，就需要很强的空间感觉，为了提高感觉，最好循序渐进地提高难度，进而提高运动员的空间感知觉、动作的空间准确性和运动员的协调力量素质。

三、协调力量的专项性训练方法

协调力量素质的训练可以采用配合练习法（组织专门的练习去培养某两个系统、两个部位或两个肌群之间的协同功能的练习）、变换练习法（训练中经常变换练习的方向、速率、节奏、力量以及其他要求）、渐进练习法（由简单到复杂、循序渐进、逐步提高复杂程度）、加难练习法（加大练习的难度、让练习者在更加困难的环境中练习）[1]。协调性训练中需要运动员进行手、眼、脚的配合训练方法，在视觉的影响下发展运动员上下肢、躯干与网球的空间位置感觉，达到三者统一的状态。例如，在网球的发球和正反手击球练习中，抛球和击球动作的配合练习，属于配合练习法，联系动作和发球技术环节相似，只是去除了击球的环节，可以锻炼练习者上下肢以及身体左右两侧的协同配合能力，适用于网球发球技术。对于不同形式的跳绳也有助于运动员的身体协调能力，对击球节奏的培养有帮助，网球发球和正反手击球技术都需

[1] 田麦久. 运动训练学 [M]. 北京：高等教育出版社，2006.

要练习者全身肌肉协调发力，并且具备良好的击球节奏[1]。协调力量素质训练应当尽量安排在课训练的前阶段，协调力量素质训练需要神经系统具有良好的兴奋性，对注意力也有高度的要求。网球技术训练过程中，训练内容讲究多样化，方法手段需要不断创新改变，练习技术动作时，经常改变练习的节奏、力量、方向、难度等方面更好地促进运动员协调力量素质的发展。

1. 跳跃截击训练

训练方法：运动员脚下放置40厘米高的小木箱，单脚交替在小木箱上跳跃，并进行截击训练。运动员跳跃过程中主要体会脚步动作、视觉信息和手臂击球的协调性，并在跳跃中保持身体的动态平衡。

训练要求：保证运动员跳跃中的稳定性，避免过于追求速度而导致发力不连贯等现象。体会手、眼、脚的协调控制能力。

训练原理：在脚步动态移动的情况下进行视觉信息加工整合传递至手臂击球的能力，提高运动员训练的效果。

注意事项：合理安排训练中的间歇时间和训练组数与次数，练习强度不宜过大，主要提高运动员练习过程中的稳定性和各环节部位的协同配合能力，使运动员各项素质得到综合体现。

2. 影子游戏

训练方法：两人一组训练，利用网球场半场进行你追我赶的游戏，相互之间踩对方的影子，避免被对方踩到。考验运动员快速移动的能力，快速判断对方的移动意图，改变自身的运动状态。

训练要求：要求运动员在固定范围内进行训练，运动员训练是在精神处于完全放松状态下进行的，有效地提高运动员神经系统的协调能力。

训练原理：运动员在训练中不断转换身体运动状态，提高运动员的移动协调能力。

注意事项：教练员选择适宜的时机进行训练，保证运动员在训练中保持较高的积极性。移动过程中保持较低的身体重心，便于运动员向各个方向进行移动。

3. 触球训练

训练方法：运动员通过除头部外身体其他任何部位踢球练习，脚背、大腿、胸部等任何位置均可。提高运动员对网球控制的协调能力，训练中要不断判断网球的落点

[1] 谢源波. 协调能力对网球专项动作技术学习的影响研究 [D]. 武汉：武汉体育学院，2016.

和身体的接触位置。

训练要求： 训练中主要体会网球与身体之间的距离，根据网球的位置协调身体的运动姿势去接触网球。

训练原理： 提高运动员对网球的距离感知能力，增强运动员协调控制身体的能力。

注意事项： 尽量安排在训练结束部分进行，运动员通过放松的心态加速身体恢复的速度。可采取游戏训练法看谁踢球的次数多，次数较少的稍作“惩罚”。

4. 球拍接球练习

训练方法： 两人一组进行训练，一人将网球用球拍击给对方，另一人用球拍将网球接住，要保证网球在拍面迅速稳定下来，没有多余的跳动，再将网球击打给对方，依次重复这一练习动作。

训练要求： 保证网球接住后不会有太大的弹跳，平稳地将网球控制在拍面上。训练中运动员主要体会接球前协调地控制身体和缓冲网球的力量，协调眼、手、脚的控制能力。

训练原理： 控制身体的运动状态能够有效地提高运动员的协调性，加强对身体的控制。

注意事项： 训练中合理的安排训练的组数、次数和间歇时间，保证运动员在精力充沛的情况下完成训练任务。力量传导应当是从脚依次传递至手臂，感受自身力量传递的流畅性和连贯性。

5. 左右手击球练习

训练方法： 运动员站在底线位置，教练员面对运动员抛球，运动员在球落地后通过右手击打正手位置的来球，左手击打反手位置的来球，或者运用双手打正反手位置的来球。

训练要求： 主要体会两手的协调配合能力和两手的均衡性，保证发力的顺序和动作的连贯性，避免过于追求击球的速度。

训练原理： 通过左右手的协调配合，提高运动员神经系统的协调能力，不断转换对左右手的控制能力。

注意事项： 训练中强调运动员整个动作的流畅性，左右手的击球和相应的身体运动姿势协调配合。保持低强度的训练，在运动员适应后再加快击球和喂球的速度。

6. 多人截击练习

训练方法：3～4人一组，彼此之间通过截击将网球相互传递给对方。可以采取游戏训练法，要保证截击过程中网球不落地，落地后要接受“惩罚”，以提高运动员训练的积极性。

训练要求：要求运动员不断地改变身体的运动状态，提高手、眼和身体的协调性。

训练原理：截击训练能够培养运动员的快速反应能力和协调能力，多人练习更加有助于增强运动员的整体协调能力。

注意事项：训练中合理安排运动员的训练组数、次数和间歇时间，保证运动员实施有效训练的质量。练习一段时间后可选择用两个网球进行训练，提高协调判断的能力。

7. 跳绳练习

训练方法：跳绳练习中，通过正摇跳、反摇跳和双摇跳练习运动员的协调力量，最初练习中运动员可选择2分钟练习时间，后期可增加至5分钟，也可以通过计数进行练习，根据自身情况制订相应的练习强度。

训练要求：通过变换跳绳的类型提高运动员的协调能力，运动员在练习时可结合相应的步法进行训练，以提高运动员的综合素质。

训练原理：能够提高运动员对跳绳的感知能力和全身的协调性，增加运动员对身体的控制能力。

注意事项：训练中合理安排训练的间歇时间和训练强度，随着训练强度的增加，逐渐增加运动员跳绳的速度。提高运动员在快速跳跃过程中的协调能力，逐渐增加训练的强度。

8. 俯卧撑起跳

训练方法：由俯卧撑姿势开始，双腿屈膝抬大腿成全蹲。起立后即刻双脚蹬地全力、快速纵跳，双臂积极上摆，在空中转体360°。衔接下一个动作时要迅速屈膝下蹲，在双手即将撑地的同时，双脚向后伸蹬，呈俯卧撑状。连续进行练习。

训练要求：训练中注意体会整个动作的连贯性，在将每一个动作做到位的基础上增加速度。

训练原理：将各个动作结合在一起训练，可有效地提高运动员转换不同运动状态和运动姿势的能力。

注意事项：训练中合理安排训练组数、次数和间歇时间，保证运动员在完全放松的状态下进行下一组练习。训练中运动员需要严格控制自己的呼吸时相，避免不必要的憋气。

9. 俯卧波浪起

训练方法：双腿稍开立，先做直腿体前屈，然后，依次进行向前跪膝（收腹、含胸、低头）、向前挺髋（收腹、含胸、低头）、向前挺腹（含胸、低头）、挺胸、抬头，成反的“S”形波动，两臂在体侧画圆，连续做。

训练要求：主要体会整个发力的顺序，使身体各环节部位依次发力，产生波浪的状态，提高运动员对整个身体环节的协调发力顺序。

训练原理：通过控制身体连贯发力的顺序，使运动员更好地控制身体各项素质。

注意事项：训练中合理安排训练的间歇时间和组数、次数，建议持续训练，以便于运动员在放松的状态下，持续训练自身的协调素质。

10. 跳跃训练

训练方法：腿部组合练习单双腿跳物、前后分腿跳、并步前踢跳—左右分腿跳—后屈膝跳—前屈膝跳。采用每次一个动作、另一个动作循环跳动的方法，通过变换不同动作，练习灵敏性和协调性。

训练要求：训练中可以根据不同信号做出不同的跳跃动作，体会跳跃过程中的连贯性和流畅性，避免训练过度追求动作的速度，教练员应当以提高运动员的协调性为主。

训练原理：通过不同方式的跳跃动作提高运动员下肢的协调能力。

注意事项：训练中教练员可添加视觉信息的刺激，加速运动员视觉传递至肌肉的准确性和速度。建议训练强度为中等，训练组数为3～5组，次数为15～20次。

11. 随球小碎步

训练方法：多人练习，运动员面对球网站立，教练员从身后将网球向前滚去，运动员随着网球向前移动的速度，围绕着网球做圆圈小碎步训练。主要体会视觉信息和脚步的配合，提高运动员的协调能力。

训练要求：要求运动员训练时集中注意力，切勿踩踏网球。从网球开始滚动到最后停止至少做4次练习。

训练原理：训练中提高运动员视觉中枢与步法的协调能力。

注意事项：主要安排在训练部分的前期，保证运动员在精神充沛的状态下进行训练，教练员合理安排训练的间歇时间、次数和组数，保证运动员每次练习的质量。

12. 组合训练

在发球区内用非执拍手击球，而且只是向上击球。

每只手握一球拍对打：模仿左手握拍反手击球的同时用正手击落地球动作击球。到另一侧时反手击球的同时模仿左手握拍正手击球。

发球区训练：在发球区内做困难的动作，如一次用两只球对打。

快速截击抽球训练：运动员站在发球线的“T”字上。教练员站在另一端的发球线“T”上，快速送出6只球让运动员用抽球动作截击。

五球训练：教练员送球，运动员按以下顺序击球：抽球截击、高空截击、轻吊截击、反手扣杀、正手高压。送不定点的正手高压球，如向运动员反手一侧送高球。

相反方向的扣杀和轻吊截击：①运动员反手扣杀，然后正手轻吊截击。②运动员正手高压，然后反手轻吊截击。③教练员随意送球。

速射式训练：运动员站在底线上，教练员从运动员正面约2米处低手送球。教练员用不同的方向、深度、高度和速度向运动员连续送出8只球，让运动员在极短的距离内快速移动和改变方向。

在发球区内：教练员站在网前，运动员按正手、侧身正手、反手动作向教练员回击。重复这一组动作。

双手击反弹球：在发球区内，两侧都使用双手击反弹球。

在单双打线区：①交替使用正手击落地球。②交替使用正反手截击。

在发球区内：①左侧只用反手（右手握拍的运动员）打斜线球。②右侧只用正手打斜线球。

在发球线上击反弹球：①交替使用正反手身前击反弹球（定点）。②同①，但不定点（即两次将球送入正手一侧，而运动员必须在反手一侧击第二个球）。

正手击反弹球：①不论球送到人的哪一侧，必须在身体的右侧击所有的反弹球。②同①，必须在身体左侧击球。③同②，但应在两腿之间击球（反弹球）。④不论将球送到人的哪一侧，只用一种打法（A.身体右侧击球；B.两腿之间击球；C.身体左侧击球，只能击反弹球）。

击反弹球：同上，但要用拍头的另一面（转手）击球。

截击：①身体右侧截击（不论球送到人的哪一侧）。②两腿之间截击。③身体左侧截击。④不论球送到人的哪一侧，用与①②③同样的动作截击。

仰卧在网前，教练员快速送球：①用两只球拍保护自己。②用一只球拍保护自己。

发球机：将球快速射向运动员，运动员必须自我保护。

第六节　平衡力量训练

平衡能力作为人体在移动状态下完成各项动作的“根基”，特别是在对协调性要求很高的运动中愈发体现出平衡能力的重要性。网球运动中需要运动员具有良好的平衡能力，只有这样才能够稳定的击球以及完成技术动作的基本要求并发挥良好的训练水平。运动员的平衡能力是提高运动成绩的重要因素之一。

在网球运动中，大部分优秀网球运动员都在通过多种方法培养平衡力量素质，克服视觉带来的不合理的骨骼肌紧张状态，与骨骼肌多余紧张作斗争的问题经常与完善动作协调性的任务联系在一起。网球初学者在对于对方回球时经常会有不必要的紧张状态，这是因为骨骼肌收缩后为充分放松或者较慢转入放松时相的所谓“协调紧张”以外，大脑神经系统出现多余的紧张现象，这些紧张形式对运动动作会产生消极的影响。

具备出色的平衡能力，可以从容应对向各个方向移动、制动和击球。随着现代网球运动的迅速发展，运动员的身体素质得到很大提升，比赛中的球速也变得更快，需要运动员具有良好的平衡力量能力，能够对回球做出强有力的回应。平衡能力的加强能够提高运动员的技术水平，要想拥有稳定的击球，不仅要发展运动员的体能还需要加强其控制身体的能力，运动员的每一次击球都要通过不断地预判、调整、移动来完成，在不断移动的过程中不停地调整其身体重心，保证在每一次击球前都调整到最理想、最舒服的稳定姿势，并打出高质量的回球。

平衡能力被认为是一种有效的核心稳定性的训练方法，能够激活神经对骨骼肌的支配和控制能力，刺激骨骼肌组织。运动员的各项身体素质都是需要平衡能力做支撑的，强健的骨骼肌和骨骼肌耐力是现代网球运动员所必备的条件，除此之外，下肢的稳定性也变得越来越重要，无论是网前截击还是抽球，运动员下肢的稳定性和协调性都是至关重要的。只有运动员具备良好的平衡能力才能有效地完成技术动作，使比赛中的竞技状态达到最佳。站立情况下，双脚平放于地面，此时的接触面即为双足和中间的地面范围。当人坐在凳子上时，双脚触地，此时的接触面为由凳面四腿和两足共同包括的范围。支撑面越大则稳定性越好，软或小的支持面将造成相对不稳定的状态。

一般来说，身体重心越高，平衡性就越差。高身体重心带来的是只要少量的肢体位置自改变就将产生大幅度的偏离力矩，需要用更多的身体对侧肌肉的离心性收缩来控制平衡。例如，在运动场上高个子比矮个子容易摔倒，运动员由于身体重心高更需要注意平衡训练。运动中的稳定极限十分重要，是平衡的重要能力。稳定极限是指在一个平衡体位下向各方向倾斜至最大限度后与地面所成的角度，达到最大的平衡状态，也可以称为极限平衡。平衡训练中通过身体在运动中的支撑面积由大逐渐变小来进行训练，即从最稳定的体位通过训练逐步进展至最不稳定的体位。进行平衡训练时，初期应选择支撑面较大的体位开始进行训练，当运动员的平衡稳定性提高之后，支撑面积再逐渐变小，辅助器具也逐渐减少。例如，运动员在仰卧位下进行训练转至侧卧位进行训练，或从仰卧位至坐位再到站立位，或从双足站立位到单足站立位再到足尖站立位等，通过缩小支撑面积逐步加大平衡训练的难度。

从静态平衡到动态的平衡训练应首先从维持稳定、静态的姿势开始，之后逐步过渡到动态的平衡。只有这样，运动员才有可能在坐位或立位的姿势下灵活自如地完成日常的生活动作。例如，初期只在静态下要求保持平衡，进而要求运动员在运动中也能保持平衡，以逐步加大平衡训练的难度，还可进行破坏立位平衡的训练和平衡板上的训练，以诱发运动员的平衡反应。身体重心由低到高，如先在平地上进行训练，然后到体操凳上或更高的板条上行走。也可通过改变运动员的训练体位来减小支撑面积、变换身体重心的高度，如初期的平衡训练，可在仰卧位下进行，逐步进展至坐位，到手膝位、双膝跪位，再进展至立位等，身体的重心随着训练体位的改变而逐渐提高，平衡训练的难度也将逐步加大。从自我保持平衡至破坏平衡时维持平衡。例如，偏瘫运动员开始进行坐位训练时，身体的重心常常向一侧倾倒，当运动员的身体重心能恢复到正位后，从身体的一侧推动运动员破坏其平衡，要求运动员再度保持坐正的体位。但要注意在使用外力时必须由轻渐重，并注意保护，以免造成运动员跌倒损伤。

在注意下保持平衡到在不注意下保持平衡，如先告诉运动员在推动时要求其保持平衡，然后可在运动员不注意的情况下突然发力推动运动员，并要求运动员继续保持平衡。从训练时睁眼过渡到闭眼，如开始训练时，要求运动员两眼睁开站立，并注视地面所画的直线行走，然后要求运动员闭眼站立，并向正前方行走。破坏前庭器官的平衡来保持身体的平衡，这一方法可进一步提高运动员的平衡能力，常常用来治疗晕车、晕船或“航空病”等。例如，要求运动员在转动身体后继续保持平衡，或迅速由仰卧位到站立位时保持平衡（可在睁眼或闭眼下进行训练），或者让运动员在大转轮中进行训练等。但应注意，这些训练必须在严密保护下进行。

一、平衡力量的概念

对于平衡的概念，不同的专业领域有不同的解释，尚无一致的定义。从运动生理学角度来解释，平衡是身体所处的一种姿势及在运动或受到外力作用时能够自动调整并维持姿势的能力，所反映的是人体对来自前庭器官、骨骼肌内的本体感受器及视觉等各方面刺激的协调、综合能力。

二、平衡力量的表现形式

击球稳定性是指运动员能自主的支配、控制球和多拍相持能力。正手击球是最常用的技术，球场上80%的击球都是由正手击球来完成的，这是竞技网球主要的得分手段。统计显示，在每球得分制的网球比赛规则下，输掉比赛大都是因为技术不稳定主动失误送分造成的，因此，网球正手稳定性直接决定了运动员的技术水平。无跑动过程中原地的击球稳定性和跑动过程中的击球稳定性是底线正手、反手的击球稳定性所包括的内容，影响其因素诸多，如是否熟练掌握基本击球技术、跑动能力、对于对手回球的预判能力，还有在击球过程中稳定体能变化的能力，在整个击球过程中与对手的进攻、相持、防守和攻防转换节奏的把握等诸多因素。

发球是唯一由自己掌握而不受对方控制的击球方法，是当今优秀网球运动员克敌致胜的强有力武器。影响发球稳定性的因素很多，但各个因素都离不开运动员良好的骨骼肌力量，特别是强大的腰腹及下肢力量是控制运动员发球动作中的平衡稳定的关键，以此作为基础才能发挥其力量、技术、战术等稳定性。由此可见，平衡能力对运动员是至关重要的。在网球的移动击球过程中，无论是身体重心在躯干之上的稳定击球，还是身体重心超出躯干的受迫性击球，核心骨骼肌肌群主要的作用都是尽可能地保证正确的身体姿态，提高身体的控制力和平衡能力的作用。

在一般情况下，人的核心骨骼肌肌群是可以提供足够的力量来支撑身体的稳定。在网球比赛中，会出现很多受迫性击球，这使运动员要经常在身体重心处于躯干之外的情况下回击球，使核心骨骼肌肌群的工作量大大增加，运动员的失误往往是由于核心骨骼肌肌群的疲劳所致。

三、平衡力量的专项性训练方法

无论专业运动员，还是普通爱好者，挥拍击球的协调性都是一项难度很大的挑战，它要求击球者拥有良好的脚部移动和平衡性。在对手上网截击时，击球后网球可能飞向球场的任何方向。因此，需要对来球进行预判并做出正确的反应，目标就是跑动到最佳击球位置，并注意保持身体的平衡。

（一）平衡训练的一般注意事项

①移动时控制身体和球拍通常是指动态平衡。

②为了保持动态平衡，运动员在击球时尽量控制身体重心，最好把身体重心看成是身体的最佳平衡点。

③为了有一个稳定的支撑面，两脚要分开站立，大致与肩同宽。

④平衡也受到运动员的灵活性、速度、反应性、步法和柔韧性等方面的影响。

⑤在网球比赛中，可以时刻提醒自己：每次击球后恢复成准备姿势；尽量避免在跑动中击球；可以通过其他运动项目和各种步法的移动提高动态平衡的能力。

（二）专项平衡能力训练

1. 截击—弹力床练习

训练方法：将弹力床放置在离球网约1米左右的位置。手持球拍，单腿站立在弹力床上，教练员将球打向运动员，练习截击过程中要保持身体的稳定性。

训练要求：要求运动员保证身体处于稳定平衡的状态下进行截击练习，合理掌控给运动员喂球的速度，不宜过快，提高运动员的平衡能力。

训练原理：利用单脚或双脚站立在不稳定位置上进行训练，能够有效地培养运动员的稳定性和平衡能力。

注意事项：练习前需要对踝关节进行拉伸，避免出现扭伤等现象，教练员击球速度不宜过快，主要体会截击过程中的发力状态。随时观察练习者的身体状态，为随时可能出现的突发状态做好保护。弹力床中心的弹性区域不能过大，太大会导致很难在上面保持身体的稳定性。

2. 健身球练习

训练方法：将健身球固定于地面，练习者站在健身球上，保持身体稳定性。教练员向练习者扔重量较轻的球，练习者接住后将球回传给教练员。

训练要求：要求运动员在健身球上保证自身的运动姿势，尽量维持在平衡的状态进行练习。

训练原理：健身球提高了运动员的核心力量和平衡能力，训练人体中的平衡系统和核心力量素质。

注意事项：练习前充分拉伸下肢各关节，避免关节部位受到损伤。传递球的重量要轻，体积适当，帮助练习者把握好身体重心的变化，锻炼平衡能力。

3. 横过跨栏练习

训练方法：将跨栏间隔1～1.2米摆放，从第一栏开始依次横向穿过每一栏，练习过程中保持每一步扩过一栏，不要有太多步数。重点体会身体重心的转换，双手固定动作保持稳定性。

训练要求：保证运动员移动过程中的动态平衡，以身体的控制为主，避免过度强调运动员移动的速度。

训练原理：通过横向移动结合身体重心的移动，提高运动员底线横向移动击球的稳定性。

注意事项：一步一栏，身体重心缓慢转换，跨栏摆放距离根据身高和下肢长度而定。双腿交换练习，依次重复这一动作。

4. 站立踏板发球练习

训练方法：站立在踏板上（高度约40厘米）进行网球发球练习，整个发球过程中身体保持稳定性，尽量避免身体左右晃动。主要体会发球过程中的稳定性，并维持身体的动态平衡。

训练要求：训练中运动员严格控制自身的平衡能力，确保发球过程中身体不会有太大幅度的晃动。

训练原理：提高运动员身体重心的同时也提高了运动员对自身平衡能力控制的强度。

注意事项：训练中合理安排运动员的训练次数、训练组数和间歇时间，使运动员在完全放松的状态下进行训练。可以提高踏板的高度，强化运动员的视觉传导能力。

5. 俯卧撑—速度练习

训练方法：双膝跪在海绵垫上，呈俯卧撑状，教练员手握练习者脚踝。双手瞬时发力将身体躯干向上撑起，再下放至初始动作，依次重复。有助于提高运动员手臂爆发力和上体移动过程中的稳定性。

训练要求：要求运动员在移动过程中能够良好地控制自身的运动状态，下降过程中保持缓慢的速度，上升时运动员控制自身的平衡能力。

训练原理：提高运动员腰腹背力量，增加运动员对身体的控制能力和平衡能力。

注意事项： 训练中运动员保持顺畅的呼吸，避免不必要的长期憋气。教练员严格控制运动员的间歇时间，使运动员在完全恢复的状态下进行训练。

6. 俯卧撑—罗普BOSU练习

训练方法： 将罗普BOSU反面放置，双手撑住球两侧，尽量使球平面在同一水平面上做俯卧撑。练习者保持身体的稳定性，避免产生过大的移动。如图7-55所示。

训练要求： 分组训练，保证每组训练时运动员都能够充分集中注意力。

训练原理： 利用手臂部位的不稳定状态提高运动员的腰腹背力量，增强运动员的平衡能力和稳定性。

图7-55　俯卧撑—罗普BOSU练习

注意事项： 保持适度呼吸，切记出现长期憋气等现象。练习时间根据自身力量而定，建议分组练习，在未完全恢复的状态下进行下一组练习。

7. 单腿跳跃

训练方法：网球场地摆放一排30～40厘米高的障碍物，运动员通过单腿依次跳过障碍物，保证另一条腿不落地。结束后换腿进行训练，保证双腿的均衡性和平衡能力。如图7-56所示。

图7-56　单腿跳跃

训练要求：要求运动员在跳跃过程中尽量保证身体的动态平衡，合理地控制身体的姿势，可进行纵向和横向跳跃。

训练原理：连续跳跃过程能够有效地提高运动员的平衡能力，加强踝关节的力量素质。

注意事项：训练中运动员先通过单个障碍物进行左右跳跃，然后增加训练的难度，逐步提高运动员的训练强度。训练中教练员合理安排训练组数、次数和间歇时间，保证训练效果。

8. 平衡盘

训练方法：两人一组，练习者单腿或者双腿站在平衡盘上，同伴将网球扔向练习者，练习者接住后迅速将网球扔回给同伴，依次重复这一动作。运动员站在平衡盘上可做小重量的力量训练，增加运动员踝关节部位的力量。如图7–57所示。

图7–57　平衡盘

训练要求：不断变换训练内容，提高运动员的训练兴趣。双人训练和单人训练均可，训练内容大致相同，以提高运动员踝关节力量和平衡能力为主。

训练原理：平衡盘可有效地提高运动员控制平衡的难度，能够激发运动员对平衡能力的兴趣。

注意事项：训练中合理安排训练的间歇时间和训练强度，以提高运动员平衡能力为主，尽量避免训练中过于追求速度。此训练方法和训练器材比较简单，因此，运用比较广泛。

9. 停球移动

训练方法：运动员手持球拍，拍面向上。将网球放置在拍面上进行左右移动，从底线中间点开始向左右移动，要保证网球一直停留在拍面上。运动员主要体会控制身体的平衡能力，不必过于追求速度。

训练要求：移动过程中保持身体重心位置，避免有大幅度的摆动。

训练原理：通过控制球拍上的网球，间接地提高运动员在控制移动过程中的平衡能力。

注意事项：训练中合理安排训练的间歇时间、组数和次数，保证运动员按照持续训练法进行训练。以低强度、长时间的训练强度，提高运动员的动态平衡能力，训练一段时间后可增加网球数量，提高运动员的控制难度。

10. 追球

训练方法：多人练习，站在底线位置，面向球网。两脚与肩同宽，教练员站在运动员身后，从运动员两脚之间将网球向前滚出，运动员看见网球后迅速向前跑动抓住网球，网球触网算失败。依次重复这一练习。

训练要求：要求运动员在网球触网前抓住球，自身不可触网。

训练原理：运动员瞬间启动并降低身体重心，保持身体平衡状态将网球抓住。

注意事项：训练时教练员可一对多进行训练，以节省训练时间。根据运动员速度和体重选择适宜的扔球速度，不能过快或者过慢，使运动员高效地提高动态平衡能力。训练一段时间后，可增加网球的数量，如一次扔出2～3个网球。

思考题

①简述速度力量的分类以及各类型力量训练的要求。

②简述耐久力量训练的注意事项。

③简述柔韧力量与灵敏力量训练的区别。

④简述协调与平衡力量的训练原则及其产生机制。

第八章 网球力量康复训练手段

【本章提要】本章主要介绍了网球运动员受伤后应该如何对身体各部位进行力量康复性训练，从而帮助运动员更快恢复并避免受伤后因长时间休养导致人体骨骼肌和韧带退化，旨在通过力量康复训练使运动员避免后期重复损伤。

进行科学的力量训练可以防伤防病、疗伤治病，适度的力量训练可消除疲劳，促进恢复[1]，故力量对网球更重要。网球比赛中要求运动员具有良好的体能作为基础，运动员在比赛中有大量折返跑、瞬时急起急停等动作，难免会出现损伤，运动员出现损伤需要进行医务治疗和适当的力量康复训练，骨骼肌和韧带拉伤等现象如果只采取医务治疗，那么运动员同一部位重复出现损伤的可能性会增大。身体某一环节的损伤不仅仅是因为训练或者比赛中强度过大所引起的，更重要的是运动员力量强弱、是否均衡等方面的原因。比如，身体某一环节部位的原动肌和拮抗肌之间力量的强弱，如果原动肌力量过大，那么，必然引起拮抗肌的力量不足，从而产生其他部位的力量代偿，这就会导致损伤。所以，网球运动员的损伤既需要进行医务治疗，也需要在训练中注意身体力量的均衡发展和损伤后进行力量方面的康复训练，真正达到“无伤勤防、未伤重防、酸痛即消、随时作战”的目的。

第一节　上肢关节康复训练手段

网球运动中，上肢连接器械进行隔网对抗，易导致上肢出现不同程度的损伤。损伤的主要原因是技术动作错误和局部负担过重。因此，应强化对初学者基本动作的规范教学，加强易伤部位力量和柔韧性的训练，避免局部长时间负担过重。本节通过介绍网球运动员常见的上肢主要损伤的部位、康复性训练手段和损伤预防与保护措施，避免运动员在比赛中出现上肢损伤，并进一步整理出相关的康复性训练手段，为运动员在出现损伤后进行有效的力量康复性训练提供帮助。

一、上肢关节主要损伤部位

上肢易损伤部位有手掌、前臂、肘关节、肩关节。高水平网球运动员的握拍都是靠近拍柄的，将拍柄放在手掌位置，每一次击球都会使得拍柄在手掌心摩擦，击球的力量越大拍柄在手掌的摩擦也就越大，导致出现手掌被磨破等现象。网球名将纳达尔的手掌部位一直都用胶带缠住，就是为了防止拍柄对手掌的损伤。

[1] 钱光鑑. 力量防伤术［M］. 北京：中国科学文化音像出版社，2009.

不同运动项目各有其不同的损伤部位及专项多发病。网球运动强度大，因此，损伤也较为常见。研究发现，网球运动员受伤的部位比较集中，主要涉及人体的7个部位，其中，腕关节损伤最多，占总损伤人数的26.19%，其余损伤部位依次是踝和肘[1]。手腕下部力量不足会导致训练后出现手臂酸疼等现象，运动员每次击球瞬间都需要快速有力地将球拍握住，以防止击球瞬间出现晃动。

二、上肢关节力量康复训练

手掌每次握紧球拍都是用前臂屈伸骨骼肌肌群进行收缩，如果前臂力量不足就会导致训练结束后出现酸痛感觉，影响下一次训练。另一个位置就是前臂的中后部位置，因为正反手击球和发球都需要前臂内旋，运动员在训练中很少注意到这一细节，高强度的训练很容易使前臂内旋发力骨骼肌肌群出现疼痛感，尤其是接对手强有力的发球时，能够明显地感觉到前臂骨骼肌肌群的疼痛感。

（一）腕关节的力量康复训练

从网球运动推广范围到医疗卫生事业及技战术理念上的差距，可以预测，网球运动损伤的预防与康复方面还有极大的研究潜力与发展前途，在不久的将来，随着网球运动的进一步推广，在预防损伤与康复的研究环节，必定会有越来越多的爱好者参与进来，将会得到更多、更全面、更详细、更科学的研究结果。

1. 腕关节屈伸

训练部位： 腕关节屈伸。

动作要领： 坐立或站立，一只手握住另一只手手掌，做腕关节的屈伸动作，提高手腕关节屈伸力量。如图8-1所示。康复训练一段时间后可通过弹力带和小重量杠铃做此动作，康复训练中要根据手腕损伤程度制定相应的训练强度和密度，主要以轻力量多次数训练为主。

图8-1　腕关节屈伸

[1] 栾丽霞，徐祥峰. 大学生网球运动损伤的调查研究［J］. 武汉体育学院学报，2005，39（6）：92-95.

康复原理：腕关节屈伸动作运用较多，损伤后应当多加训练腕关节屈伸部位。若屈伸力量太差会导致腕关节其他部位的代偿，造成力量的不均衡发展。

2. 腕关节外展、内收

训练部位：腕关节内收、外展。

动作要领：坐立或站立，固定训练前臂位置，腕关节做外展和内收动作，加强前臂外侧力量。如图8-2所示。康复训练后期选择适当重量的小杠铃或弹力带做此动作，阶段性地提高手腕关节的力量。腕关节内收和外展动作应当注意动作的幅度，避免动作过大或重量过重造成更严重的损伤，训练中以小力量多次数为主要原则。

图8-2　腕关节外展、内收

康复原理：通过阶段性的提高腕关节内收和外展力量，能够有效地加强手腕关节部位力量的均衡，截击动作中，腕关节就是以外展动作加强力量，要防止腕关节的内外过度旋转。

3. 指关节

训练部位：手指屈伸。

动作要领：站、坐或卧姿，固定手指、手掌做屈伸动作，活动各手指的力量。如图8-3所示。训练一段时间后可通过握力器和柔软的球类进一步提高手掌、手指力量，康复训练中主要以小力量多次数为主，避免大力量训练。

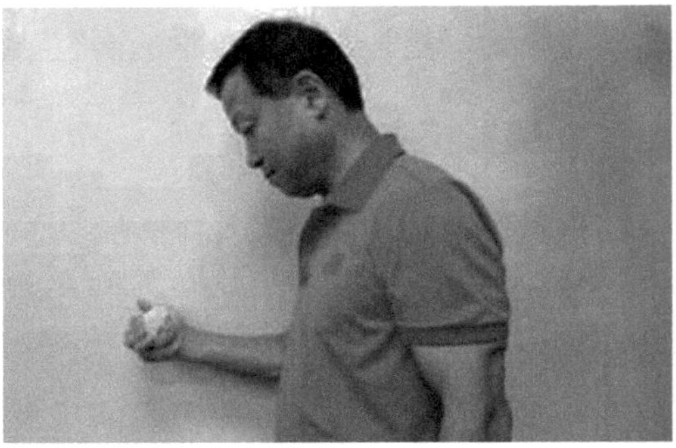

图8-3　指关节

康复原理：击球瞬间网球碰撞球拍时的重量较大，需要运动员的手指有力地控制球拍。手指损伤后应当加强手指力量的康复速度，避免时间较长导致手指力量的减弱。

4. 腕关节伸—前臂内外旋

训练部位：腕关节、前臂。

动作要领：坐立或站立，固定肘关节位置。手腕关节伸动作的状态下做前臂内外旋动作，训练中主要以小力量多次数训练为主。如图8-4所示。训练一段时间后可通过杠铃进行训练，进一步加强手臂的力量，训练重量加大后要减小内外旋的幅度，避免造成更大的损伤。

图8-4　腕关节伸—前臂内外旋

康复原理：腕关节伸动作状态下的前臂内外旋动作与击球挥拍动作的发力一致，通过加强这一动作能够有效地提高手臂的力量。

（二）肘关节的力量康复训练

手肘部位的损伤在网球损伤中出现的非常频繁，大多数初学网球爱好者都会经历这种损伤现象，网球肘一词即因网球运动员易患此病而得名。腕关节、肘关节周围肌肉少、韧带多，小块肌肉、韧带和肌腱将关节固定着，在平时训练中关节周围的小肌肉群的力量练习容易被忽视，如果动作不正确，关节局部负担量过大或过于疲劳，将极易造成腕关节、肘关节疼痛，引发腱鞘炎或网球肘。它的医学名称为肱骨外上髁炎，家庭主妇、砖瓦工和木工等长期使用手肘的活动者，也易患此病。

肱骨外上髁伸肌的慢性劳损及牵扯损伤引发网球肘，尤其是桡侧伸腕短肌最易损伤，会影响前臂前旋和伸腕功能，给患者的日常生活带来不便。临床上治疗网球肘的方法很多，现代医学多以激素封闭为主，但有一定的不良作用。研究表明，针灸治疗网球肘疗效好，不良作用少，已成为治疗的主要手段。由于肱骨外上髁部位肌肉浅薄，血液循环较差，常规的局部治疗疗效不甚理想且容易复发。目前，学界对网球肘的病因有很多争论，其中，受到广泛认同的包括肌腱总在起始部的损伤、环状韧带创伤性炎症变性、血管神经束的卡压等。因病因不明确，针对网球肘的治疗也没有统一的标准。对于80%~90%的病人，网球肘是一种自愈性疾病，可以通过休息、力量练习、理疗、激素封闭等保守治疗缓解症状，最终约10%的患者症状无缓解需要手术治疗。

1. 肘关节的解剖结构特点

肘关节由肱骨远侧端和桡尺骨近侧端的关节面组成。包括肱尺关节、肱桡关节和桡尺近侧关节。3个关节包在一个共同的关节囊内，彼此又可独立运动，为典型的复关节。其中，肱骨滑车与尺骨滑车切迹构成肱尺关节，属于蜗状关节，是肘关节的主体部分；肱骨小头与桡骨头凹构成肱桡关节，属球窝关节；桡骨环状关节面与尺骨的桡切迹构成桡尺近侧关节，属车轴关节。关节囊附着于各关节面附近的骨面上，肱骨内、外上髁均位于囊外。关节囊前后松弛薄弱，两侧紧张增厚形成侧副韧带。尺侧副韧带呈三角形，起自肱骨内上髁，呈放射状止于尺骨半月切迹的边缘，有防止肘关节侧屈的作用。

桡侧副韧带也呈三角形，附于肱骨外上髁与桡骨环状韧带之间。此外，在桡骨头周围有桡骨环状韧带，附着于尺骨的桡骨切迹的前后缘，此韧带同切迹一起形成一个漏斗形的骨纤维环，包绕桡骨头。4岁以下的幼儿，桡骨头发育不全，且环状韧带较松弛，故当肘关节伸直位牵拉前臂时易发生桡骨头半脱位。

2. 网球肘的形成机制

虽然被叫作网球肘，但并不是只有网球运动员才会患此病。网球肘学名为肱骨外上髁炎，是一种关节疾病，常见的形成原因有手臂某些活动过多，如网球抽球、羽毛球抽球/油漆工作、切菜砍肉、划船、使锤子或螺丝刀等，或者长时间使用手腕的工作。家庭主妇做家务需要长时间用手腕，也很容易造成纤维过度拉伸撕裂，形成网球肘。在网球等需要上肢剧烈运动的项目中，若手腕伸骨骼肌力量不够强，手腕在反手击球时便会失稳，手腕会被迫前屈使筋腱承受过大的负荷。如果手腕伸骨骼肌柔韧性低，就容易造成韧带的撕裂形成网球肘。

损伤通常因过度用力屈腕所致，包括肩或腕部肌肉无力、打网球时用力过大或使用旋转动作、球拍弦太紧或柄太短、球拍太重或经常击重球、投掷棒球、扔标枪以及搬重箱子等因素。负痛继续锻炼可使肌腱在骨的附着点受到牵拉引起出血，主要症状是当屈腕对抗阻力或挤压手中的橡皮球时会产生由肘放射至前臂掌侧靠近拇指侧的疼痛。为了确诊，医生可让患者坐在椅子上，手掌面向上放在桌上，医生用力向下压腕并要求患者用屈腕动作抬手，有正手网球肘的人这时会感到肘部疼痛。反手网球肘（肱骨外上髁炎）是因伸腕肌腱损伤而引起的前臂后外侧的疼痛。附着在肘关节外侧的前臂伸肌过度劳损，使附着点处出现疼痛。球拍击球的力量传送到肘的末端时可使该处肌腱损伤。造成反手网球肘的因素包括采取不正确的反向击球动作、肩和手腕的骨骼肌软弱无力、球拍的弦太紧或球拍柄太短、击球点远离球拍中心或经常击重球。首发症状是在反手击球或做其他类似动作时出现疼痛。疼痛沿着肘的外后方侧（桡侧）向前臂放射。如果继续打网球会使疼痛范围从肘延伸至手腕，甚至在休息时也不消失。当将前臂和手的掌面放在桌上，并试图通过伸腕动作抬起手时，肘部会出现疼痛。

3. 肘关节的运动原理

肘关节的关节囊后壁最薄弱，故常见桡、尺骨两骨向后脱位，移向肱骨的后上方。加固肘关节的韧带有桡侧副韧带、尺侧副韧带和桡骨环状韧带。所有加固韧带均不附着于桡骨，从而保证了桡骨能绕垂直轴做回旋运动。

当肘关节伸直时，肱骨内、外上髁与尺骨鹰咀尖恰位于一条直线上，屈肘时则形成以鹰咀尖为顶角的等腰三角形，临床上常以此鉴别肘关节脱位或肱骨髁上骨折。肘关节在伸直的情况下，若受暴力如跌倒时一侧手掌着地，使肱骨下端向前移位、尺骨鹰咀则向后移，形成肘关节后脱位。当肘关节伸直，前臂处于旋后位时，上臂与前臂并不在一条直线上，前臂的远侧端偏向外侧，二者之间形成一向外开放的钝角，称为提携角。肘关节的肱尺关节可沿略斜的额状轴做屈伸运动；桡尺近侧关节与桡尺远侧关节是必须同时运动的联合关节，为前臂的旋转运动；肱桡关节虽属球窝关节，但只能配合上述两关节的活动，即与肱尺关节一起共同进行屈伸运动，配合桡尺近侧关节进行垂直轴的旋转运动，但无法做矢状轴的内收、外展运动。

4. 肘关节的解剖结构

肘关节分为前、后两群。前群为屈肌，主要有肱二头肌、肱肌；后群为伸肌，主要有肱三头肌。①肱二头肌，收缩时主要屈肘关节并使前臂旋后，也能协助屈肩关节。②肱肌，位于肱二头肌深面，收缩时屈肘关节。③肱三头肌，起点有3个头，收缩时主要伸肘关节。前臂肌位于桡骨和尺骨周围。分为前、后两群，前群为屈肌群，后群为伸肌群。前臂肌的肌腹多在前臂上半部，向下形成细长的腱，并跨过两个以上的关节。主要作用于肘关节、腕关节和掌指关节。除了有伸肌和屈肌外，还有回旋肌，如前群有旋前圆肌和旋前方肌，后群有旋后肌。肘关节肌群和神经系统对于手的灵巧活动有着重要意义。

5. 肘关节的运动学特点

无论从结构上还是从功能上来讲，肱尺关节都是肘关节的主导关节，所以，肘关节的主要运动形式是屈、伸运动。桡尺近侧关节与桡尺远侧关节的联合运动，完成前臂的旋内、旋外运动。肘关节的屈、伸幅度，平均为135° ~140° 。由于肱骨滑车的关节轴向内下倾斜，当伸前臂时，前臂与上臂中轴之间，形成一个向外偏斜的角，称为提携角，为15° 左右。加固肘关节的韧带有3条：①桡侧副韧带，位于关节囊外侧，起自肱骨外上髁，分成两束从前后包绕桡骨头，止于尺骨桡切迹前、后缘。②尺侧副韧带，位于关节囊的内侧，起自肱骨内上髁，止于尺骨滑车切迹内侧缘。③桡骨环状韧带，呈环形，韧带的两端附着于尺骨，包绕桡骨头。所有韧带都不与桡骨相连，这样就不妨碍桡骨的旋前、旋后运动。

6. 网球肘的预防与康复

前臂伸肌力量不足、缺乏韧性而又重复用力，是形成网球肘的重要原因。职业运动员对身体各部位的力量都有针对性的训练。关节部位的伤痛往往是由于周围肌肉缺乏有力的保护，而又高强度的反复做功引起的。膝伤、肩伤也是如此。增强周边骨骼肌的力量与柔韧性可有效避免、缓解和摆脱网球肘。

长期劳损可使附着在肘关节部位的一些骨骼肌和韧带及肌腱等软组织发生部分性纤维撕裂或损伤，或因摩擦造成骨膜创伤，引起骨膜炎。网球肘出现的部位主要是手肘外侧上方，每一次击球都会明显地感觉到肘部疼痛。

（1）前臂屈伸力量康复

训练部位：前臂。

动作要领：身体前倾，肘关节轻度弯曲前臂自然放置在凳子上，手心朝上，抬举—放下—抬举，依次重复这一动作。如图8-5所示，每组10 ~ 15次。

图8-5　前臂屈伸力量康复

康复原理： 通过加强前臂力量能够使肘部避免受到损伤。

（2）网球肘康复

训练部位： 伸腕、屈肘。

动作要领： 手握住身后方与肩同高的固定物，做肘关节旋转动作。如图8-6所示，重复6～7次。

图8-6　网球肘康复

康复原理： 运用点拨、旋转屈伸和环转搓法进行保守治疗，能够有效地减轻网球肘的疼痛感。通过手指按摩能够加强关节部位骨骼肌的血液流动，提高康复效果，加强肘关节的力量。

（3）网球肘治疗（弹力带）

训练部位： 屈伸腕关节、内外旋。

动作要领： 将弹力带绕过肩关节，做屈伸腕关节、内外旋动作，有利于增加肌腱力量。若肘部疼痛加剧，则减少锻炼强度。锻炼时手与肘呈90°，用弹力带锻炼优于用重物锻炼，弹力带锻炼方法每天做3组，每组拉10次。如图8-7所示。

图8-7　网球肘治疗（弹力带）

康复原理： 手和肘部的康复训练也有助于缓解网球肘的症状，恢复伸肌腱的力量也是康复锻炼的目的之一，可以提高患者手腕的力量。根据训练中的疼痛感制定练习的次数和组数，一般训练需要2～3个月才能有所成效。

7. 注意事项

①加强手臂、用手的力量练习和柔韧练习。

②练习时应注意运动的强度要合理，不可使手臂过度疲劳。

③电脑打字、料理家务前，要充分做好热身运动，特别是手臂和手腕的内旋、外旋、背伸练习。

④每次活动后，要重视放松练习，最好是按摩手臂，使肌肉更加柔软，保证手臂与伸缩的协调性，避免“网球肘”的产生。

⑤建立正确的击球动作，击球时发力顺序为腿部、髋关节、肩关节、肘部和手腕，不规范的击球动作也是造成网球肘的主要原因。

（三）肩关节力量康复训练手段

肩关节损伤中主要指肩关节各组织包括肩轴、韧带发生的退行性改变，或者是因为反复过度使用、创伤等原因造成的肩关节周围的损伤，表现为肩部疼痛。肩关节是人体关节中活动最大的复杂关节，网球运动员在各项技术中都会运用到肩关节，发球时通过肩部骨骼肌肌群进行收缩将力量传递到击球点。需要运动员进行高强度的正反手击球和发球，而这些技术动作都需要运用肩部骨骼肌和韧带，如果肩关节部位的力量太小就会导致肩关节部位的韧带组织出现损伤等现象。

由肩胛骨的关节盂和肱骨头构成，属球窝关节。关节盂周缘有纤维软骨环构成的盂缘附着，加深了关节窝。肱骨头的关节面较大，关节盂的面积仅为关节头的1/3或1/4，因此，肱骨头的运动幅度较大。关节囊薄而松弛，下壁尤甚，附着于关节盂的周缘，上方将盂上结节包于囊内，下方附着于肱骨的解剖颈。关节囊的滑膜层包被肱二头肌长头腱，并随同该肌腱一起突出于纤维层外，位于结节间沟内，形成肱二头肌长头腱腱鞘。肩关节周围的韧带少且弱，在肩关节的上方，有喙肱韧带连接于喙突与肱骨头大结节之间。盂肱韧带自关节盂周缘连接于肱骨小结节及解剖颈的下部。

1. 肩关节解剖结构

肩关节为全身最灵活的球窝关节，可做屈、伸、收、展、旋转及环转运动，具有灵活性运动的机能。肩关节周围有大量肌肉。这些肌肉对维护肩关节的稳固性有重要意义，但关节的前下方肌肉较少，关节囊又最松弛，所以是关节稳固性最差的薄弱点。当上肢处于外展、外旋位向后跌倒时，手掌或肘部着地，易发生肩关节的前脱位。

2. 肩关节的关节连接与康复

肩关节是全身连接关节最多的部位，由6个关节组成，分为肩肱关节、盂肱关节、肩锁关节、胸锁关节、喙锁关节、肩胛胸壁间关节。因为肱骨头较大、呈球形，关节盂浅而小，肩关节仅包绕肱骨头的1/3，关节囊薄而松弛，所以肩关节是人体运动范围最大、最灵活的关节，它可做前屈、后伸、内收、外展、内旋、外旋以及环转等运动。但肩关节的这个结构上的特点虽然保证了它的灵活性，但它的牢固稳定性都较其他关节为差，是全身大关节中结构最不稳固的关节，最常见的是向肩关节的前下脱位。因为肩关节的上方有肩峰、喙突及连于其间的喙肩韧带，可以防止肱骨头向上脱位。肩关节的前、后、上部都有肌肉、肌腱与关节囊纤维层愈合，增强了其牢固性。而只有关节囊的前下部没有肌肉，这是肩关节的一个薄弱区。因此，当上肢外展时，在外力作用下或跌倒时，如上肢外展外旋后抻，肱骨头可冲破关节囊前下方的薄弱区，移动到肩胛骨的前方，造成肩关节前脱位。容易患肩塌陷，失去圆形隆起的轮廓，形成所谓的“方肩”。

（1）手法治疗

训练部位：肩关节。

动作要领：仰卧，找到一个关节部位不疼痛的位置，用力向下挤压，持续30～180秒，直到关节部位完全放松。坐位，上举至侧平举，肘部自然弯曲，固定上臂后挤压肩关节，持续20～180秒，直到肩关节周围完全松弛。

康复原理：通过挤压肩关节部位，使损伤部位得到放松，加速骨骼肌恢复的速度。

（2）坐位侧牵拉

训练部位：肩胛骨韧带。

动作要领：运动员侧躺于垫子上，用力牵拉损伤上肢。牵拉10秒，休息7秒，重复4～5次。用手和腹部固定起来，旋转牵拉10秒，休息7秒，重复4～5次。斜后45°牵拉上肢，同时小幅度抖动上肢，持续30～80秒，直到肩关节部位完全松弛。如图8-8所示。

图8-8　坐位侧牵拉

康复原理：损伤者侧卧和仰卧位置牵拉手臂，旋转牵拉肩关节部位的骨骼肌，经常负重活动加强力量。

（3）侧拉弹力带

训练部位：肩胛骨、背部。

动作要领：将弹力带中间位置放置于脚下，双手握住弹力带两端，于身体前方做交叉动作。如图8-9所示。依次重复这一动作，保持躯干部位持续牵拉。

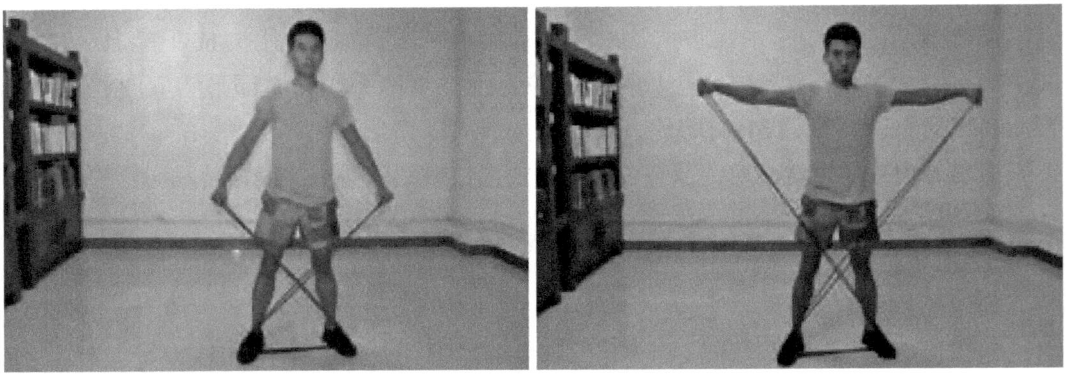

图8-9　侧拉弹力带

康复原理：重点加强肩胛骨的稳定性，同时刺激胸、腰、背、手臂，注意确保肘关节不受伤。

（4）肩关节侧伸展

训练部位： 肩胛骨。

动作要领： 一手握住哑铃保持轻微张力以使肩关节大约屈曲45°，肩关节外旋以使拇指在起始位朝外远离身体，肘关节完全伸直并在练习中保持这一动作。如图8-10所示。在带动手臂伸展时，推肩胛骨向内和向下（内收和下降），依次重复这一动作。

图8-10　肩关节侧伸展

康复原理： 肩关节外展状态下牵拉弹力带，提高肩胛骨的稳定性，加强肩胛骨骼肌肉和韧带的能力。

（5）仰卧前交叉（弹力带）

训练部位： 前锯肌、肱三头肌的骨骼肌。

动作要领： 练习者仰卧于凳子上，双手拉住弹力带两侧，于头上方合十，移动过程中保持弹力带的张力，依次重复这一动作。如图8-11所示。

图8-11　仰卧前交叉（弹力带）

康复原理：肩关节部位肩负一定的重量，结合弹力带巩固肩关节部位的力量，提高肩关节前锯肌和肱三头肌的骨骼肌力量。

（6）肩关节平面震动

训练部位：肩胛骨关节。

动作要领：手持一个震动设备（塞乐棒或保力倍），手臂在肩胛骨平面（额状面向前30°）抬起至肩关节水平90°。或在练习者侧方固定弹力带，受损手臂腋窝夹住一个网球，然后，保持身体稳定的状态下牵拉弹力带。

康复原理：通过震动设备加速肩关节周围肌肉和韧带的力量，震动设备所产生的小力量多次数震动有利于肩关节部位的肌肉群。

（7）肩外展（弹力带）

训练部位：肩轴。

动作原理：将弹力带中心位置固定于背后方，练习者直立站位，双手握住弹力带的两端，肘部略低于肩部，屈肘90°，掌心向下，背部挺直，收紧腹部，肩胛骨缩回下压。呼气时，肩部后侧用力，双手于身体前方靠拢。如图8-12所示。

图8-12　肩外展（弹力带）

康复原理：训练中保持上臂骨骼肌肌群的稳定性，避免上下移动。提高肩胛骨周围肌肉和韧带的力量，要防止肩关节损伤加重。

（8）颈后牵拉（弹力带）

训练部位：肩胛骨（稳定肌群、斜方肌）。

动作原理：练习者直立站位，双手上举，掌心向前，手腕部位缠绕环状的弹力带。呼气时，双手向两侧打开，宽于肩。然后缓慢下拉直至两肘与肩平行。如图8-13所示。训练过程中，保持

图8-13　颈后牵拉（弹力带）

肩胛骨缩回下压，提高训练效果。

康复原理：弹力带使肩关节周围的肌群保持持续收缩的状态，双手牵拉至与肩平行可加深肩部骨骼肌肌群的力量。

三、上肢关节损伤的预防及保护措施

针对上肢不同部位出现的损伤现象介绍相对应的预防措施和保护措施，避免运动员在损伤后出现继续加重的现象。手掌部位的损伤主要是由两个原因造成的：一是手掌长期处于干燥的状态，如部分运动员先天性的身体因素导致手掌干燥；二是缺乏力量。当运动员的击球点不在自然区时，球拍也会产生适当的旋转导致手掌部位出现损伤。应对这种损伤，要在训练和比赛过程中加强力量训练，同时进行适当补水，当身体里有足够的水分时就不会出现手掌太过干燥的现象。平时对于手掌和球拍的保养也很关键，出现损伤后应立即进行保守治疗防止伤情进一步恶化，还应将球拍放在密闭的塑料袋中保持适当的湿度。

前臂骨骼肌肌群的损伤可以通过前面介绍的力量康复性训练手段，还可以通过加强前臂屈伸骨骼肌肌群的力量进行保护。进一步纠正技术动作和发力顺序，正确的击球动作可以避免前臂骨骼肌肌群出现过大的损伤。击球的动力链作用要良好的利用腿部力量和身体扭转的力量，而不是单纯依靠手臂力量将球击打过去。训练中增加前臂内旋和外旋力量，防止因力量不足而出现损伤，击球时前臂内外旋的发力顺序要与技术动作相结合，避免发力顺序与击球动作不一致导致损伤。准备活动要充分，特别强调负重准备活动，目的是加速提高人体中枢神经系统和运动系统器官的兴奋性，使之达到适宜应激水平，以克服身体活动的惰性，改善骨骼肌和韧带的弹性和伸缩幅度，为正式练习做好机能上的准备。热身过程中要遵循循序渐进的原则，开始时切忌速度过快、用力过猛。

网球肘损伤出现的比较多，对网球肘进行预防和保护时需要将技术动作、保护装备和相应的医务治疗相结合。是否掌握正确的技术是一个重要原因，正确的动作是符合身体的解剖学和力学运动原理的，错误的动作与之相违背，所以容易导致运动损伤的发生。正反手击球时纠正直臂击球的动作，让上臂和前臂无论是在后摆还是向前挥拍的过程中都适当的保持一定的角度。用支撑力较强的护腕和护肘把腕关节和肘关节保护起来，限制腕和肘部的翻转和伸直；打球时缠绕弹性绷带，可以减少疼痛发生，但弹性绷带要松紧适中。一旦被确诊为网球肘时，最好能够终止训练，待完全康复并对错误动作进行纠正之后再继续进行练习。早期症状轻微，可通过小力量训练加上按摩、理疗效果更为良好。疼痛感加重后可采用中药和针灸疗法。个别病例用保守疗法无效后可考虑手术。特制网球拍，穿线时减小磅数并选择一些松软的拍面可以帮助运动员减少对抗时产生的振动力，也可以帮助运动员更省力的击出落点较深的球。另外，调整拍柄大小至合适，选择重一些的球拍练球也对缓解疼痛有很大的好处。运动前先热身，然后牵拉前臂骨骼肌。从事需要前臂活动的运动项目时，要学会正确的技术动作。

肩关节属于多关节，图8-14中包含有3块骨（锁骨、肩胛骨和肱骨）、4个关节（肩锁关节、胸锁关节、肩胛胸壁间关节和盂肱关节）及连接它们的肌肉、肌腱和韧带。正常情况下，肩部的4个关节同步运动，保证上肢运动的顺畅和协调。网球运动员使用肩关节较为频繁，正反手击球和发球技术动作都需要肩关节的参与，随着来球高度的不同，肩关节的活动范围非常大，对肩关节肌群的柔韧性力量有很高的要求，要避免在网球训练中过度强调肩关节力量的强弱而忽略了肩关节击球的柔韧性。运动员在技术训练时建立正确的技术动作，不良的技术动作也会导致肩关节出现损伤等现象。训练和比赛前期要加强肩关节部位的热身活动，充分的热身活动是减少伤病出现的基础。通过对肩关节屈伸、水平屈伸等方向上的牵拉训练，使肩关节的活动范围增大，可加长关节内部韧带牵拉的长度。

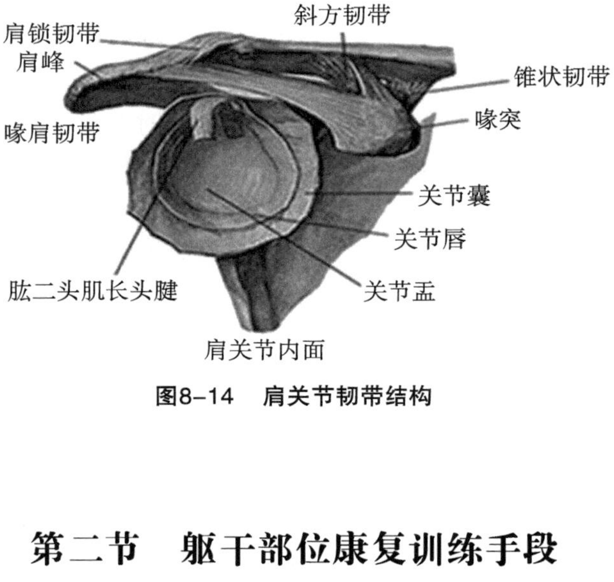

图8-14　肩关节韧带结构

第二节　躯干部位康复训练手段

网球运动中无论是正反手击球还是发球，都需要运动员通过躯干扭转将球击打过去，运动员躯干部力量弱容易导致相应部位的骨骼肌损伤。有研究显示，身体姿势与肌肉平衡异常是运动损伤的重要风险因素，也是运动损伤的根源之一。需要运动员进行适当的康复性训练手段，加强相应部位的力量，防止因力量不足导致的骨骼肌拉伤等现象。网球运动员躯干部位的损伤主要发生在腰椎部位，为急性损伤。发作时肌肉外侧发生偏疼，严重时可出现腰椎滑脱。同时，腰肌劳损后不能保证腰椎的稳定性，可能引发腰椎的慢性伤害。

一、躯干部位主要损伤位置

躯干部位的损伤主要是由于运动员在日常练习中腰部力量差导致的，比如，腰椎附近的肌肉肌腱和软组织等出现拉伤等现象，甚至骨关节受伤。网球运动员在比赛中通常使用右侧腰部肌肉较多，而相对应的左侧，反手部位击球时左侧躯干部位的击球相对较少，这就形成了躯干部位的力量分布不均匀。通常表现为右侧力量明显大于左侧力量，发生的现象主要是腰部在向左右两侧运动时出现疼痛现象，有时也会出现腰椎间盘突出等现象。对于腹部力量也是需要平衡训练，两侧力量的均衡是避免拉伤的保证。正反手击球时需要运动员将腿部力量传递到躯干，运动员髋关节的力量也是有一定的要求，如果髋关节力量较弱，就易造成髋关节部位的拉伤。

著名网球运动员费德勒曾经出现过背部肌肉拉伤的现象，导致缺席多场比赛。腰腹部力量主要是帮助运动员通过转体将力量传递至手臂进行击球，躯干部位是以下固定或者脊柱为固定点，骨骼肌收缩时两端起止点相互靠近会出现不匀称的现象，进而导致运动员腰腹部出现拉伤。网球运动员在从事训练时，其发力主要是以腿部力量为支点，以腰部力量为枢纽，网球的力量是依靠脊柱腰段超常幅度的屈伸或扭转来完成的，长期局部负荷过重往往导致运动员腰部损伤，运动损伤会影响训练和比赛，并妨碍技术水平的提高，甚至导致一些优秀青少年网球运动员在没有被充分挖掘出潜力时就被迫终止了运动生涯。

二、躯干部位力量康复训练手段

网球运动员在发球和正反手击球时都会用到脊柱周围的力量，脊柱受所有加在上肢的力量（击球的手臂）和所有加在下肢的力量（跳离地面和停止）的影响。据统计，优秀网球运动员腰背肌损伤也是主要的损伤部位。分析认为：这主要是因为专业运动员和业余爱好者在技术动作的掌握上存在一定的差异，发力部位前者以慢性劳损为主，如腰背肌筋膜炎、肩肘损伤、髌尖末端病等为其多发病；而后者以手腕部损伤常见。腰骶连接被认为是脊柱生理机械性能的薄弱点，通过腰椎传导的垂直力在此处分成两个方向，产生应力部分。发球时背部开始紧张，紧接腹部瞬间收缩脊柱承受巨大的力量，而且身体向左上方扭转，产生巨大的切应力在腰骶部位引起腰椎受损。因此，发球是导致脊柱受损的一个重要因素，被描述成“最危险的一击”。网球运动员在进行训练时需要加强脊柱、腰腹部力量，防止运动员在后期进行比赛时出现更为严重的损伤现象。

1. 侧转体牵拉

训练部位： 肩胸部、背腹部。

动作要领： 将弹力带固定于身体侧方，双手拉住弹力带一端身体向侧向转动，与弹力带成一条直线，弹力带紧绷，拉至胸前位置即可。如图8-15所示，依次重复这一动作。

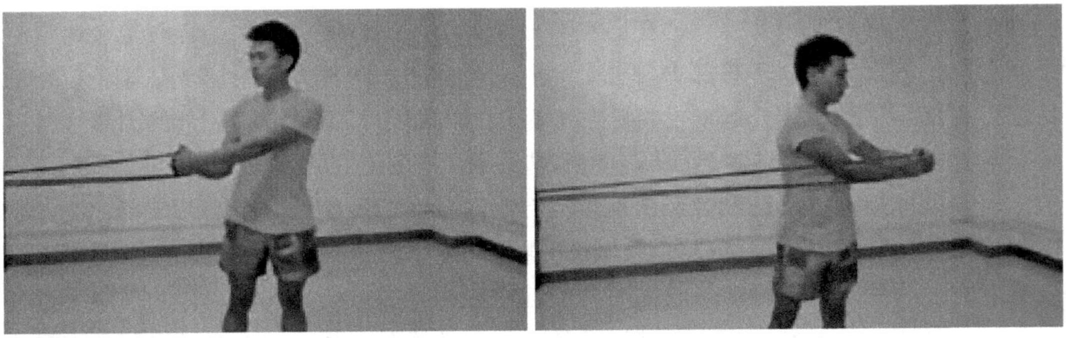

图8-15　侧转体牵拉

康复原理： 利用弹力带的弹性，加深刺激肩、胸、腰、背、腹部深层肌肉。

2. 上下肢牵拉

训练部位： 腰背部、髋部。

动作要领： 双手与膝关节跪立于瑜伽垫上，将弹力带一端固定于足弓处，对侧手掌握住弹力带另一端。弹力带进过大腿，穿过躯干。将右膝和左手缓慢抬离垫子，直至右腿与左腿伸直。整个过程中，固定躯干位置，缓慢地放松回到起始位置，依次重复这一动作。

康复原理： 利用对侧手脚牵拉弹力带，并固定躯干位置，使腹背部得到加深练习。提高腰腹背部力量。

3. 单脚直臂平衡

训练部位： 肩部、腰腹部、髋部。

动作要领： 单脚站立，身体保持直立状态，双臂前平举，保持身体成直立收缩状态，整个过程中背部都处于紧绷状态。如图8-16所示。

图8-16　单脚直臂平衡

康复原理： 在单脚站立收缩静止状态下，深度刺激全身。

4. 背弓

训练部位： 肩颈部、背胸部、腰腹部。

动作要领： 运动员仰卧于垫子或床上，做顶髋动作，3～5组，每组5次。早晚都可以练习这一动作，疼痛消失后可继续练习，防止恢复后再复发。如图8-17所示。练习过程中腹部下方可放置软垫，训练时肩部放松，腿抬离地面约20厘米。

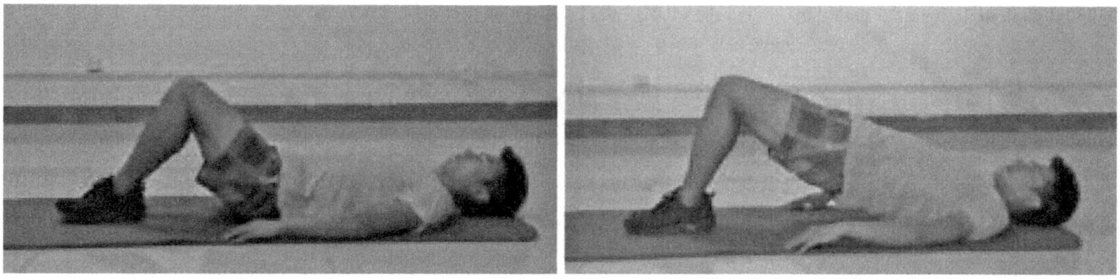

图8-17　背弓

康复原理： 利用腰腹部力量将下肢重量抬起，加强竖脊肌和肩关节力量，巩固背部的柔韧性。

5. 侧卧髋屈伸

训练部位： 斜方肌、竖脊肌的骨关节。

动作要领： 运动员侧卧于垫子上，一只手支撑于垫子上，另一只手放置身体侧方。上方腿向上抬起后做髋关节屈动作，强化腰背部和腹部特别是腹侧部的力量，练习次数增加后便可缓解慢性腰背部病变。如图8-18所示。每组5次，每天练习3～5组。

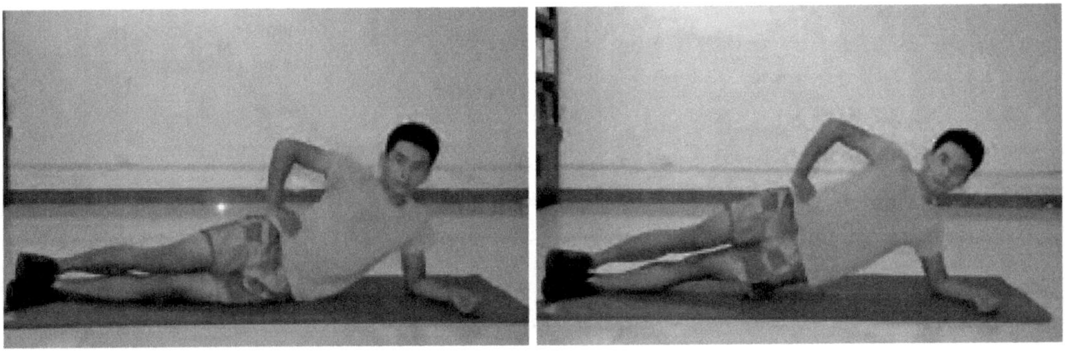

图8-18　侧卧髋屈伸

康复原理： 侧卧垫子上方左髋关节位置的屈伸动作，可有效加强腰部力量，减小运动员髋关节和腰部损伤，加深刺激关节部位的小肌肉和韧带。

6. 按卷腹弹力带

训练部位： 腹直肌、肩关节肌群的骨关节。

动作要领： 练习者仰卧于瑜伽垫，屈膝，双手握住弹力带两端，中间位置固定于头后方。练习者握住弹力带两端，随仰卧起坐动作保持弹力带的收缩张力，加强背部肌肉和韧带力量。

康复原理： 利用弹力带的弹性固定将关节的位置，肩关节紧缩的状态下做仰卧起坐动作，能够加深练习腹背部深层小肌肉群。

7. 肘部俯卧撑（健身球）

训练部位： 腹直肌、竖脊肌的骨关节。

动作要领： 成俯卧撑姿势于健身球上方，保持静止收缩。如图8-19所示。练习过程中保持相应的呼吸时相，若背部损伤严重，可做双膝着地动作，减小上肢负荷。

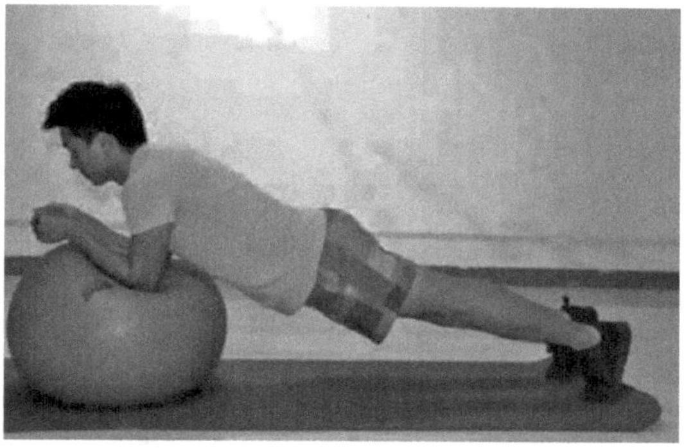

图8-19　肘部俯卧撑（健身球）

康复原理： 健身球的弹性和不稳定性能够有效地刺激腰腹背部，加强骨关节小肌肉群和韧带的力量，防止运动损伤。

8. 收腹（健身球）

训练部位： 腹直肌、腹内外斜肌。

动作要领： 练习者俯卧于健身球上，对侧手脚触地，通过抬起另一对侧手脚提高腹部力量。如图8-20所示。依次重复这一动作，练习3～5组，每组5次。

康复原理： 练习过程中保持缓慢上升和缓慢下降。

图8-20　收腹（健身球）

9. 坐位转体（健身球）

训练部位： 腹内外斜肌、背部肌群的骨关节。

动作要领： 运动员坐立于健身球上，通过转体手触摸对侧脚尖，换另一条腿做同一动作。如图8-21所示。训练中保持动作缓慢，肌肉处于等长收缩的状态，刺激骨关节的深层肌肉和韧带。

康复原理： 通过对侧交替触摸脚尖，提高腹部力量，促进腰腹髋部的稳定性。

图8-21　坐位转体（健身球）

10. 俯卧起（健身球）

训练部位：腰腹背部肌群的骨关节。

动作要领：俯卧于健身球，双手交叉放置胸口。训练过程中保持腰腹部的稳定性，避免训练中左右晃动。如图8-22所示。训练组数为3～5组，每组5次，强化运动员的腹部等张收缩力量。

图8-22　俯卧起（健身球）

康复原理：深度强化背部骨骼肌肉和韧带，提高运动员的腰腹、髋部和身体重心稳定性，防止后期大力量训练出现损伤现象。

11. 腹部组合

训练部位：腰腹部肌群的骨关节。

动作要领：①仰卧于健身球上，双手放在两耳旁边（勿抱住头部），头部向上抬起约30°，左右腿膝关节屈曲，髋关节屈时头部抬起，换另一只脚重复此动作。②双手掌心向下，平躺于垫子上，两腿伸直抬起，腿部与地面角度为30°，换另一条腿，依此重复这一动作。③换平支撑动作，保持30秒。如图8-23所示。训练3～5组，组间间歇时间为1分钟。

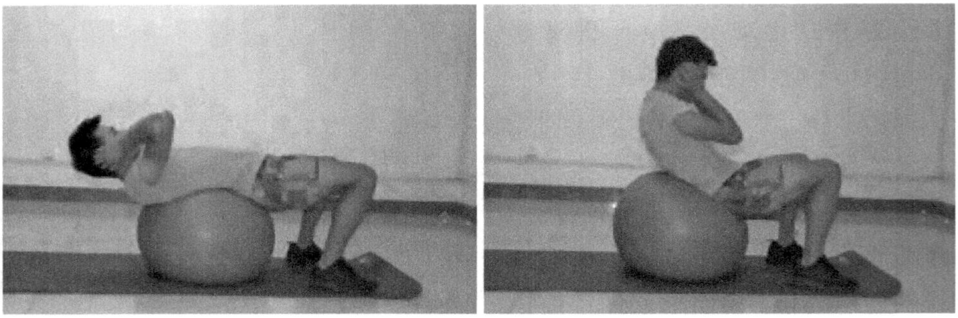

图8-23　腹部组合

康复原理：组合动作训练有助于运动员加深刺激腰腹部，提高腰腹部力量，防止后期训练过度导致腰腹部损伤。

三、躯干部位的损伤预防及保护措施

网球运动员需要加强腰腹髋部损伤的预防，就必须采取综合性的措施，要强调思想和心理因素，也要注意其他方面的问题，针对原因找到出现损伤的主要问题，才能更好地预防运动损伤。平时训练要主动与运动员进行良好的沟通交流，根据运动员的实际情况进行正确的引领和指导，让运动员本身明确自己的训练任务和出现损伤后所带来的危害。用自身的力量为自己建立正确的训练态度，训练中情绪不可急躁，要遵循循序渐进的原则，教练员对运动损伤进行积极的预防，发生后要认真地分析和研究、总结经验，更好地积极防治。

教练员要提高自身的业务能力和科学训练的素养，全面尽心尽力指导和帮助运动员在不受伤的前提下提高运动技术水平和成绩。要运用现代科学技术知识，按照运动训练的规律进行系统的训练。认真严谨制订相应的训练计划，充分了解和掌握训练内容，对哪些动作容易发生损伤做到心中有数，事先准备好，采取安全的保护措施。

训练前期球员做好准备活动后，再进行正式的训练内容，使腰、腹、髋部肌群韧带充分活动开，使力量、柔韧性和伸展性得到较高的提升，能够有效地防止训练中出现的损伤现象。准备活动的内容与负荷应该根据训练的目的、内容和个体机体状况等具体情况而定。准备活动要充分、要有针对性，既要有一般准备活动也要有专项准备活动。对运动员负重较大和易受伤的部位，要特别用负重做好准备活动。增加骨骼肌和韧带的活动范围，该部位有伤的运动员需要谨慎小心地进行充分的热身活动。

第三节　下肢关节康复训练手段

下肢部位的损伤主要发生在以下几个部位：脚掌、踝关节、膝关节和脚掌。出现损伤主要是运动员脚形和运动鞋的原因，导致运动员的脚趾或脚后侧出现挤压等情况。运动员急起急停向各个方向运动，每一次启动都会使脚掌与球鞋之间摩擦，久而久之就会磨出水泡，或者脚掌两侧受到严重挤压。

一、下肢关节部位损伤位置

踝关节是主动发力的源泉。运动员将踝关节的力量传递至身体各个部位，踝关节力量强是运动员具有良好移动能力的基础。网球运动员如果想通过快速的移动能力进行击球，就需要运动员具有良好的踝关节爆发力，快速的启动和制动对网球运动员踝关节的力量要求特别高，无力会造成很大的损伤。例如，快速跑动进行击球时运动员由于场地的原因导致脚踝扭伤是时常发生的，这种扭伤虽然很容易治好，但是比赛中发生的频率也是经常可见的。

明显不同于劳损所致的运动伤病。膝关节在运动中损伤出现次数最多，并且造成的危害也是相对较大的，严重的膝关节损伤会影响球员整个职业生涯走向。膝关节主要是由前后左右的韧带将其包裹的，因此膝关节受到各个方向上的力的牵制。膝关节本身具备强大的作用力、反作用力及应接力、抵抗力等力量，因为膝关节韧带的力量是相对有限的，当网球运动员的膝关节受到某一个方向的力时，就可能导致运动员的膝关节出现这个方向上的偏移，力量不足的情况下会造成膝关节损伤，甚至会造成很严重的后果，正所谓“膝关节一伤，全身遭殃”。

膝关节稳定性包括静力稳定性和动力稳定性。如图8-24所示：前交叉韧带（ACL）是膝关节重要的静力性稳定结构，它的基本作用是防止胫骨前移，与后交叉韧带（PCL）共同作用保持胫骨关节间正常运动。因此，与后交叉韧带损伤后会丧失对膝关节运动的指导及限制作用，引起膝关节运动瞬时中心的改变，影响关节面速度变量，造成剪切力，同时，因关节前后不稳定因素，诱发关节软骨、半月板和其他韧带结构损害，直接影响膝关节的运动功能。有研究证明增加蝈绳肌与腓肠肌力量的强度训练会降低膝关节与前交叉韧带损伤的发病率。

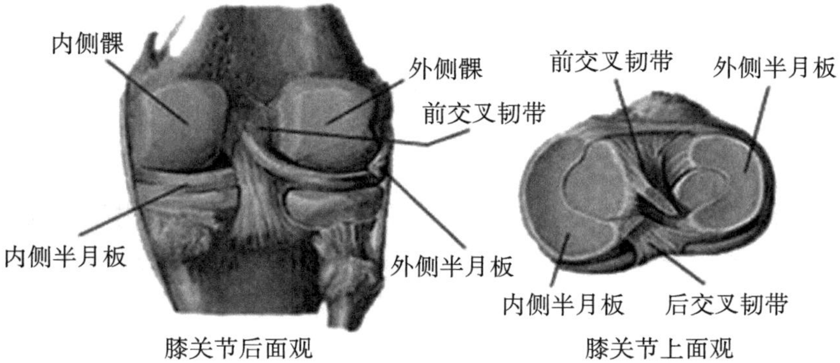

图8-24　膝关节韧带结构

进入青春期的运动员生长发育达到峰值速度，男孩和女孩的胫骨和股骨都会以相对较快的速率生长，其身体重心的升高使肌肉对躯干的控制能力更加困难。伴随着关节杠杆长度的增长，逐步增加的身体重量需要更强大的关节力量支撑，这使机体在运动中的平衡与缓冲变得更为困难。对于胫骨的增长，躯干和髋关节力量和运动单位募集的不足将会在动力性运动中导致躯干动作的控制与核心稳定能力下降。

二、下肢关节力量康复训练手段

下肢是运动员易伤部位，通过下肢蹬地、借助下肢关节将力量进行传递。关节中的骨头及韧带和肌肉是保护关节稳定的关键点，如果运动员关节部位的力量太小就易使关节部位出现不同程度的损伤。在出现损伤后应尽快进行医务治疗和适当的力量康复训练以尽快恢复到健康的状态，网球运动员的力量属于相对力量，力量不一定太大，但相对这一环节部位，力量要求较大，所以，训练时加强运动员的力量训练可以在很大程度上减少损伤现象的发生。

（一）膝关节康复训练

膝关节是人体最大、最复杂的关节之一，在运动中要承受比其他关节更大的应力作用，国内学者曾对49个运动项目的6810名运动员进行调查，研究发现，膝关节运动创伤的患病率高达19.25%。该研究认为：运动员膝关节前交叉十字韧带损伤的总体发病率高达47%，且没有慢性发病过程，均为急性损伤转为慢性损伤病。网球运动要求运动员处于屈膝半蹲状态，时刻准备向各个方向快速启动，完成起跳、跨步、滑步、急停等动作，在击球的同时还要求运动员充分蹬伸下肢转体击球，一堂训练课或者一场比赛中，运动员要进行上千次跳跃。可见，这一运动项目本身的特点已决定了膝关节是各大关节中损伤发病率最高的部位[1]。

[1] 吴丽君，张学军，郭新明，等. 对我国高水平男子网球运动员运动创伤状况的调查分析［J］. 体育科学，2002，22（3）：119-121.

1. 单腿屈伸

训练部位：髋关节、膝关节。

动作要领：运动员单腿站立，双臂前平举，单腿蹲下后缓慢站起。如图8-25所示。依次重复这一动作，若运动员膝关节损伤较为严重，可选择利用手拉柱子，减少对膝关节部位的压力。

图8-25　单脚屈伸

康复原理：单脚站立屈膝动作对膝关节压力很大，借助坐立于凳子上能减少膝关节的压力，有助于恢复髋关节、膝关节部位的肌肉和韧带损伤。

2. 双腿屈伸

训练部位：膝关节。

动作要领：运动员两脚分开与肩同宽，成直立站位。双脚踩住弹力带，双手紧握弹力带两端，保持膝关节处于紧绷状态。膝关节屈时弹力带紧绷，膝关节伸时弹力带处于放松状态。如图8-26所示。此状态下做双腿膝关节的屈伸动作，屈膝角度在45°以内，依次重复这一动作，一周训练2次，每次2～3组。

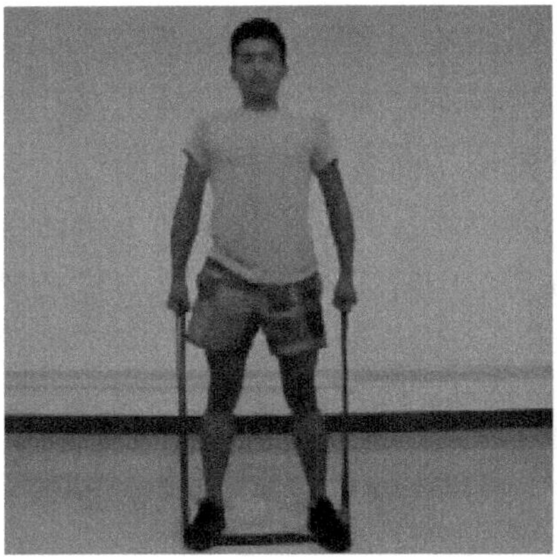

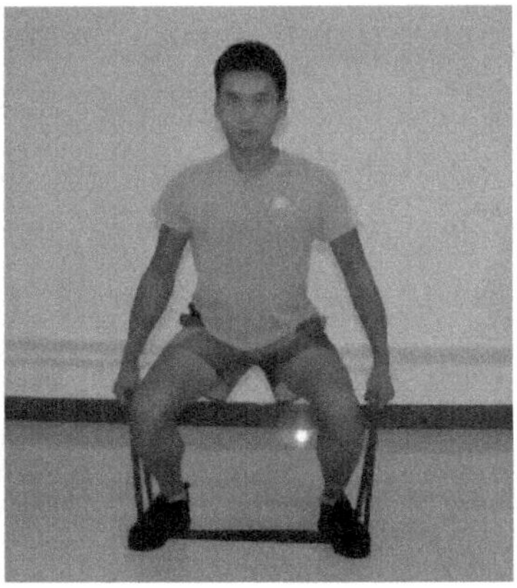

图8-26　双腿屈伸

康复原理：利用弹力带将膝关节处于收缩状态下做膝关节的屈伸动作，加深膝关节周围的肌肉和韧带刺激，加强膝关节及韧带和肌肉的力量，防止训练中出现损伤。

3. 短距离横移

训练部位：膝关节内外侧。

动作要领：练习者身体成爬行姿势做横向移动，移动过程中保持短距离缓慢的移动。主要体会膝关节的收缩感觉，训练可安排在组合训练中，加强膝关节周围的小肌肉群和韧带力量。如图8–27所示。

图8–27　短距离横移

康复原理：横向移动训练，有利于加强运动员膝关节内外侧肌肉和韧带的力量，辅助运动员损伤后力量的恢复和加强。

4. 伸膝（弹力带）

训练部位：膝关节前后侧。

动作要领：将弹力带一端固定，另一端绕踝关节固定，背对固定位置，做膝关节的伸膝动作，加强膝关节力量。如图8–28所示。训练中手可扶在墙上，保持身体的稳定性，训练2～3组，每组10次。训练中主要体会小力量、多次数的训练效果，巩固膝关节小肌肉群和韧带力量，加强膝关节的稳定性。

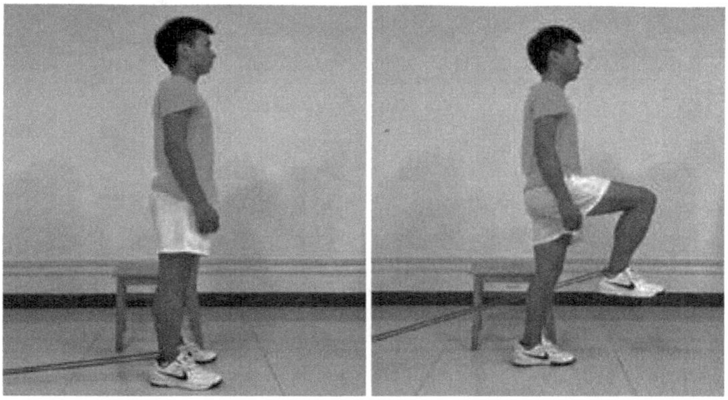

图8–28　伸膝（弹力带）

康复原理：能够有效地减小膝关节的压力，弹力带的弹力为前后牵拉，提高运动员膝关节前后肌群和韧带的力量。

5. 静蹲

训练部位：膝关节周围。

动作要领：背靠墙，双脚分开，与肩同宽，逐渐向前伸，与身体形成一定距离，大概40～50厘米，成下蹲的姿势，使小腿长轴与地面垂直。大腿和小腿之间的夹角不要小于90°。对大腿肌肉力量产生强烈的锻炼效果。一般每次蹲到无法坚持时再结束，休息1～2分钟，然后重复进行。每天重复3～6次为宜。

康复原理：因为采用了静止不动的锻炼方式，所以，不会增加关节损伤、不易引起疼痛，既合理又容易坚持。另外，这种方式在哪里都可以锻炼，也不需要辅助器材，可行性强。既可康复，也是平时运动不多的人提高力量和能力的非常好的锻炼方法。

6. 坐位卷腹

训练部位：下肢骨骼肌。

动作要领：练习者双手扶凳，坐立于凳上，膝关节屈曲90°，然后伸直成180°。如图8-29所示。训练过程中，要保持身体的稳定性，练习中屈膝不要超过90°，保持身体处于稳定状态。

图8-29　坐位卷腹

康复原理：训练中下肢为闭链运动，加强髋关节稳定性，提高髋关节周围肌肉和韧带力量。

7. 坐姿伸腿

训练部位：股四头肌。

动作要领：坐位，膝关节弯曲，双脚放置于器械后方，通过膝关节伸膝抬起器械，然后缓慢放下。如图8–30所示。训练中可双腿练习或单腿训练，若练习者出现髌骨疼痛则必须停止训练。膝关节活动范围要限制在45°～90°，避免膝关节出现疼痛感。

图8–30　坐姿伸腿

康复原理：通过单双腿训练，可以加强膝关节周围的肌肉和韧带的力量，保证膝关节活动的稳定性。

8. 单脚触地

训练部位：股四头肌、膝关节韧带。

动作要领：练习者原地站立，站立位置为中心画6条直线为六边形，单腿站立利用另一只脚的脚尖触碰周围的6个点。训练中要保持身体的稳定性，依次重复这一动作，一侧腿练习后换另一条腿进行练习。每次练习2～4组，每组10次，阶段训练后可增加脚触地距离，加深对腿部的刺激。

康复原理：训练中全面提高膝关节周围的肌肉和韧带力量，还可以提高腿部、腰腹部的核心力量。

9. 抗阻蹬伸

训练部位：股四头肌、膝关节韧带。

动作要领：双腿蹬伸负重，加强膝关节力量。如图8–31所示。练习时以轻重量、多次数为主，把握大力量训练。训练2～4组，每组训练6次。

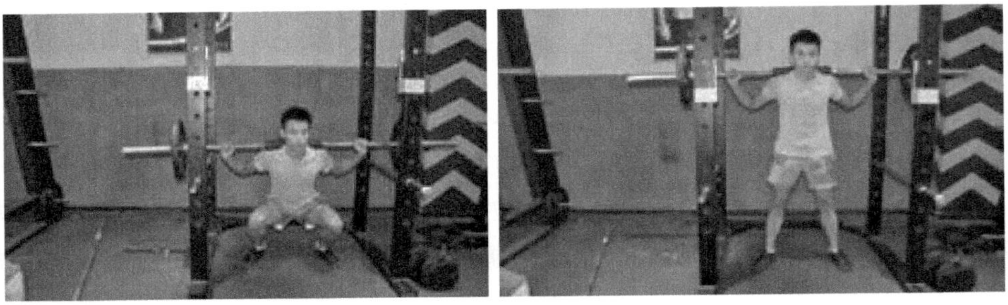

图8-31　抗阻蹬伸

康复原理：双膝蹬伸训练，可选择适宜的重量进行训练以减小对膝关节的压力。

（二）踝关节康复训练

足部的结构复杂，是全身承重的最重要器官之一，尤其是两个纵行足弓和一个横行足弓的完整性对足部功能的影响巨大。足部在运动中受损伤的概率比较高，值得运动员高度关注。单独的踝关节骨折如果构成伤残，关节活动度丧失程度至少为83.3%以上，几乎达到踝关节手术后的结果，因此，更需要高度关注。网球运动中运动员经常做高强度的横向移动，踝关节损伤出现的概率也较大，所以，针对运动员踝关节损伤后制定适当的力量康复训练能够有效地加强踝关节的稳定性，避免康复过程中未进行适宜的训练而降低其韧带和肌肉的力量。

1. 踝关节屈伸（弹力带）

训练部位：腓肠肌、踝关节肌群。

动作要领：练习者坐立于瑜伽垫上，将弹力带中间位置放置足尖，双手拉住弹力带两端。如图8-32所示。踝关节做屈伸动作，加强踝关节周围的肌肉和韧带的力量，

图8-32　踝关节屈伸（弹力带）

练习组数为3～5组，每组7～8次，双腿交换进行训练。亦可利用环形弹力带放置于两足弓处，做踝关节外展动作，加强踝关节两侧肌肉和韧带的力量。

康复原理：踝关节在训练中主要做屈伸动作，通过此训练方法能够加深周围的小肌肉群和韧带的力量。

2. 踝关节稳定性

训练部位：踝关节肌群韧带。

动作要领：练习者双脚站立于平衡球上做足弓屈伸动作，双手交叉放于胸前。如图8–33所示。加强脚踝柔韧性，对脚踝严重拉伤有良好的恢复作用，并可以在康复过程中活跃足部经脉，加速血液流动速度。

图8–33　踝关节稳定性

康复原理：加速足部血液流动和踝关节部位的柔韧性。

3. 提踵

训练部位：踝关节屈伸肌群。

动作要领：在未负重情况下进行提踵训练，加强踝关节肌肉韧带的力量，若稳定性较差，可手扶固定物（椅子）支撑，稳定性较好的，可手持一定重量的哑铃进行练习。如图8–34所示。加速踝关节恢复的速度，根据踝关节损伤程度安排训练的强度和负荷，可采取未负重、轻重量杠铃、弹力带和次大重量。逐渐康复后可进行小步法的踮脚尖训练，训练过程中要保证足跟不落地。

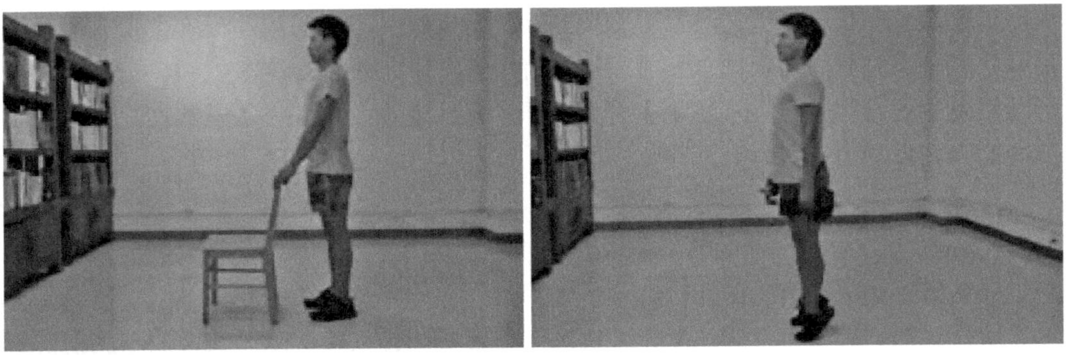

图8-34　提踵

康复原理：不同训练负荷能够有效地恢复踝关节的力量，循序渐进地增大踝关节的力量。

4. 短距离、小幅度跳跃

训练部位：踝关节肌群韧带。

动作要领：双膝屈曲短距离跳跃，高度不宜过高，主要体会踝关节发力。如图8-35所示。亦可单脚跳跃，根据自身损伤程度选择适宜的高度进行训练。

图8-35　短距离、小幅度跳跃

康复原理：阶段性训练中提高踝关节的爆发力，落地后的制动能够加深刺激踝关节的小肌肉群和韧带。

5. 俯卧腿屈伸

训练部位：小腿肌群韧带。

动作要领：俯卧于瑜伽垫上，将弹力带一端固定于踝关节。如图8-36所示。训练过程中保持踝关节的位置，训练组数3～5组，每组3次，明显感觉到小腿酸疼时即可停止训练。

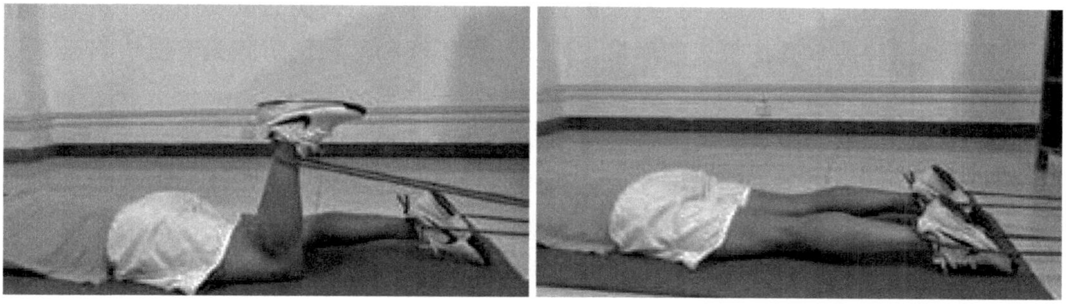

图8-36　俯卧腿屈伸

康复原理：利用毛巾的柔韧性加强脚趾和踝关节周围的小肌肉群与韧带力量。

6. 单脚平衡

训练部位：小腿三头肌、踝关节肌群韧带。

动作要领：身体成直立状，单脚站立于垫子边缘，另一条腿屈膝。如图8-37所示。保持8～10秒一次，双脚轮换进行训练，根据损伤程度选择适宜的难度，如单脚睁眼、单脚闭眼、单脚。站立于木板（与脚同宽）依次阶段性地加强踝关节与小腿部位。

康复原理：通过平衡站立提高小腿和踝关节的稳定性，加强踝关节前后左右肌群力量的均衡性，防止踝关节拉伤。

图8-37　单脚平衡

三、下肢关节损伤的预防及保护措施

网球运动员脚掌部位的损伤可以通过改变网球鞋的结构来降低损伤，或者通过专业生物力学机构进行步态分析，从而设计更加合适运动员的球鞋，防止出现脚掌损伤的现象。对于比赛中出现的应急损伤可以采用胶带将受伤部位进行简单包扎，避免对比赛产生不良影响。平时在训练中就需要注意脚掌部位的不良反应，当脚掌出现不良影响时应及时进行保守治疗，避免病情出现恶化。

部分韧带损伤及无移位的单踝骨折的患者使用单纯的石膏外固定治疗即可获得满意的疗效，对于完全的韧带断裂或有移位的踝部骨折患者，应根据具体情况来决定采用手术修复或内固定治疗。石膏外固定后，应尽早进行关节活动训练，防止肌腱黏连和关节韧带、关节囊的挛缩。自我保护意识是预防膝关节损伤的重要保证，要引导运动员充分认识膝关节受伤带来的后果，使运动员了解和掌握预防膝关节损伤的基本知识和方法。

已黏连和挛缩的患者，可通过关节牵扯松动术改善。一定要在无疼、小范围关节活动情况下开始训练，不能过度牵拉，否则会造成新的损伤及更广泛的黏连和挛缩。当踝关节损伤后，很可能因患者的疏忽或医师治疗方法不当所造成的踝关节失稳、创伤性骨关节炎等严重并发症，影响其正常劳动及工作。所以，对于踝关节损伤的正确诊断及治疗十分重要，应引起患者和医务工作者的足够重视。踝关节与足部的康复训练应基于局部解剖和正常关节活动而开展，特别应注意踝关节解剖位置的稳定，周围肌群的肌力均衡，防止黏连，并且配合肩、髋、膝、足的整体康复。

膝关节退化的主要原因是关节长期负重、磨损和老化，以及钙流失。很多体型偏胖的中老年女性是膝关节炎的主要受害者，控制体重是减轻膝关节负重的最直接方法，对延缓关节老化非常重要。目前，人们普遍存在一个困惑：保养膝关节究竟要不要运动？有一种看法是只要运动就可能加速膝关节退化；而另一种看法是不管什么形式的运动都是有益的。我们的建议是无论从预防还是治疗角度都要运动，运动可以使骨骼强壮、肌肉有力，可以增强关节内软骨的营养、改善和延缓软骨衰老，这是从根本上预防膝关节退化的方法，但应该掌握科学的运动方法。

膝关节没有丰富的肌肉和脂肪组织保护，而是一个“皮包骨”的部位，血液循环差，长时间受凉可能因局部血管痉挛收缩使血液供应更少，从而削弱软骨的新陈代谢和免疫防御能力，使关节软骨面发生缺血，甚至坏死，导致关节炎。所以，中老年人应根据温度和湿度的变化，随时对膝关节采取相应的防护措施。例如，冬季骑车最好穿上防寒棉裤；走长路前戴上护膝；寒冬或阴雨天尽量不要穿裙子；在气温较低的环境中不要进行长时间打牌、下棋或玩麻将这些久坐的活动，要定时活动或按摩膝关节；平日洗澡时可用热水冲洗膝关节，热天大量出汗时不要马上用冷水冲洗。

思考题

①简述肩关节与膝关节主要损伤的原因。

②试述网球运动员力量康复训练的原则，以及如何进一步控制运动损伤。

③试述除网球力量康复训练手段外还有哪些手段可以加速损伤恢复。

第九章 网球力量素质评估与检测

【本章提要】本章主要介绍进行力量训练后对身体各环节部位的评估和检测，明确自身力量的强弱，避免身体某一环节部位的力量过强或过弱，有助于运动员更加理性地认识到自身的力量大小。网球力量素质评估与检测分为速度和爆发力、柔韧和灵敏、平衡和耐力力量的评估和检测，使整个力量训练后的诊断更加系统。

网球运动属于技能主导类隔网对抗性项目，持拍类隔网对抗性项目在竞技环境、身体形态、功能特点、技术体系、战术特征、制胜因素等方面有着共性规律。网球运动表现出的速度、力量、准确性、旋转、变化特点归纳为快、狠、准、变、全的制胜因素，其技术体系向全面、特长突出、技战术相结合的稳定竞技趋势发展；训练中充分认识到持拍隔网对抗类项群项目中各项运动技术之间内在联系，能够取长补短地进行项目间的借鉴。

由于运动员的身体形态的差异也就造成了身体各环节力量的大小存在差异。本章通过介绍网球运动员身体各环节力量的大小，以及如何去评估和检测自身力量的强弱，明确运动员本身力量的不足和力量的均衡性。为教练员和运动员在训练中更好地监控运动员的身体力量素质发展、加强身体各环节力量的大小，防止运动员在训练过程中出现力量不均衡和力量不足所导致的损伤。

网球比赛是一种由连续短时间的爆发性用力所组成的运动项目，是一种变向起动、冲刺、爆发用力的非周期性运动项目。网球比赛中，击球动作时间短、运动强度大，其即时心率有时可高达200次/分钟。网球运动员的心理状态也是重要的训练任务，优秀运动员往往在比赛的关键时刻都能表现出优异的心理状态，而心理素质较差的运动员遇到一些大型赛事时会出现紧张现象，在比赛关键时刻出现失误，训练中教练员如何对运动员的心理机能做出相应的评定是重中之重。如何提高运动员的心理素质并不断地强化关键时刻的心理表象是教练员必须思考的。

第一节　速度和爆发力力量评估与检测

速度素质是指人体快速运动的能力，其表现形式有位移速度、反应速度和动作速度。反应速度是指人体对各种刺激做出反应的快慢；动作速度是指完成单个或成套动作的快慢；位移速度是指人体通过一定距离所需时间的长短。人类最基本的运动形式，如跑、跳、投等都要求具有良好的速度作为前提。所以，速度素质是人体重要的身体素质指标之一，它对体育锻炼、竞技运动及体质监测等都具有特殊的意义。目前，常以100米内的短距离跑成绩作为衡量速度素质的主要指标。

爆发力是力量和速度的结合。网球技术需要向各个方向快速变向移动，需要良好的爆发力水平，所以，下肢的力量至关重要。爆发力是指在最短时间内以最大速度克服一定阻力的能力。其大小取决于骨骼肌的收缩速度和最大力量。爆发力是很多运动项目运动员是否成功的关键要素。在提高爆发力的训练中，只有使骨骼肌力量和骨骼肌运动速度两方面得到改进，才能取得增强爆发力的最佳效果。

一、速度素质力量评估与检测

速度素质力量评估可分为：位移速度、反应速度和动作速度3类进行。这3类力量速度的评估与检测有一定的差别，运动员在3种速度素质的表现是完全不一样的，根据网球运动在速度素质上的表现，做出相对网球运动员的力量素质的评估与检测。网球运动员对自身力量素质的大小更加明确，使运动员的力量素质得到全面的发展。

（一）位移速度的评估与检测

网球运动员的位移速度是指较短距离的启动和制动，可以按照公式计算运动员的跑动距离，也可以根据一定的距离进行计时。无论是定时计算还是定距离计算，都需要根据对象的情况确定合理的距离和时间。

1. 50米跑

测试目的：50米跑相当于是百米跑中的启动距离，反映了运动员的瞬时启动速度，网球运动中这种瞬时的启动和制动是常见的，所以，通过50米跑测试可以良好地评估运动员的位移速度能力。如表9-1所示[1]。

表9-1　50米测试评价标准　　　　**单位：秒**

等级／性别	优	较好	一般	较差	差
男	<6.5	6.5～6.7	6.7～7.1	7.1～8.1	>8.1
女	<8.0	8.0～8.2	8.2～8.6	8.6～9.6	>9.6

场地器械：平坦场地中，画出若干50米的跑道，准备秒表、发令枪及口哨等。

测试方法：参与位移速度力量评估的至少要是两个人，采用站立式或蹲踞式起跑，听到发令枪响后快速奔跑至终点，计时员通过运动员到达终点的瞬间停表计时。参与评估的运动员需穿着平底鞋或跑鞋，不准抢跑和串道。

[1] 许厚蒙. 大学生体育合格标准锻炼指南［M］. 成都：西南交通大学出版社.

2. 30米行进间跑

测试目的：从慢跑到快跑，从快跑到冲刺达到提升难度的悟性。

场地器械：同50米跑。

测试方法：在平坦地面上进行30米的冲刺跑，条件允许的情况下采用电子计时更加准确，记录以秒为单位。注意事项同50米跑。

3. 4秒冲刺跑（计距离）

测试目的：测量快速奔跑的能力（适用于9岁以上的受试者）。

场地器械：不短于45米的跑道，准备口哨及秒表。为便于计距员记录跑的距离，可在跑道起点10米以后，每隔1米画一条横线。

测试方法：受试者听到信号后以任何方式起跑，并用最大速度跑4秒。由发令员计时，计距员记录跑的距离。记录以米为单位，取一位小数。如表9–2所示。

表9–2　4 秒冲刺跑评价标准[1]　　单位：米

成绩（男）	水平	成绩（女）
>28.34	优	>23.16
26.82 ~ 28.04	良	21.94 ~ 22.86
24.99 ~ 26.51	中	19.81 ~ 21.64
21.33 ~ 24.63	下	17.98 ~ 19.50
0 ~ 21.03	差	0 ~ 17.67

4. 6秒冲刺跑（计距离）

要求与4秒冲刺跑相同。如表9–3所示。

表9–3　6秒冲刺跑评价标准　　单位：码[2]

成绩（男）	水平	成绩（女）
>54	优	>45
51 ~ 53	良	42 ~ 44
42 ~ 50	中	35 ~ 41

[1] 孙庆祝. 体育测量与评价 [M]. 北京：高等教育出版社,2006.

[2] 1码=0.9144米。

（续表）

成绩（男）	水平	成绩（女）
37～41	下	29～34
0～36	差	0～28

5. 10秒最大踏车冲刺测试

测试目的：此测试用于测量运动员爆发性输出功率。尽管这种测试并非针对跑动能力设计的，但其却能评价包括跑等不同种类项目运动员的无氧输出功率，对于评估集体项目运动员最大速度或接近最大速度的冲刺能力有一定的实用价值。

场地器械：各种场地放置踏车设备。

测试方法：准备活动要充分，其中应包括在2～3秒内从静止迅速加速到最高速度的运动。休息60秒后准备测试开始，要求受试者保持稳定姿势，脚踏板与水平呈45°，优势脚放在前上方，以保证在开始时能产生最大功率。口令“3、2、1”后，受试者迅速加速达到最大功率，并且持续10秒。在冲刺运动结束时，给予“停止”的口令。测试人员应尽量清晰表达“开始”和“停止”的口令，并与测试中的鼓励指令语明确区分[1]。

（二）反应速度的评估与检测

反应速度是指人体对外界各种刺激（信号）发生反应的能力。这种能力的大小主要与神经系统反应速度和骨骼肌有密切关系。一般来说，一个人的反应速度受遗传因素的影响较大，遗传度高达75%，是一个后天训练不易改变的指标，但通过诱导和强化的力量及专门训练是可以改变的。反应速度的测试方法很多，通常采用简单反应时、手脚反应速度来测试[2]。反应速度（反应时）是指出现刺激到做出应答反应之间时间的长短。例如，听到枪声快速起跑，对反抗性运动中根据自身的情况迅速改变动作的方向、路线、速度及幅度等，都可表现出反应速度的快慢。

1. 全身跳跃反应

测试目的：测量全身跳跃动作的反应时（适用于9岁以上的受试者）。

[1] 乔德才，张蕴琨，邓树勋. 运动人体科学研究进展与应用［M］. 北京：人民体育出版社，2008.

[2] 朱珂. 运动员科学选材［M］. 郑州：郑州大学出版社，2013.

场地器械：跳台及与之连接的肌电描记装置。

测试方法：受试者站在跳台上，膝关节微屈。以光或音响为信号，当接受指令后尽可能快地垂直跳离跳台。用表面电极法记录受试者的小腿肌电图，通过示波器记录从信号到肌电图发现的时间（反应开始时间），从信号到脚离开跳台时间（全身反应时）。连续测量3次，取其均值，以毫秒为单位记录。

注意事项：正式测量前，受试者试做1～2次，以熟悉测量方法并检查仪器的灵敏度。

2. 手足反应

测试目的：测量手、足对视觉刺激的反应时（适用于7岁以上的受试者）。手足反应时，在生理学中常采用肌电仪、视觉反应计时器等进行测量。这里介绍的是美国尼尔森设计的简易测量计时尺的测量方法。尼尔森计时尺是根据“自由落体”原理，通过视觉反应，测量计时尺下落的距离。由于计时尺下落时间与下落距离之间存在函数关系，可计算出计时尺下落的时间，即动作反应时。

场地器械：特制电动计时尺或一般木尺、桌子一张、椅子一把。

测试方法：测量手的反应时，受试者坐于桌子左边（使用右手）或右边（使用左手），将手伸出桌面约5厘米，拇指与食指分开约2厘米，两指的上缘与计时尺零点齐平，做好准备捏物的姿势。测试人员手持计时尺上端，置尺于受试者的拇指与食指之间。当测试人员发出“预备”口令时，受试者凝视计时尺零点，当测尺下落时迅速用手指捏住。拇指上缘所触读数，即为测量结果。如表9-4所示[1]。

表9-4　自制计时尺的时间、距离对应

时间/秒	间隔距离/厘米	时间/秒	间隔距离/厘米
0.05	1.225	0.24	28.224
0.06	1.764	0.25	30.625
0.07	2.401	0.26	33.124
0.08	3.316	0.27	35.721
0.09	3.969	0.28	28.416
0.1	4.9	0.29	41.209
0.11	5.929	0.3	44.1
0.12	7.056	0.31	47.089
0.13	8.281	0.32	50.176

[1] 孙庆祝，郝文亭，洪峰. 体育测量与评价[M]. 第2版. 北京：高等教育出版社，2011.

（续表）

时间/秒	间隔距离/厘米	时间/秒	间隔距离/厘米
0.14	9.64	0.33	53.361
0.15	11.025	0.34	56.664
0.16	12.544	0.35	60.025
0.17	14.161	0.36	63.504
0.18	15.876	0.37	67.081
0.19	17.689	0.38	70.756
0.2	19.6	0.39	74.529
0.21	21.609	0.4	78.4
0.22	23.716	0.41	82.369
0.23	25.921		

（三）动作速度的评估与检测

动作速度是指某一时间某一部分（或全部）快速完成某一动作的能力。网球运动中的挥拍速度、摆动速度、击打速度、蹬跳速度等，是技术动作必不可少的重要因素。

1. 挥拍

测试目的：检测手臂力量和准确掌握挥拍技术的力量能力。

场地器械：各种场合用网球拍的手臂负重进行。

测试方法：第一种先熟练挥拍100次，加速挥拍50次，加重挥拍50次，原始挥拍100次。第二种先慢后快挥拍100次，加速先慢后快挥拍50次，加重先慢后快挥拍50次，原始先慢后快挥拍100次。用次数测试动作准确率后再用时间内完成次数检测其力量。

2. 摆动

测试目的：检验身体快速应急和反应协调等力量能力。

场地器械：各种场合用网球拍的负重进行。

测试方法：第一左右摆动—先左后右双脚移步。第二前后摆动—先前后后双脚移动。第三角度摆动—左脚向左前方出45°（任意角度）再退到原地后右脚向右前方出45°（任意角度）再收回，也可左脚向左后方右脚向右后方再回收做摆动速度力量练习。用时间内完成测其力量。

3. 跑动

测试目的：检验身体平衡快速力量能力。

场地器械：各种场合用网球拍和接网球的负重进行。

测试方法：第一前后跑动—向前跑动5米（或更长）接球再向后跑动5米（或更长）接球。第二左右跑动—向左跑动5米（或更长）接球再向右跑动5米（或更长）接球。第三角度跑动—向左45° 跑动5米接球再退回接球，向右45° 跑动5米接球再退回接球。

4. 击打

测试目的：检查发球和接发球的力量能力。

场地器械：专用网球场或空地置网负重进行。

测试方法：第一发球，50 ~ 100次。第二快速发球，30 ~ 80次。第三接地击球，50 ~ 100次。第四接高球，50 ~ 100次。第五扣高球，30 ~ 80次。均以时间和次数计。

5. 旋转

测试目的：检查身体转体和手臂旋转角度的力量和能力。

场地器械：各种场合用网球拍的负重进行。

测试方法：第一发球转体，50 ~ 100次。第二接球转体，50 ~ 100次。第三击球转体，50 ~ 100次。第四扣球转体，50 ~ 100次。第五手臂转角度，100 ~ 200次。均以时间和次数计。

二、爆发力力量评估与检测

（一）下肢爆发力评估与检测

1. 立定跳远

测试目的：检查腿髋跳跃的力量。

场地器械：平坦土地或沙坑、量尺。

测试方法：从立定姿势开始的跳远，测试时运动员双脚站立的位置不限定，只准离地一次，如双脚离地后不起跳，落下后再起跳，即为连续离地两次，作一次试跳失败论。连续测试3 ~ 5次，取最佳成绩记录，记录以厘米为单位。如表9–5所示。

表9-5　立定跳远评定标准　　单位：厘米

性别	等级	差	较差	一般	良好	优秀
男	<18	<208.9	209 ~ 220.9	221 ~ 239.9	240 ~ 253.9	>254
	19 ~ 22	<212.9	213 ~ 225.9	226 ~ 244.9	245 ~ 257.9	>258
女	<18	<150.9	151 ~ 163.9	164 ~ 180.9	181 ~ 194.9	>195
	19 ~ 22	<154.9	155 ~ 167.9	168 ~ 184.9	185 ~ 196.9	>197

2. 六边形往返双足跳3圈

测试目的：检验双足爆发力。

场地器械：同立定跳远。

测试方法：受试者从六边形中心出发，双足跳至边外，不能踩线，立即跳回中心点。接着跳出相邻的一边，共跳3圈，且不改身体的朝向并计时。有利于增强踝关节力量与身体平衡能力。

3. 五级蛙跳

测试目的：检测双腿连续爆发力的能力。

场地器械：同立定跳远。

测试方法：受试者双脚开立，与肩同宽，摆臂助力起跳，直向连续五级蛙跳，要求落地后立即起跳，重复3次取最大值，确保次间间歇充分，让肌肉充分恢复。这个方法可以较好地测试下肢连续起跳向前的爆发力[1]。

4. 坐蹲起

测试目的：测定坐蹲起立时腿部力量。

场地器械：可调节高度的木凳、杠铃一副、厚毛巾一条（垫肩用）。

场地器械：受试者两脚开立约同肩宽，立于凳前，杠铃重量调好后，由两助手将杠铃置于受试者肩颈后。令受试者两手抓稳杠，下蹲端坐于凳上，然后用力抬起。两助手抬下杠铃，调整重量后重测，直至不能承担所增加的负荷为止。在测验时应注意保护，选择的重量要适当，尽量减少测试次数。

[1] 刘少飞. 体育教育专业网球专选男生专项体能评定研究［D］. 武汉：武汉体育学院，2015.

（二）上肢爆发力评估与检测

1. 引体向上

测试目的：测量引体时肩臂的最大力量和力量耐力。

场地器械：受试者悬垂后足能离地的高单杠，杠面应光滑，杠粗以手能握住为准。做负重引体时，需配置各种不同重量的重物及系重物的皮带、绳索。

测试方法：受试者跳上，双手正握杠，两臂伸直，待身体平稳后，两臂同时用力开始引体，引体向上至下颌过杠，然后伸臂呈悬垂。测量肩臂力量耐力时，记录连续引体过下颌的次数；测量肩臂最大力量时，可负重引体，记录引体时附加的重量。如表9-6所示。

表9-6　我国13～18岁男生引体向上评分　　单位：次

分数	13岁	14岁	15岁	16岁	17岁	18岁	18岁以上
100	8	9	10	11	12	13	19
95							18
90	7	8	9	10	11	12	17
85							16
80	6	7	8	9	10	11	15
75							14
70	5	6	7	8	9	10	13
65							12
60	4	5	6	7	8	9	11
55							10
50	3	4	5	6	7	8	9
45	2	3	4	5	6	7	8
40							
35	1	2	3	4	5	6	7
30							
25		1	2	3	4	5	6
20						4	5

（续表）

分数	13岁	14岁	15岁	16岁	17岁	18岁	18岁以上
15			1	2	3	3	4
10							3
5				1	1	1	2
0							1

2. 握力

测试目的：检查手掌手指力量。

场地器械：场地不限，手握握力器。

测试方法：握力主要是测试上肢肌肉群的发达程度，在体能测试中，它常以握力体重指数的形式体现，即把握力的大小与被测人的体重相联系，以获得最科学的体力评估。如表9–7所示。握力的提高方法有侧弯举、正握腕弯举、反握腕弯举、桡侧腕弯举等练习。

表9–7　握力测试评价标准　　单位：牛顿

性别＼等级		差	较差	一般	良好	优秀
男	18～20	310～360	361～410	411～485	486～539	>540
女	18～20	170～199	200～249	250～299	300～339	>340
男	21～25	310～360	361～410	411～485	486～539	>540
女	21～25	165～199	200～249	250～299	300～349	>350

握力测试计算公式：握力体重指数=握力（千克）/体重（千克）×100。

3. 推铅球

测试目的：检测手腕、肘、肩的爆发力。

场地器械：各种松软场地推各种重量的铅球。

测试方法：受试者持球后，背对投掷方向，站在圈内靠近后沿处，两脚前后站立，相距20～30厘米，右脚尖靠近投掷圈内沿（脚也可稍向内转），左腿在后并自然弯曲以前脚掌或脚尖着地，上体正直放松，左臂自然上举，身体重心落在伸直的右腿上。当右脚收至身体重心下快着地时，左腿快速向后撤步，形成最后用力前的姿势。

4. 骨骼肌最大无氧功率（快速力量）

测试目的：检验骨骼肌的快速力量。

场地器械：专门场合专用设备。

测试方法：用杠铃做高翻、抓举和挺身等动作，在短时间内以最大速度产生最大功率。测试骨骼肌的最大无氧能力，也可以用纵跳高度、登上指定台阶的时间来定量[1]。

第二节 柔韧和灵敏力量评估与检测

柔韧性是均衡体能项目十分重要的组成元素。柔韧性能够预防损伤，增加活动的范围，促进放松，提高运动表现和身体姿势，减少紧张感，使你的身体放松并保持灵敏性。柔韧和力量这两项身体素质无论是对于普通人还是运动员都十分重要，使柔韧性练习和力量练习收到良好的锻炼效果。

灵敏素质是指人体在各种突然变化的条件下，能够迅速、准确、协调、灵活地完成动作的能力，是人各种运动技能和身体素质在运动中的综合表现。大脑皮层神经活动过程的灵活性及分析综合能力，是灵敏素质的重要生理基础，因此，通过训练改善和提高各感受器官功能，以增强灵敏素质。此外，在体育锻炼的实践中，掌握的运动技能越多就越熟练，大脑皮层中暂时神经联系的接通就越迅速、准确，动作也越灵巧。灵敏素质是运动技能、神经反应和各种素质的综合表现。

一、柔韧力量评估与检测

柔韧素质是影响健康水平的重要因素之一，与其相关的主要身体部位包括肩关节、肘关节、腕关节、腰关节、髋关节、膝关节。国内外柔韧素质测试的主要方法有单腿坐位体前屈，改良单腿坐位体前屈、俯卧背伸、坐位体前屈、改良坐位体前屈、双手后勾、椅上坐位体前屈、抬肩测试、对墙坐位体前屈和躯颈伸展测试等[2]。力量下的柔韧更重要，力量后的柔韧性更突出。

---

［1］罗陵. 现代篮球体能训练指导［M］. 北京：人民体育出版社，2009.

［2］尹小俭，季浏，高升，等. 中国学生柔韧素质测试方法的探索研究［J］. 成都体育学院学报，2014，40（11）：84-89.

1. 体前屈

测试目的：检验腰、髋、膝、踝的柔韧性。

场地器械：各种场合。

测试方法：利用坐式前弯测试方法测试体前屈。测试用具有尺子、胶纸及一份测试标准。当前屈幅度太大或过于剧烈，会引起肌肉拉伤。因此，所有测试者都需要热身，如柔和地伸展背部，然后再慢慢地进行测试。将尺子放在地上，再在尺子的38厘米位置的右上角贴一张至少30厘米长的胶纸。测试者必须脱鞋，然后坐在地上，尺子正好在两腿之间，且对着身体臀部的刻度为0。双脚距离大约为30厘米，脚跟正好搭在胶纸的位置（尺子的38厘米的位置）。

要求测试者双脚交叠（一只手在另一只手的上面），手指上下平行，然后呼气，上身慢慢地向前推进，同时头部低下或置于两臂之间。手指必须保持搭在尺子上，膝部必须保持伸直，测试员需在旁监督。

经过3次测试之后，取最长的一次作为本次测试的成绩，然后将成绩与测试标准对照。如表9–8所示。

表9–8 坐位体前屈评定标准[1] 单位：厘米

等级/性别	优	较好	一般	较差	差
男	＞10	8～9	6～7	4～5	＜3
女	＞10	8～9	4～7	2～3	＜1

2. 足关节背屈角度

测试目的：足关节背屈角度（脚背与小腿之间角度减小）是一个反映小腿后方和足底肌群（腓肠肌）与跟腱被拉伸能力的指标。

场地器械：一面平整的墙壁，关节活动度测角规（测角器）。

测试方法：测试前做好充分准备活动，以防受伤。脚跟着地，身体前倾，双眼平视，直臂撑墙，掌心贴紧墙，脚与墙面之间的水平距离尽可能延长。在脚跟不离地两膝伸直的前提下，达到脚与墙角之间的水平最远距离时，测试人员用测角规的一侧尺面与地面和足底平行，另一侧尺面与腓骨（外踝尖延伸至腓骨头）平行。同时记录两腿背屈角度的数值，得出平均值。如表9–9所示。背屈度数越小，说明足关节小腿后方（腓肠肌和跟腱）足底肌群被动拉伸的伸展能力越好。

［1］黄茂武. 实用体育保健与康复大全［M］. 北京：科学出版社，2000.

表9–9　大学生踝屈测试评价标准　　单位：厘米

男生	等级	女生
<67.3	优	<61.6
74.9 ~ 67.4	良	67.3 ~ 61.7
82.6 ~ 75	中	76.8 ~ 67.4
89.5 ~ 82.7	下	80.6 ~ 76.9
89.6	差	80.7

3. 髋关节柔韧性

测试目的：纵横劈叉是测试髋关节柔韧性和髋关节伸展能力的指标，分为前后方向的纵劈叉和左右方向的横劈叉两种。

场地器械：刻度尺、测角规，多种场合均可测试。

测试方法：受测者在测试前做好下肢各方位拉伸练习，以防拉伤。正式测试时两腿前后或左右缓慢分开，尽量使劈叉的双腿分叉处接近地面，两腿向远离身体方向伸出，可以测试股骨大转子尖至地面的垂直距离，也可以测试两个脚跟之间的水平距离。纵横劈叉股骨大转子尖至地面的垂直距离越短，说明髋关节的柔韧性越好。其计算公式为“纵劈腿指数=足跟间距/（下肢长$B\times2$），横劈叉指数=足跟间距/［髋宽+（下肢长$B\times2$）］”，纵劈叉指数和横劈叉指数越大，说明髋关节的柔韧性越好。

4. 肩关节柔韧性

测试目的：肩关节柔韧性测试又称旋肩测试，是一个反映两手尽量窄握并旋转至肩部时的柔韧性指标，目的测试肩关节力量。

场地器械：标准带尺一条、直木棍一根，或者直接用带有刻度的木棍一根。

测试方法：测试前让受测者肩部做好充分的准备活动，然后自然站立，两脚分开与肩同宽，两臂伸直，尽量窄握木棍平举于胸前，然后由胸前向上、向后旋转过头。被测者若不能旋转过头使双臂落于身后，可重新调整加宽两手之间的距离，直至两臂从身后能绕过头顶，并再向前旋转返回开始位置。旋转过程中手臂始终不得弯曲。记录最窄握能够完成动作时双手之间的握距。握距越短，说明肩部旋转能力越强，柔韧性越好。

5. 摸背

测试目的：检验手、肩、背、腰的柔韧力。

场地器械：场地不限。

测试方法：在网球比赛和训练中，每一个击球动作都离不开肩关节的活动，每一次肩关节的活动都需要有良好的柔韧性。

仪器：皮尺、木棒或铁棒（长约0.5米）。

方法：运动员双手持木棒或铁棒放于背后，一手用手背紧贴后背部由下后方尽量向上，另一手由手心紧贴后背部由上后方尽量向下，测两拇指的间距越小，肩关节活动幅度越大，柔韧性越好。

二、灵敏力量评估与检测

灵敏素质是身体素质重要组成部分，灵敏素质是指在各种突然变换的条件下，运动员能够迅速、准确、协调地改变身体的空间位置和运动方向，以适应变化着的环境能力。灵敏素质反映了人体综合运动能力，是力量、速度、柔韧等素质的综合表现，是掌握运动技能的重要基础。

1. 十字跳

测试目的：十字跳测验用于测试变换方向跳和灵活控制身体的能力。

场地器械：在平坦地面画两条相互垂直的交叉线，形成四等份，标明1、2、3、4区；另外，需要秒表1块。

测试方法：受测者听开始口令后，双腿同时起跳和同时落地，由1区跳至2、3、4区，再跳叫1区继续往下跳，直到时间结束。测试前应让受测者做两次以熟悉方法和要求。测试时，受测者必须按照规定顺序和要求跳，连续跳10秒。记录10秒内跳的区域数，每个区域计1分，每跳错一格（踩线、双脚没有同时起跳或落地）扣0.5分。10秒的测试时间内得分越高，说明身体灵活能力和控制能力越好。

2. 折返跑（10米×4）

测试目的：测量受试者在快跑中急停、急起和快速转体变换动作方向的能力。

场地器械：10米×4的直线跑道2～3条，在10米长跑道的两端线外30厘米处各画一条横线为起点线和终点线，木块（5厘米×5厘米×10厘米）3块，其中，2块放在终点线上，1块放在起点线上。秒表、哨子、木块每人4块，另准备若干块木板备用。

测试方法：受试者手持一木块用站立式起跑，听到起跑哨音从起点线后起跑，当跑到终点线前面用一只手交换木块立即往回跑，跑到起点线前再交换木块，然后跑回终点线交换另一木块，最后持木块冲出起点线，记录跑完全程的时间。记录以秒为单位，取一位小数，第二位小数四舍五入。受试者取放木块时，脚不要越过起点线和终点线，速度越快成绩越好，转身越快灵敏越好。

3. 侧跳

测试目的：测量受试者快速变向移动的能力。

场地器械：平坦场地上画3条平行线（间距为1.2米）、秒表、哨子、粉笔、卷尺。

测试方法：受试者双脚跨在中线上。听到信号后即向左侧线跨跳，双脚落地骑跨于端线上。然后，跨回中线，接着再向右侧线跨跳，双脚落地骑跨于线上。以此往复连续跨跳10秒，每骑跨一线计1次（包括中线）。双脚未骑跨线或踏线（包括中线），不予计数，测2～3次，记录正确完成动作的次数。

4. 36米移动

测试目的：主要测试运动员的移动灵活性素质。

场地器械：各种场地立标杆。

测试方法：运动员站在进攻线后看手势起动；前进、后退两个来回，前进时必须用双手摸到中线，后退时必须双脚退过进攻线（手不能触进攻区地面）；接着变侧向滑步或交叉步移动两个来回，用单手摸线，不能转身；然后做钻网跑，单手摸对方进攻线，折回时单手触或超过出发线。教练员计时[1]。

5. 立卧撑

测试目的：测定身体由立姿经下蹲到俯撑姿势，再恢复到立姿的变换速度。

场地器械：各种结合用秒表测试。

测试方法：由站立姿势开始，受试者听到“开始”的信号以后，迅速屈膝、弯腰、下蹲、两手在足前撑地，两腿向后伸直呈俯撑，然后再经过屈蹲，恢复站立的正常姿势。共进行10秒，计算受试者完成动作的得分。以10秒内完成正确动作的次数作为测验成绩。把整个动作分为4部分，每部分计1分。

第一部分：站立—下蹲，手撑地。

第二部分：下蹲—俯撑。

第三部分：俯撑—下蹲。

第四部分：下蹲—站立。

在测验过程中，凡在俯撑时两腿弯曲及站立时身体不直者均要扣除1分。

---

[1] 虞重干. 排球［M］. 北京：人民体育出版社，2006.

6. 侧跨步

测试目的：检测腿部协调反应能力。

场地器械：秒表，一块2米长、1米宽的场地。

测试方法：开始时两腿立于中线位置，当听到“开始”信号时，受试者向右跨步，到右脚触及端线，再收回右腿呈开始姿势。然后，再向左跨步到脚触及端线，再收回左腿成开始姿势。在10秒钟内统计完成动作的得分。在中线到端线50厘米处划一条标志线，脚越过标记线得1分，触及端线得2分，脚收回时越过标记线得3分，回到中线得4分，计算10秒内能得多少分。

第三节　平衡和耐力力量评估与检测

人的任何运动几乎都是在维持身体平衡的状态下进行的，尤其是大骨骼肌的活动，更需要有较好的小骨骼肌平衡能力才能胜任。发展平衡能力有利于提高运动器官的功能和前庭器官的机能，改善中枢神经系统对肌肉组织与内脏器官的调节功能，保证身体活动的顺利进行，提高适应复杂环境的能力和自我保护的能力，发展平衡能力一般可以通过静态的平衡活动和动态的平衡活动来进行。静态平衡的维持依赖于视觉系统、前庭系、本体感受器的感觉信息的输入和中枢神经系统的整合协调[1]。例如，单脚站立，用前脚掌支撑地面站立，半蹲着等，属于静态的平衡活动；而走步、用前脚掌走、曲线或障碍跑、立定跳远、在较窄的平衡板上行走、原地转圈后停下来等，则属于动态的平衡活动。

人对紧张体力活动的耐久能力，是人体长时间进行持续骨骼肌工作的能力，即对抗疲劳的能力。耐力包括两个方面，即骨骼肌耐力和心血管耐力。耐力的提高不仅取决于人的发育成熟，还和负荷要求有关。合乎规律的耐力性负荷训练可使骨骼肌、器官、心肺、血液、免疫系统及物质代谢调节出现适应现象。比赛过程中对心跳检测的研究表明，网球比赛能量系统具有以下特征：①网球比赛基本上是一种无氧无乳酸的运动：当比赛进行时，运动员大约在70%的时间内需要这一系统。②它需要一种无氧的乳酸运动：在比赛中运动员大约在20%的时间内需要这种系统。③有氧系统：在比赛中，运动员大约在10%的时间内需要这种系统。发展耐力素质的基本途径有两个，

[1] 戴昕. 核心肌力训练对智障青少年身体机能、身体素质与平衡能力的影响［M］//国家体育总局，中国体育科学学会. 第三届全民健身科学大会论文集. 中国体育科学学会，2014：2.

一是增强骨骼肌力量、提高骨骼肌耐力的训练，二是提高心肺的功能。可安排室外较长时间的走、跑及跳绳、爬山、游泳、滑冰、各种球类运动等，最好的方法是力量负重进行训练，如背包运动效果更好。同时应注意量力而行，循序渐进，避免过度疲劳。

一、平衡能力评估与检测

1. 单足支撑站立（鹤立）

测试目的：检验腿部力量。

场地器械：多种场合。

测试方法：受试者由双足直立姿势开始，单足提踵前脚掌站立，另一腿屈膝上提，使其脚掌贴于支撑腿的膝内侧，两臂姿势不限，计单足独立的持续时间，支撑腿的前脚移动即停表。取3次测验中的最佳成绩。

2. 巴斯（Bass）氏动力性平衡

测试目的：检测身体动作平衡力量。

场地器械：专门场地的专用设备。

测试方法：在平坦的地面或地板上，画11个直径为21.5厘米的圆圈。从出发点⑨～①的距离为45.7厘米，从①～④的各圆圈之间的距离为83.6厘米。受试者以右足立于⑨点，随口令用右足起跳，并以左足前脚掌落于①，在圈内停留5秒，又从①跳向②，用右足前脚掌落地，并停留5秒，如此左右足依次交替跳至⑩。跳跃移动过程中足跟不许着地，也不准触及任何一个圆圈之外的地面，在每个圆圈里须用单足支撑停留5秒。用公式计算成绩：成绩=［50分+移动所需时间（秒）］−3×失败次数。用下列标准判断成功与失败。

①自始至终不准足跟着地。

②支撑脚必须在落地点停留不动。

③须用支持体重的足起跳，并用另一足落地。

④不能接触圆圈以外的地面。

⑤起跳时，另一足不得触及地面。

⑥除足部之外，身体其他任何部位不得触地。

⑦在同一圆圈里为了维持平衡而做垫步动作时，将其次数累计为失败次数。

正式测验之前应做讲解示范，并请受试者练习2～3次。当受试者跳入各圆圈时，计时者应喊出1、2、3、4、5（秒）。如受试者不到5秒就跳向下一个圆圈时，应令其重跳并重新计时。停顿时间超过5秒以上时，应从总时间中扣除超过的时间。计时者要始终跟随受试者。共测3次，分别按公式计算。

3. Berg平衡量表

测试目的：检验全身各部位的平衡能力。

场地器械：专门场地的专用设备。

测试方法：由Katherine Berg于1989年首先报道的，共包括14个项目：由坐到站、独立站立、独立坐、由站到坐、床—椅转移、闭眼站立、双足并拢站立、站立位肢前伸、站立位从地上拾物、转身向后看、转身一周、双足交替踏台阶、双足前后站立、单腿站立。每个项目最低得分为0分，最高得分为4分，总分56分。BBS量表按得分为0～20、21～40、41～56分3组，其对应的平衡能力则分别代表坐轮椅、辅助步行和独立行走3种活动状态。总分少于40分，预示有跌倒的危险性。国外学者Bateman A对BBS信度和效度做了充分肯定，因此，BBS量表常用于评定平衡功能障碍患者的平衡能力水平，如评定一些下肢肌肉、骨骼伤害和一些脑病引起的平衡功能障碍等级。

4. 睁眼动力平衡

测试目的：检查身心平衡能力。

场地器械：专门场地的专用设备。

测试方法：让受试者在3.8厘米宽的平衡木上往返行进4次，记录总时间及掉下来的次数。

5. 睁眼静力平衡

测试目的：检查身心平衡能力。

场地器械：专门场地的专用设备。

测试方法：让受试者用优势脚在2.54厘米宽的木板条上站立，记录站立的时间。

6. 闭眼静力平衡能力

测试目的：检查身心平衡能力。

场地器械：专门场地的专用设备。

测试方法：试验方法与巴斯（Bass）氏动力性平衡测验相同，只是让受试者闭眼，然后比较睁眼与闭眼的平衡能力。说明视觉在平衡中的作用。

7. 金鸡独立

测试目的：测验受试者用优势脚站立时的静态平衡能力。

场地器械：各种场合。

测试方法：用优势腿站立，另一腿的脚置于支撑腿的膝关节处，双手叉腰。当受试者听到“开始”信号后，尽量使自己的保持不动，一直到不能坚持为止。如果出现下述3种情况中的任何一种，即算作失败：①支撑脚掌发生移动。②叉腰的双手离开叉腰的位置，用双臂来帮助维持平衡。③另一脚离开膝关节。计算从开始到失去平衡之间的时间。共做3次，以维持平衡时间最长的一次作为测验的成绩。

8. 头手倒立测验

测试目的：测量改变体位后，保持平衡的能力。

场地器械：各种场合。

测试方法：让受试者在垫子上做头手倒立，测定其倒立的时间。

二、耐力力量评估与检测

1. 定距离计时跑（400米跑）

（1）400米（50米×8次往返）跑　400米（50米×8次往返）跑是一个反映全身运动速度耐力的指标。

场地器械：在一场地上画50米跑道若干条，道宽为2～2.5米；起跑线前0.5米和49.5米处各竖一杆（高1.2米以上），置于跑道正中；秒表3～4块。

测试方法：受测者3或4人一组（最少不能少于2人），采用站立式起跑，听到测试人员的口令后开始起跑，往返8次。往返跑时逆时针绕过立杆。受测者穿跑鞋，不得穿皮鞋或钉鞋，跑时不得碰杆、扶杆和串道。测试人员发出起跑口令时，计时者开始计时，受测者胸部到达终点时停止计时。成绩好者反映出耐力素质相对较好。

（2）800米跑和1500米跑　800米跑和1500米跑是反映耐力水平的两个指标，适合于13岁以上的受测者。

场地器械：标准田径场地1块、秒表若干块。

测试方法：测试前做好动员工作，要求受测者全力以赴，测出真实水平。受测者3～4人一组（最少不能少于2人），采用站立式起跑，听到口令后立即起跑，直至跑完全程。跑完后，测试人员应告知受测者继续走动，不能停止或坐下休息，以免发生意外。测试人员用秒表记录每名受测者的时间（成绩）。成绩好者反映出耐力素质相对较好。

2. 有氧耐力

测试目的：检验2400米跑的有氧耐力能力。

场地器械：多种场合。

测试方法：一场网球比赛的时间最长可达3小时以上，拥有较强的有氧代谢（Aerobic Endurance）能力可以确保运动员在分与分之间，以及局间交换场地时，消耗的体能得到快速恢复，从而能进行更长时间的比赛，保持良好的运动状态。所以，网球运动员需要良好的长距离连续跑动的能力及良好的有氧耐力基础。一般情况下，2400米的运动量是比较适合的，对于更长距离的练习可以在准备期间进行。

3. 12分钟跑

测试目的：测试受试者的耐力。

场地器械：标有距离记号的400米田径场（丈量好的专用跑道）、秒表、皮尺、哨子、发令枪（旗）、距离标志牌。

测试方法：受试者以站立姿势站在起跑线后，听到哨声即起跑，绕跑道跑12分钟。要求尽力跑更长的距离。每一名计距员负责给一名受试者报圈数和计算其所跑的距离，当发出“停跑”信号后，即记下受试者所处的地点。然后丈量及记录所跑的距离（米）。测1次。计算公式：测验成绩=（所跑圈数×每圈的距离）+不足一圈的某段距离。例如，某男生跑了6圈（每圈为400米），“停跑”时他正处在350米处，其测验成绩=［（6×400）+350］=2750（米）。12分钟跑评价标准如表9-10所示。

除上述测验外，一般耐力还可用1000米跑、3000米跑、6分钟和9分钟跑来测验。另外，还可采用台阶法、功率自行车法来测量最大摄氧量（心肺功能），以研究受试者的耐力素质。

表9-10　12 分钟跑评价（参照美国）　　单位：米

年龄/岁	性别	优	良	中	下	劣
≤30	男	≥2800	2400～2799	2000～2399	1600～1999	<1600
	女	≥2600	2200～2599	1800～2199	1500～1799	<1500
30～39	男	≥2600	2200～2599	1800～2199	1500～1799	<1500
	女	≥2400	2000～2399	1700～1999	1400～1699	<1400

（续表）

年龄/岁	性别	优	良	中	下	劣
40～49	男	≥2400	2100～2499	1700～2099	1400～1699	<1400
	女	≥2200	1800～2299	1500～1799	1200～1499	<1200
≥50	男	≥2200	2000～2399	1600～1999	1300～1999	<1300
	女	≥2000	1700～2199	1400～1699	1000～1399	<1000

4. 800米（女）、1000米（男）

测试目的：检验快速耐力能力。

场地器械：多种场地。

测试方法：800米（女）、1000米（男）跑是评价耐力素质的指标。由于耐力是衡量人的体质健康状况和劳动工作能力的基本素质之一，又是从事各项体育运动必不可少的一种运动素质，因此，测试耐力水平对于评价学生身体健康状况有着非常重要的意义。研究证实，低强度、长时间的长跑能充分地动员体内脂肪进行分解，有效提高机体分解和利用脂类物质的能力，从而促进身体健康。测验既可以反映肌肉的有氧和无氧耐力水平，又可以反映呼吸系统和心血管系统的机能水平，且测试方法简单易行，有其他测验项目不可取代的作用。这些传统的耐力训练指标，在力量训练前提下效果更好、提高更快。

思考题

网球力量评估与检测内容有哪些？

第十章 网球力量训练最新方法

【本章提要】本章主要介绍了网球力量训练中最新的训练方法，从手指到脚踝各环节部位都提供了相应的训练方法，通过训练的动作图来加以说明。最新的训练方法主要是通过关节部位肌肉不同的起止点，使骨骼肌力量得到全方面提升，防止损伤。另外，本章还介绍了网球力量素质参考标准。

网球场范围大，多向跑动多，用力挥拍多，是隔网项目和挥拍项目中用力最多、耗力最大、耗时最长的全力量项目，每次扣发球、接发球，特别是扣杀球的力量巨大，力量可达到自身体重的两倍多，不亚于投掷等项目的力量能力，成为跑动中最具力量的运动项目。

网球夺冠需要打4～5场，每场3局，在每场2～3个小时的比赛中没有超强的体能很难取胜，体能调配、节奏把握、能量支配十分重要。较高的力量水平可以省时节能地保持体力，精准技术超发挥，用最大的力量获取最短时间的速胜，用最合理的力量获得正常的全胜，用最经济的力量收获意外的大胜，这就是网球比赛取胜的原则。当然，比赛力量的辉煌完全取决于训练力量的工夫，强大的比赛力量来自超强的训练力量。那么，如何练就超强的训练力量？首先，要有强烈的网球力量意识，有全面的网球力量知识，有充分的网球力量认知，有超强的力量训练勇气和耐心，有科学合理的力量训练方法和手段，才能用网球力量成就网球金牌的梦想，达到网球生涯的巅峰。

第一节　各关节力量训练

一、上肢关节力量训练

（一）颈部

①“顶墙”：前后、上下、左右“顶墙”，每顶位均静止10～20秒。如图10-1所示。

②毛巾拉：固定头部用毛巾拽，静止10～20秒。

③转颈：固定头部转颈，静止10～20秒。

④皮筋运动。

⑤器械运动。

图10-1　“顶墙”

（二）手指

①五指用力握拳张开：握10～20秒，张10～20秒。如图10–2所示。
②托滚铅球：不碰手掌，用力，越收越好。
③抓握铅球：先抓后握，握10～20秒。如图10–3所示。
④玩转网球：转玩100～200次。如图10–4所示。

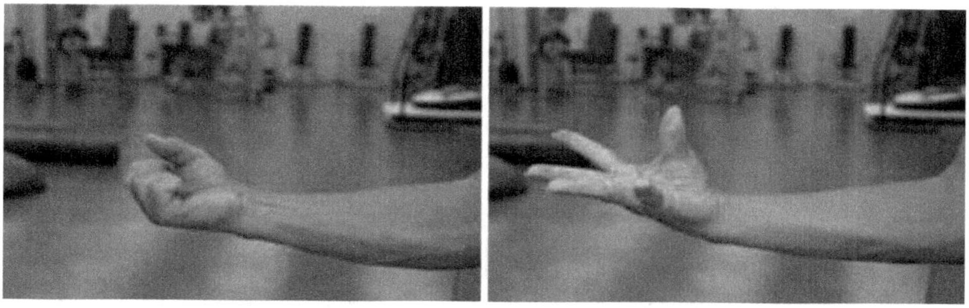

图10–2　握拳

图10–3　抓握铅球

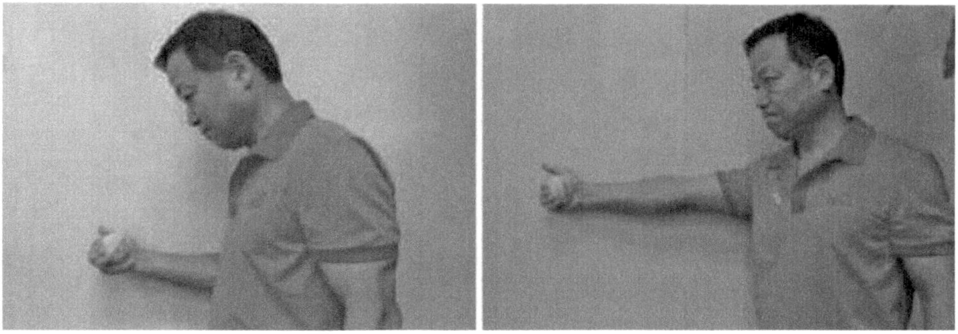

图10–4　玩转网球

⑤指压桌：用力指压屈伸，越收越好。如图10–5所示。

⑥拉手指：一手拉另一手指，用力拉，全方位。如图10–6所示。

⑦握力器：单手或双手握力练习。如图10–7所示。

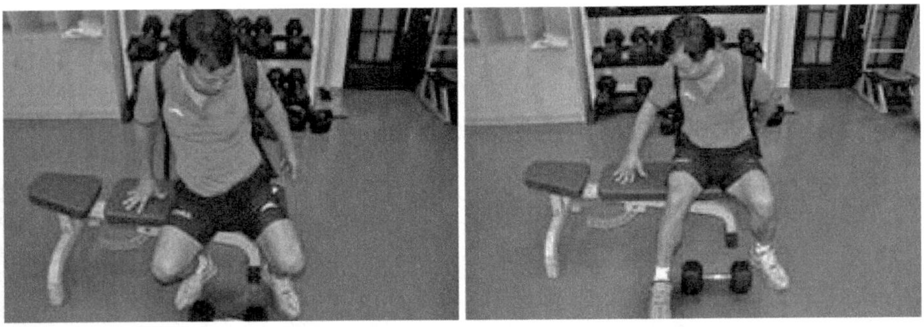

图10–5　指压桌

图10–6　拉手指

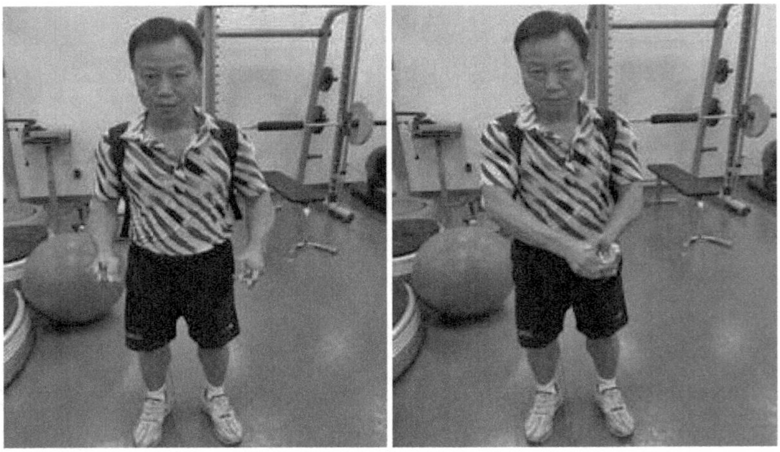

图10–7　握力器

⑧指纹：一指压一指。如图10-8所示。

图10-8　指绞

⑨器械运动。

（三）手掌

①手掌顶物：五指张开手掌用力顶怼。如图10-9所示。

②握杠铃转：双手握杠铃，转动20～30秒。如图10-10所示。

图10-9　手掌顶物

图10-10　握杠铃转

③压手掌：一手推压另一手掌，用力推压，用力搓。如图10–11所示。

④爬绳。

⑤手掌推：用力推物。

⑥皮筋运动。

⑦器械运动。

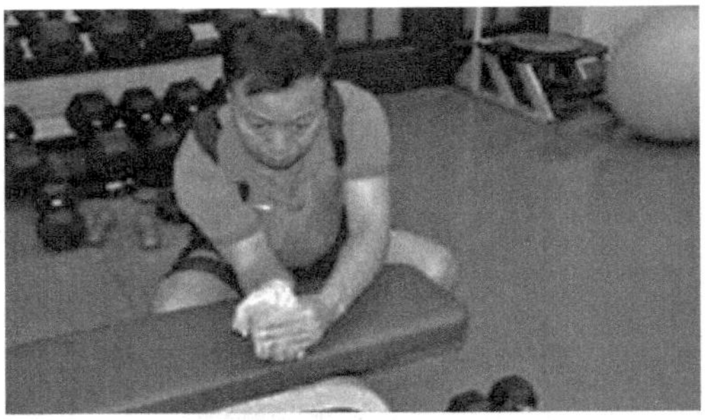

图10–11　压手掌

（四）手腕

①伸屈腕：借助哑铃，伸10～20秒，屈10～20秒。如图10–12所示。

②左右转腕：借助拉力器，转腕，左10～20秒，右10～20秒。如图10–13所示。

图10–12　伸屈腕

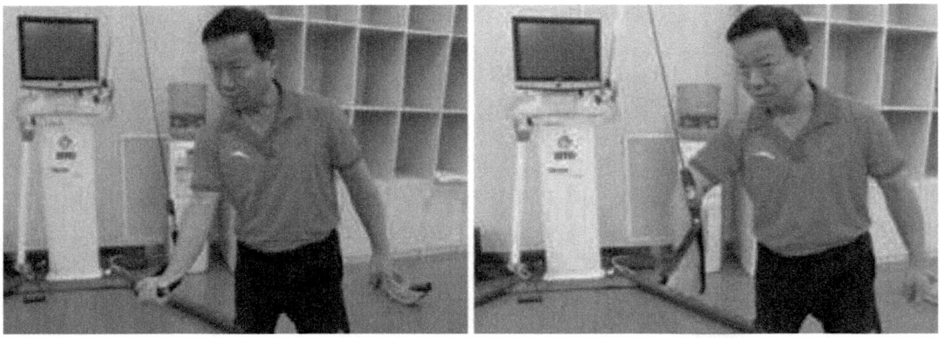

图10–13　左右转腕

③手腕旋转：用力全角度旋转，由慢到快。如图10-14所示。

④转压腕：一手转压另一手腕，用力，越收越好。如图10-15所示。

⑤爬绳：用力爬，每爬一步停10～20秒。

⑥转杠：上下用力转腕。如图10-16所示。

图10-14　手腕旋转

图10-15　转压腕

图10-16　转杠

⑦悬垂伸屈：各种角度腕用力。如图10–17所示。

⑧拽杠（绳）：手腕用力，吊起身体。如图10–18所示。

图10–17　悬垂伸屈

图10–18　拽杠（绳）

⑨转掌：手腕用力旋转。如图10–19所示。

⑩引体旋转。如图10–20所示。

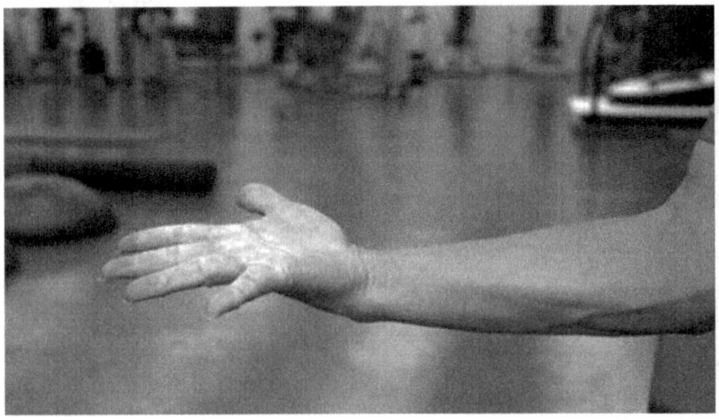

图10–19　转掌

图10–20　引体旋转

⑪皮筋运动。

⑫器械运动。

（五）肘部

①压转肘：肘固定，一手压住另一手腕，前臂用力转。如图10–21所示。

②伸屈肘：肘固定，前后用力伸屈。如图10–22所示。

图10-21 压转肘

图10-22 伸屈肘

③展肘：借助哑铃，肘部用力伸展。如图10-23所示。

图10-23 左右展肘

④拽肘：手腕用力，吊起身体。如图10–24所示。

⑤手压肘：抗阻用力撑、展、压、静。如图10–25所示。

⑥肘顶压：多角顶压，全面挤转，持续弹跳，多向伸屈。如图10–26所示。

⑦双臂前交叉：上下、左右转肘。如图10–27所示。

⑧肘反关节转动：左右转肘，静止10～20秒。如图10–28所示。

图10–24　拽肘

图10–25　手压肘

图10–26　肘顶压

图10–27　双臂前交叉

图10–28　肘反关节转动

⑨提肘转：借助器械，左右内外转肘。如图10–29所示。

⑩直立屈肘：如图10–30所示。

⑪引体转肘：左右转体，静止。如图10–31所示。

⑫皮筋运动。

⑬器械运动。

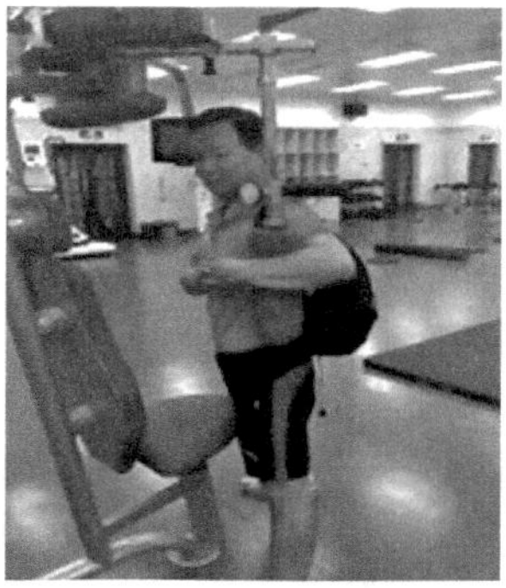

图10–29　提肘转

图10–30　直立屈肘

图10–31　引体转肘

（六）肩部

①转压肩：用手或器械重压肩、转肩。如图10-32所示。
②转肩：借助器械，多向转肩。如图10-33所示。
③弓步前交叉举：借助哑铃，上下、前后、左右转肩。如图10-34所示。
④屈臂牵拉：借助器械，内外展、交叉伸。如图10-35所示。
⑤肩牵引：左右提拉哑铃。如图10-36所示。

图10-32　转压肩

图10-33　转肩

图10-34　弓步前交叉举

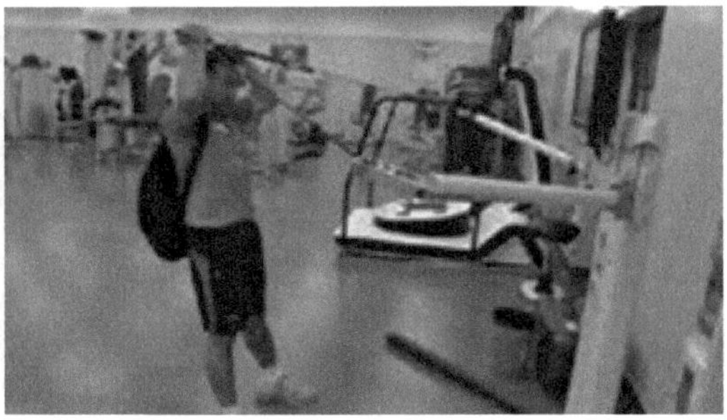
图10-35　屈臂牵拉

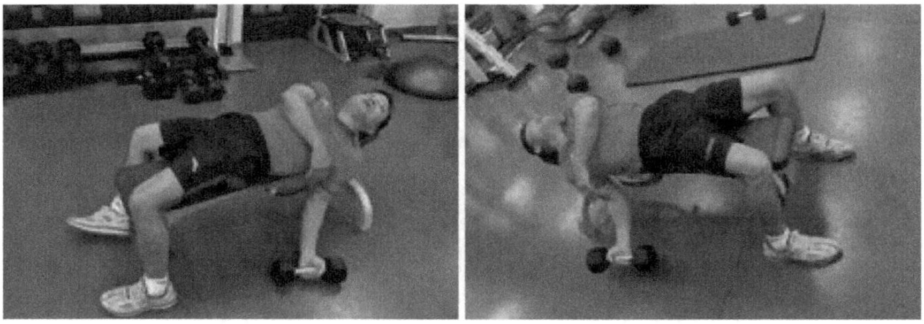
图10-36　肩牵引

⑥提重转身：手臂伸直、转体。如图10–37所示。

⑦肩牵压：上下、左右反牵压肩部。如图10–38所示。

图10–37　提重转身

图10–38　肩牵压

⑧躯干旋转：借助哑铃，旋转躯干。如图10–39所示。

⑨提肩拉：借助器械，髋下拉、腰间拉、胸上拉、颈下拉、提踵拉。如图10–40所示。

图10–39　躯干旋转

图10–40　提肩拉

⑩肩平举负重：借助器械，顶峰收缩10秒。如图10–41所示。

⑪转杠转：手臂举杠慢转，每个动作一个过程20～30秒。如图10–42所示。

⑫引体屈肩：借助器械，束胸、静止10～20秒。如图10–43所示。

⑬引体转肩：如图10–44所示。

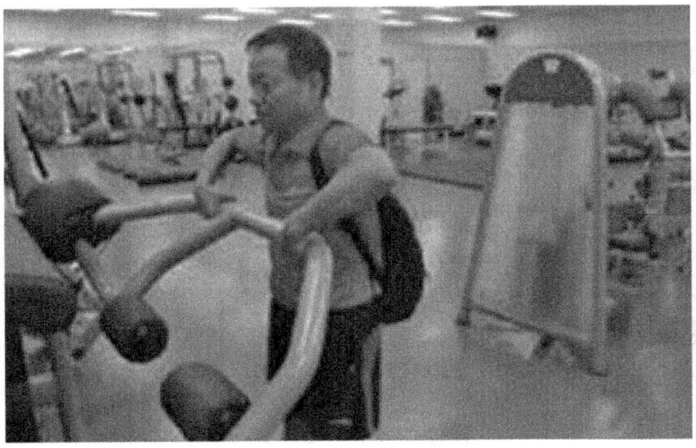

图10–41 肩平举负重

图10–42 转杠转

图10–43 引体屈肩

图10–44 引体转肩

⑭弓步转体：牵拉弹力带。如图10–45所示。

⑮皮筋运动。

⑯器械运动。

图10–45 弓步转体

（七）胸背

①力支撑：高中低、宽中窄、单双腿、跳击掌、指拳腕、波浪滚、斜着转。如图10–46所示。

②花式卧推：借助器械，宽中窄、上中下、高低推、不等距。如图10–47所示。

③绞转：借助器械，胸背收紧上下、左右使劲转，静止10 ~ 20秒。如图10–48所示。

④仰卧单臂哑铃：肩关节屈至胸部，静止10 ~ 20秒。如图10–49所示。

⑤皮筋运动。

⑥床边运动。

⑦器械运动。

图10–46　力支撑

图10–47　花式卧推

图10–48　绞转

图10–49　仰卧单臂哑铃

二、下肢关节力量训练

（一）腰腹

①弓身（山羊挺身）：上下侧转、静止10～20秒，背加重量微微弹，静止10～20秒。如图10–50所示。

②侧拉：借助哑铃，动作要协调，静止10～20秒。如图10–51所示。

③提铃拉：借助哑铃，动作要连贯，悬空静止10～20秒。如图10–52所示。

④提耸举：借助器械，身体反弓，静止10～20秒。如图10–53所示。

图10–50　弓身（山羊挺身）

图10–51　侧拉

图10–52　提铃拉

图10–53　提耸举

⑤髋拉：负重放在髋部拉起5 ～ 10厘米，静止10～20秒。如图10-54所示。

⑥膝上下拉：借助器械，膝上拉、膝下拉，静止10～20秒。如图10-55所示。

⑦哑铃转体：直立手持哑铃转体，静止10～20秒。如图10-56所示。

⑧仰卧起坐：直腿起坐、屈腿起坐、中位起坐，静止10～20秒。如图10-57所示。

图10-54　髋拉

图10-55　膝上下拉

图10-56　哑铃转体

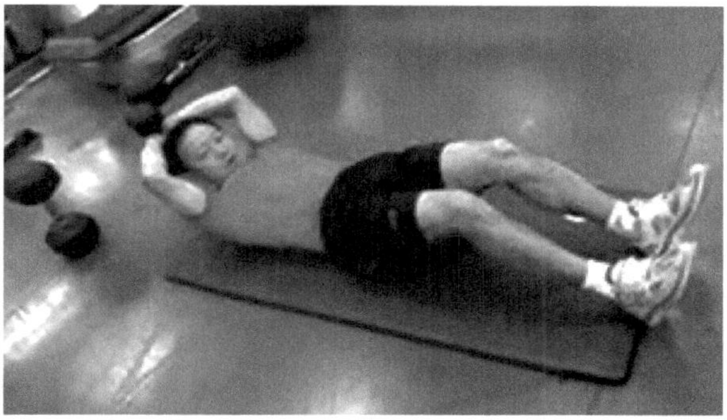

图10-57　仰卧起坐

⑨引体腰腹：单杠拉直抬腿腰收腹，静止10～20秒。如图10-58所示。

⑩皮筋运动。

⑪床边运动。

⑫器械运动。

图10-58　引体腰腹

（二）髋部

①坐压转：前后左右转，作1/3、1/2、2/3转，单臂前后左右转。如图10-59所示。

②下蹲：借助器械，宽中窄蹲，各种上下角度、左右角度蹲。如图10-60所示。

③弓步蹲转：借助器械，宽中窄蹲，上下角度、左右角度蹲。如图10-61所示。

图10-59　坐压转

图10-60　下蹲

图10-61　弓步蹲转

④皮筋运动。

⑤器械运动。

（三）膝部

①压膝蹲：借助器械，宽中窄、前后蹲，静蹲、静止。如图10-62所示。
②屈膝蹲：借助器械，屈膝下蹲。如图10-63所示。

图10-62　压膝蹲

图10-63　屈膝蹲

③半蹲：借助器械，宽中窄、前后蹲，静蹲、静止。如图10-64所示。
④负重踮压蹲：借助器械，锻炼膝、踝关节的弹性。如图10-65所示。

图10-64　半蹲

图10-65　负重踮压蹲

⑤负重屈膝走：借助哑铃，充分伸直。如图10-66所示。

图10-66　负重屈膝走

⑥负重膝外八字走：借助哑铃，充分转向外八字走。如图10-67所示。

⑦负重膝内八字走：借助哑铃，充分转向内八字走。如图10-68所示。

图10-67　负重膝外八字走

图10-68　负重膝内八字走

⑧皮筋运动。

⑨器械运动。

（四）踝部

①站立踝屈伸：借助器械，高低压、内外挤。如图10-69所示。

②站立转踝：高低转、全面转。如图10-70所示。

图10-69　站立踝屈伸

图10-70　站立转踝

③踝关节转动：借助器械，转动踝关节，提高踝关节肌肉韧带力量。如图10-71所示。

图10-71　踝关节转动

④皮筋运动。

⑤器械运动。

（五）脚部

①负重提脚：借助器械，上下左右转，挪、走、跑、跳、迈。如图10–72所示。

②负重脚外八字走：充分脚外八字走，腿大中小开走、交叉猫步走。如图10–73所示。

③负重脚内八字走：充分脚内八字走，腿大中小开走、交叉猫步走。如图10–74所示。

④负重脚平衡：借助器械，保持平稳。如图10–75所示。

图10–72　负重提脚

图10–73　负重脚外八字走

图10–74　负重脚内八字走

图10–75　负重脚平衡

图10-76　负重压脚

⑤泡脚：20分钟以上。

⑥负重压脚：借助器械，静止10～20秒。如图10-76所示。

⑦皮筋运动。

⑧器械运动。

第二节　平衡力量训练

要求用力点加支持点，柔韧、反应、协调达到平衡，把握身体重心的稳定性和变化，学会用弹性和缓冲力保持动作平衡，以加强下肢力量。

一、负重运动

（一）负重脚运动

①脚前后压：借助哑铃，踮、移、跳、跑。如图10-77所示。

图10-77　脚前后压

②脚左右压：借助器械，踮、挪、跳、蹦。如图10-78所示。

③脚内外侧压：借助器械，走、移、挪。如图10-79所示。

图10-78　脚左右压

图10-79　脚内外侧压

④皮筋运动。

⑤器械运动。

（二）负重双脚交替运动

①脚前后交叉交替：借助器械，提高双腿交换频率。如图10-80所示。

②脚左右交叉交替：直腿充分弯膝，各种交叉左右走。如图10-81所示。

图10-80　脚前后交叉交替

图10-81　脚左右交叉交替

③脚移动交叉交替：借助哑铃，前后、左右、上下交叉。如图10-82所示。

图10-82　脚移动交叉交替

④皮筋运动。
⑤器械运动。

二、失重运动

1. 身体失重运动

①前后失重支撑：身体前后侧，脚立即跟上。
②左右失重支撑：身体左右侧，脚立即跟进。
③上下失重支撑：身体上下摇，脚立即支撑。
④皮筋运动。
⑤器械运动。

2. 负重失重运动

①负重跳格：前后左右跨，身体直、弯半弯，下蹲、半蹲，脚尖。
②负重跑：直跑、S跑、交叉跑、折返跑。
③负重跳：上下跳、左右向前跳，立定跳远、前后跳、跳台阶、下蹲跳、半蹲跳、直腿跳。
④负重高抬腿：立定高抬腿、高抬腿跑。
⑤负重冲刺：由慢到快跑，快跑、冲刺跑。

第三节　全面力量训练

一、基本技术的力量训练

1. 负重技术

要求：慢、稳、准、全面、分解。
①负重徒手：各种全身运动。
②负重机械：各种全身运动。
③负重皮筋：各种全身运动。
④上身负重：各种上肢运动。
⑤下身负重：各种下肢运动。
⑥负重皮筋：各种皮筋运动。
⑦负重器械：各种机械运动。

2. 挥拍技术

要求：慢、稳、准、全面、分解。
①发球：个人最佳发球技术负重练习。
②接球：前后、左右、高低。
③扣杀：积极主动大力。
④反手：推、击。
⑤转球：各种转腕技术。
⑥皮筋运动。
⑦器械运动。

二、个性技术的力量训练

1. 进攻型力量

要求：快、准、狠，速战速决，需要最大能量。
①爆发力：各关节的即时爆发和最大能力。

②快速力：各部位的快速反应和最强的协调能力。
③果断力：各技术的精准判断和最及时的处理能力。

2. 防守型力量

要求：稳、耐、积极有效，需要力量体能。
①应接力：思想、关节、部位的积极响应和应对。
②对持力：以坚持的力量、强大的实力，用时间取得胜利。
③精准力：准确的技术和合理的体能。

3. 防守反攻型力量

要求：先防后攻，体能当先，力量精准。
①耐久力：坚强的毅力、耐久的体力。
②节奏力：实施有方，把握有度，使用有效。
③反应力：进退转换有的放矢。

4. 攻防型力量

要求：稳、耐、灵与快、准、狠的高度融合。
①综合力：全面素质、技能、功能和整体发力。
②平衡力：身心、技术、体力的积极协调和及时平衡。
③支持力：攻防相互支持，机会相互争取。

5. 体能型力量

要求：保持强大的体能，突出力量和技术提高。
①超强力：全面力量的再提高。
②超长力：全面体能的再提升。
③超能力：全面实力的再发展。

6. 技能型力量

要求：通过力量强化技术，发展技能。
①绝招力：动作更加得心应手。
②全能力：动作更加绝上加绝。
③使用力：动作更加招招取胜。

7. 身高型力量

要求：练就力量，高矮都能反胜。
①上肢力：矮者保持，高者提高。
②下肢力：矮者快速，高者跟上。
③协调力：动作协调，身心合力。

8. 体重型力量

要求：身大力不亏，骨重力无边。
①灵敏力：轻者灵活，重者协调。
②跑动力：轻者快捷，重者稳重。
③对抗力：轻者及时，重者有力。

三、不同情况的技术力量训练

1. 初学者力量

要求：先小后大，先少后多，先轻后重，先慢后快。
①素质力：全面基础力量提升。
②技能力：全面技术力量把握。
③发展力：全面提高力量推进。

2. 业余者力量

要求：勤学苦练，科学巧练，加速力量提高。
①补实力：全面加强力量素质。
②绝技力：专攻绝招力量能力。
③提高力：全面提高力量实力。

3. 专业者力量

要求：不断创新、不断超越，全面提高力量水平。
①保持力：全面巩固身心力量。
②突破力：重点突破绝技实力。
③引领力：保持发展绝招能力。

4. 准备活动力量

要求：迅速启动，全面热身。

①负重关节运动：全面预热，快速准备，深度活动。

②负重专项辅助运动：突出重点，迅速提升，进入状态。

5. 整理活动力量

要求：快速恢复，全面康复。

①负重跑步：前后左右，多种角度，全面放松。

②负重游戏：踢球投篮，转移目标，轻松神经。

四、比赛期间的力量训练

1. 赛前力量

要求：全面训练，突出强度。

①专项力量训练为主：加强3项，保持4项，心中有底。

②全面又有重点：全部练过，重点把握，比赛有数。

③防伤稳定技术：防瘦防伤，熟练技术，加强厚度。

④练出最佳状态：调出节奏，备出信心，恰到好处。

2. 赛间力量

要求：加强重点力量，把握中等强度。

①每个关节：保持力量，提高耐力，提升实力。

②重点大关节：加快恢复，提高力量，保持能力。

③心理调节：调整心态，恢复状态，增强自信。

3. 赛期力量

要求：突出技术力量，随时中小力量。

①专项力量训练为核心：突出重点，带动全面，万无一失。

②保持力量强度：防止损伤，提升状态，快速应对。

③护理各个关节：保护关节，调理心态，加速康复。

4. 赛后力量

要求：全面小力量，加速康复力度。
①全面负责训练：加速恢复。
②各个关节训练：加强保护。

五、防止伤痛的力量训练

（一）防伤力量训练

1. 思想防伤

要求：高度重视，充分认识，积极主动。
①学习力：了解熟悉各种力量防伤知识。
②预知力：全面掌握各种防伤方法。
③科学力：认真设计各种力量防伤计划。

2. 训练防伤

要求：严格要求，科学管理，全面执行。
①准备力：准备活动的力量启动。
②训练力：专项训练的力量保护。
③放松力：整理恢复的力量措施。

3. 技术防伤

要求：精准把握，应用自制，有的放矢。
①准确力：每一技术和连续动作的定位力和标准力。
②成功力：每一技术的合理性和成功率。
③熟悉力：每一技术的熟练程度和动力定型。

4. 身心防伤

要求：全面感知，提前把握，合理把控。
①调动力：对预知及将全面发展的趋势实施调控，积极向好。
②互动力：身体不足心理补，心理不强身体练。

③康复力：以达到全面承载高质量、高水平训练和比赛取胜的实力和能力。

（二）治疗力量训练

1. 自信自行

要求：坚信力量的作用，相信自己的力量。

①自信力：自知力量治伤的好处和科学。

②自愈力：自感力量治伤的自然和能力。

③自行力：自制力量治伤的计划和方法。

2. 积极改善

要求：积极主动配合，全面自觉力量训练。

①创造力：遵守已知的科学，探索未知的科学。

②活动力：多动、多做、多训练。

③调整力：不懂必问，遇难求助。

3. 全面修复

要求：种子计划安排，合理逐步到位。

①修善力：重点加强伤位康复。

②复合力：加速周边力量能力。

③互助力：达到伤好能量同步提高。

4. 训练提高

要求：加强提高实力，加速提高能力。

①运动力：快速康复，提前进入专业训练。

②效果力：确保伤势好转和痊愈，不再复发。

③正常力：进入正常科学的训练。

第四节　网球力量素质参考标准

不同年龄段人群的力量素质鉴定相应有不同的标准，不同年龄段身体各环节力量的强弱也不同，“参考标准”将帮助人群更加明确地体会到力量的标准。为避免力量训练中身体各环节力量的不均衡，各项力量的标准都是通过具体的个数和运动负荷所制订的，以使训练更加具体和有效。

一、上肢力量

（一）引体向上接爬梯组合

背包3千克、沙袋5千克、腰吊铃10千克。

1. 男子成年

①引体向上10个+爬梯+引体向上10个—A级（优），15+10/2A，15+15/3A，20+10/4A，20+15/5A。

②引体向上8个+爬梯+引体向上8个—B级（良），9+8/2B，9+9/3B，10+9/4BA。

③引体向上6个+爬梯+引体向上6个—C级（中），7+6/2C，7+7/3C，8+7/4C。

④引体向上4个+爬梯+引体向上4个—D级（基础），5+4/2D，5+5/3D，6+5/4D。

2. 男子青年

①引体向上8个+爬梯+引体向上8个—A级（优），10+10/2A，12+10/3A，14+10/4A，16+10/5A。

②引体向上6个+爬梯+引体向上6个—B级（良），7+6/2B，7+7/3B，8+7/4B。

③引体向上4个+爬梯+引体向上4个—C级（中），5+4/2C，5+5/3C，6+5/4C。

④引体向上2个+爬梯+引体向上2个—D级（基础），3+2/2D，3+3/3D，4+3/4D。

3. 男子少年

①引体向上7个+爬梯+引体向上7个—A级（优），8+8/2A，10+8/3A，12+8/4A，15+8/5A。

②引体向上5个+爬梯+引体向上5个—B级（良），6+5/2B，6+6/3B，7+6/4B。

③引体向上3个+爬梯+引体向上3个—C级（中），4+3/2C，4+4/3C，5+4/4C。

④引体向上2个+爬梯+引体向上2个—D级（基础），3+2/2D。

4. 女子成年

①引体向上8个+爬梯+引体向上8个—A级（优），10+10/2A，12+10/3A，

14+10/4A，16+10/5A。

②引体向上6个+爬梯+引体向上6个—B级（良），7+6/2B，7+7/3B，8+7/4B。

③引体向上4个+爬梯+引体向上4个—C级（中），5+4/2C，5+5/3C，6+5/4C。

④引体向上2个+爬梯+引体向上2个—D级（基础），3+2/2D，3+3/3D，4+3/4D。

5. 女子青年

①引体向上7个+爬梯+引体向上7个—A级（优），8+8/2A，10+8/3A，12+8/4A，15+8/5A。

②引体向上5个+爬梯+引体向上5个—B级（良），6+5/2B，6+6/3B，7+6/4B。

③引体向上3个+爬梯+引体向上3个—C级（中），4+3/2C，4+4/3C，5+4/4C。

④引体向上2个+爬梯+引体向上2个—D级（基础），3+2/2D。

6. 女子少年

①引体向上6个+爬梯+引体向上6个—A级（优），7+7/2A，8+7/3A，9+7/4A，10+7/5A。

②引体向上4个+爬梯+引体向上4个—B级（良），5+4/2B，5+5/3B，6+5/4B。

③引体向上2个+爬梯+引体向上2个—C级（中），3+2/2C，3+3/3C，4+3/4C。

④引体向上1个+爬梯+引体向上1个—D级（基础），2+1/2D。

（二）卧推

1. 男子成年

①80千克体重，卧推：

120千克1个或110千克5个或100千克10个—A级。

115千克1个或110千克4个或100千克8个—B级。

115千克1个或110千克3个或100千克6个—C级。

115千克1个或110千克1个或100千克4个—D级。

②70千克体重，卧推：

110千克1个或105千克5个或100千克8个—A级。

108千克1个或105千克4个或100千克6个—B级。

108千克1个或105千克3个或100千克4个—C级。

108千克1个或105千克1个或100千克3个—D级。

③60千克体重，卧推：

105千克1个或100千克5个或95千克8个—A级。

103千克1个或100千克4个或95千克6个—B级。

103千克1个或100千克3个或95千克4个—C级。

103千克1个或100千克1个或95千克3个—D级。

2. 男子青年

①80千克体重，卧推：

110千克1个或105千克5个或100千克8个—A级。

108千克1个或105千克4个或100千克6个—B级。

108千克1个或105千克3个或100千克4个—C级。

108千克1个或105千克1个或100千克3个—D级。

②70千克体重，卧推：

105千克1个或100千克5个或95千克8个—A级。

103千克1个或100千克4个或95千克6个—B级。

103千克1个或100千克3个或95千克4个—C级。

103千克1个或100千克1个或95千克3个—D级。

③65千克体重，卧推：

100千克1个或95千克5个或90千克8个—A级。

98千克1个或95千克4个或90千克6个—B级。

98千克1个或95千克3个或90千克4个—C级。

98千克1个或95千克1个或90千克3个—D级。

3. 男子少年

①65千克体重，卧推：

80千克1个或75千克5个或73千克8个—A级。

78千克1个或75千克4个或73千克6个—B级。

78千克1个或75千克3个或73千克4个—C级。

78千克1个或75千克1个或73千克3个—D级。

②60千克体重，卧推：

73千克1个或68千克5个或65千克8个—A级。

71千克1个或68千克4个或65千克6个—B级。

71千克1个或68千克3个或65千克4个—C级。

71千克1个或68千克1个或65千克3个—D级。
③55千克体重，卧推：
65千克1个或60千克5个或57千克8个—A级。
63千克1个或60千克4个或57千克6个—B级。
63千克1个或60千克3个或57千克4个—C级。
63千克1个或60千克1个或57千克3个—D级。

4. 女子成年

①65千克体重，卧推：
80千克1个或75千克5个或73千克8个—A级。
78千克1个或75千克4个或73千克6个—B级。
78千克1个或75千克3个或73千克4个—C级。
78千克1个或75千克1个或73千克3个—D级。
②60千克体重，卧推：
73千克1个或68千克5个或65千克8个—A级。
71千克1个或68千克4个或65千克6个—B级。
71千克1个或68千克3个或65千克4个—C级。
71千克1个或68千克1个或65千克3个—D级。
③55千克体重，卧推：
65千克1个或60千克5个或57千克8个—A级。
63千克1个或60千克4个或57千克6个—B级。
63千克1个或60千克3个或57千克4个—C级。
63千克1个或60千克1个或57千克3个—D级。

5. 女子青年

①60千克体重，卧推：
60千克1个或55千克5个或50千克8个—A级。
58千克1个或55千克4个或50千克6个—B级。
58千克1个或55千克3个或50千克4个—C级。
58千克1个或55千克1个或50千克3个—D级。
②55千克体重，卧推：
55千克1个或50千克5个或45千克8个—A级。
53千克1个或50千克4个或45千克6个—B级。

53千克1个或50千克3个或45千克4个—C级。
53千克1个或50千克1个或45千克3个—D级。
③50千克体重，卧推：
50千克1个或45千克5个或40千克8个—A级。
48千克1个或45千克4个或40千克6个—B级。
48千克1个或45千克3个或40千克4个—C级。
48千克1个或45千克1个或40千克3个—D级。

6. 女子少年

①50千克体重，卧推：
45千克1个或40千克5个或35千克8个—A级。
43千克1个或40千克4个或35千克6个—B级。
43千克1个或40千克3个或35千克4个—C级。
43千克1个或40千克1个或35千克3个—D级。
②45千克体重，卧推：
40千克1个或35千克5个或30千克8个—A级。
38千克1个或35千克4个或30千克6个—B级。
38千克1个或35千克3个或30千克4个—C级。
38千克1个或35千克1个或30千克3个—D级。
③40千克体重，卧推：
35千克1个或30千克5个或25千克8个—A级。
33千克1个或30千克4个或25千克6个—B级。
33千克1个或30千克3个或25千克4个—C级。
33千克1个或30千克1个或25千克3个—D级。

（三）哑铃交叉转

1. 男子成年

①20千克10次或25千克8次或30千克4次—A级。
②20千克8次或25千克6次或30千克3次—B级。
③20千克6次或25千克4次或30千克2次—C级。

④20千克4次或25千克2次或30千克1次—D级。

2. 男子青年

①15千克10次或20千克8次或25千克4次—A级。
②15千克8次或20千克6次或25千克3次—B级。
③15千克6次或20千克4次或25千克2次—C级。
④15千克4次或20千克2次或25千克1次—D级。

3. 男子少年

①10千克10次或15千克8次或20千克4次—A级。
②10千克8次或15千克6次或20千克3次—B级。
③10千克6次或15千克4次或20千克2次—C级。
④10千克4次或15千克2次或20千克1次—D级。

4. 女子成年

①15千克10次或20千克8次或25千克4次—A级。
②15千克8次或20千克6次或25千克3次—B级。
③15千克6次或20千克4次或25千克2次—C级。
④15千克4次或20千克2次或25千克1次—D级。

5. 女子青年

①10千克10次或15千克8次或20千克4次—A级。
②10千克8次或15千克6次或20千克3次—B级。
③10千克6次或15千克4次或20千克2次—C级。
④10千克4次或15千克2次或20千克1次—D级。

6. 女子少年

①5千克10次或10千克8次或15千克4次—A级。
②5千克8次或10千克6次或15千克3次—B级。
③5千克6次或10千克4次或15千克2次—C级。
④5千克4次或10千克2次或15千克1次—D级。

（四）俯卧撑接平衡支撑组合

背包5千克、沙衣10千克。

1. 男子成年

①俯卧撑200个+平衡支撑20′—A级，250+20′/2A，300+20′/3A，350+20′/4A，400+20′/5A。

②俯卧撑180个+平衡支撑18′—B级，190+18′/2B，200+18′/3B，210+18′/4B，220+18′/5B。

③俯卧撑160个+平衡支撑16′—C级，170+16′/2C，180+16′/3C，190+16′/4C，200+16′/5C。

④俯卧撑140个+平衡支撑14′—D级，150+14′/2D，160+14′/3D，170+14′/4D，180+14′/5D。

2. 男子青年

①俯卧撑180个+平衡支撑18′—A级，190+18′/2A，200+18′/3A，210+18′/4A，220+18′/5A。

②俯卧撑160个+平衡支撑16′—B级，170+16′/2B，180+16′/3B，190+16′/4B，200+16′/5B。

③俯卧撑140个+平衡支撑14′—C级，150+14′/2C，160+14′/3C，170+14′/4C，180+14′/5C。

④俯卧撑120个+平衡支撑12′—D级，130+12′/2D，140+12′/3D，150+12′/4D，160+12′/5D。

3. 男子少年

①俯卧撑150个+平衡支撑15′—A级，160+15′/2A，170+15′/3A，180+15′/4A，190+15′/5A。

②俯卧撑130个+平衡支撑13′—B级，140+13′/2B，150+13′/3B，160+13′/4B，170+13′/5B。

③俯卧撑110个+平衡支撑11′—C级，120+11′/2C，130+11′/3C，140+11′/4C，150+11′/5C。

④俯卧撑90个+平衡支撑9′—D级，100+9′/2D，110+9′/3D，120+9′/4D，130+9′/5D。

4. 女子成年

①俯卧撑180个+平衡支撑18′—A级，190+18′/2A，200+18′/3A，210+18′/4A，220+18′/5A。

②俯卧撑160个+平衡支撑16′—B级，170+16′/2B，180+16′/3B，190+16′/4B，200+16′/5B。

③俯卧撑140个+平衡支撑14′—C级，150+14′/2C，160+14′/3C，170+14′/4C，180+14′/5C。

④俯卧撑120个+平衡支撑12′—D级，130+12′/2D，140+12′/3D，150+12′/4D，160+12′/5D。

5. 女子青年

①俯卧撑150个+平衡支撑15′—A级，160+15′/2A，170+15′/3A，180+15′/4A，190+15′/5A。

②俯卧撑130个+平衡支撑13′—B级，140+13′/2B，150+13′/3B，160+13′/4B，170+13′/5B。

③俯卧撑110个+平衡支撑11′—C级，120+11′/2C，130+11′/3C，140+11′/4C，150+11′/5C。

④俯卧撑90个+平衡支撑9′—D级，100+9′/2D，110+9′/3D，120+9′/4D，130+9′/5D。

6. 女子少年

①俯卧撑100个+平衡支撑10′—A级，110+10′/2A，120+10′/3A，130+10′/4A，140+10′/5A。

②俯卧撑90个+平衡支撑9′—B级，100+9′/2B，110+9′/3B，120+9′/4B，130+9′/5B。

③俯卧撑80个+平衡支撑8′—C级，90+8′/2C，100+8′/3C，110+8′/4C，120+8′/5C。

④俯卧撑70个+平衡支撑7′—D级，80+9′/2D，90+7′/3D，100+7′/4D，110+8′/5D。

（五）仰卧起坐接静屈

1. 男子成年

①仰卧起坐800个+静屈5′—A级，850+5′/2A，900+5′/3A，950+5′/4A，1000+5′/5A。

②仰卧起坐700个+静屈4′—B级，725+4′/2B，750+4′/3B，775+4′/4B，800+4′/5B。

③仰卧起坐600个+静屈3′—C级，625+3′/2C，650+3′/3C，675+3′/4C，700+3′/5C。

④仰卧起坐500个+静屈2′—D级，525+2′/2D，550+2′/3D，575+2′/4D，600+2′/5D。

2. 男子青年

①仰卧起坐700个+静屈5′—A级，750+5′/2A，800+5′/3A，850+5′/4A，900+5′/5A。

②仰卧起坐600个+静屈4′—B级，625+4′/2B，650+4′/3B，675+4′/4B，700+4′/5B。

③仰卧起坐500个+静屈3′—C级，525+3′/2C，550+3′/3C，575+3′/4C，600+3′/5C。

④仰卧起坐400个+静屈2′—D级，425+2′/2D，450+2′/3D，475+2′/4D，500+2′/5D。

3. 男子少年

①仰卧起坐500个+静屈4′—A级，525+4′/2A，550+4′/3A，575+4′/4A，600+4′/5A。

②仰卧起坐400个+静屈3′—B级，425+3′/2B，450+3′/3B，475+3′/4B，500+3′/5B。

③仰卧起坐300个+静屈2′—C级，325+2′/2C，350+2′/3C，375+2′/4C，400+2′/5C。

④仰卧起坐200个+静屈1′—D级，225+1′/2D，250+1′/3D，275+1′/4D，300+1′/5D。

4. 女子成年

①仰卧起坐700个+静屈5′—A级，750+5′/2A，800+5′/3A，850+5′/4A，900+5′/5A。

②仰卧起坐600个+静屈4′—B级，625+4′/2B，650+4′/3B，675+4′/4B，700+4′/5B。

③仰卧起坐500个+静屈3′—C级，525+3′/2C，550+3′/3C，575+3′/4C，600+3′/5C。

④仰卧起坐400个+静屈2′—D级，425+2′/2D，450+2′/3D，475+2′/4D，500+2′/5D。

5. 女子青年

①仰卧起坐500个+静屈4′—A级，525+4′/2A，550+4′/3A，575+4′/4A，600+4′/5A。

②仰卧起坐400个+静屈3′—B级，425+3′/2B，450+3′/3B，475+3′/4B，500+3′/5B。

③仰卧起坐300个+静屈2′—C级，325+2′/2C，350+2′/3C，375+2′/4C，400+2′/5C。

④仰卧起坐200个+静屈1′—D级，225+1′/2D，250+1′/3D，275+1′/4D，300+1′/5D。

6. 女子青年

①仰卧起坐300个+静屈4′—A级，325+3′/2A，350+3′/3A，375+3′/4A，400+3′/5A。

②仰卧起坐200个+静屈3′—B级，225+2′/2B，250+2′/3B，275+2′/4B，300+2′/5B。

③仰卧起坐100个+静屈2′—C级，125+1′/2C，150+1′/3C，175+1′/4C，100+1′/5C。

④仰卧起坐50个+静屈30′—D级，60+30′/2D，70+30′/3D，80+30′/4D，90+30′/5D。

（六）宽上拉

内容同卧推。

（七）膝上抓

膝上抓是卧推减的1/2标准。

（八）反关节练习

①男子100～200次。
②女子80～150次。

二、腰下肢力量

（一）深蹲

深蹲比卧推高1/3标准。

（二）半蹲

半蹲比卧推高1/2标准。

（三）静蹲

静蹲比卧推多1倍标准。

（四）蹲定

蹲定承受的重量与自己的体重重量相同。

（五）山羊挺身

山羊挺身承受的重量是自己体重的1/4～1/3。

（六）腰侧悬垂

腰侧悬垂承受的重量是自己体重的1/4～1/3。

三、综合力量

（一）负重折返跑

1. 网球场半场正8字折返跑

①男子成年负重是体重的1/3，女子成年是体重的1/5。
②男子青年负重是体重的1/4，女子青年是体重的1/6。
③男子少年负重是体重的1/6，女子少年是体重的1/8。

2. 网球场半场侧8字折返跑

①男子成年是体重的1/4，女子成年是体重的1/6。
②男子青年是体重的1/5，女子青年是体重的1/7。
③男子少年是体重的1/7，女子少年是体重的1/9。

（二）负重多种跑

①网球场半场竖跑（背朝后，面朝前），重量同正8字折返跑。
②网球场半场横跑（面朝前），重量同侧8字折返跑。
③网球场半场跳跑（面朝前），重量同正8字折返跑的一半。
④网球场半场脚尖跑（面朝前），重量同侧8字折返跑的一半。
⑤网球场半场挥拍跑，重量比拍重1～10千克。

（三）负重技术

①负重发球（背包、沙衣发球），男子10～20千克，女子5～10千克。

②负重击球（背包、沙衣击球），男子10～20千克，女子5～10千克。

③负重扣球（背包、沙衣扣球），男子10～20千克，女子5～10千克。

④负重挥拍计数：男子5千克100次，6千克80次，7千克60次，8千克40次，9千克20次，10千克5次。女子3千克50次，4千克40次，5千克30次，6千克10次，7千克5次。

⑤负重挥拍计时：男子5～10千克，5～10分钟。女子3～7千克，5～10分钟。

四、相关力量表

表10-1　网球各年龄段上肢、腰、髋、下肢力量比例（体重的倍数）

	上肢力量	腰髋力量	下肢力量
专业男子成年	2	3.6	3
专业男子青年	1.8	3.24	2.7
专业男子少年	1.4	2.52	2.1
专业女子成年	1.6	2.88	2.4
专业女子青年	1.4	2.52	2.1
专业女子少年	1	1.8	1.5
业余男子成年	1.2	2.16	1.8
业余男子青年	1	1.8	1.5
业余男子少年	0.8	1.44	1.2
业余女子成年	1	1.8	1.5
业余女子青年	0.8	1.44	1.2
业余女子少年	0.6	1.08	0.9

表10-2　网球11项素质力量与自身体重比例（体重的倍数）

项目	上肢力量		腰髋力量		下肢力量	
	男	女	男	女	男	女
俯卧撑	2	1.6	3.6	2.88	3	2.4
引体向上	2	1.6	3.6	2.88	3	2.4
双杠屈伸	2	1.6	3.6	2.88	3	2.4

（续表）

项目	上肢力量		腰髋力量		下肢力量	
	男	女	男	女	男	女
仰卧起坐	2	1.6	3.6	2.88	3	2.4
立定跳远	2	1.6	3.6	2.88	3	2.4
摸高	2	1.6	3.6	2.88	3	2.4
负重跑	2	1.6	3.6	2.88	3	2.4
负重走	2	1.6	3.6	2.88	3	2.4
哑铃跑	2	1.6	3.6	2.88	3	2.4
哑铃走	2	1.6	3.6	2.88	3	2.4
平板支撑	2	1.6	3.6	2.88	3	2.4

注：①男女之比5：4。

②腰髋力量是上肢力量的1.8倍。

③腰髋力量是下肢力量的1.2倍。

表10-3　网球各体重上肢力量　　**单位：千克**

体重	55	60	65	70	75	80	85	90	95	100
专业男子成年	110	120	130	140	150	160	170	180	190	200
专业男子青年	99	109	119	129	139	149	159	169	179	189
专业男子少年	77	87	97	107	117	127	137	147	157	167
专业女子成年	88	93	98	103	108	113	118	123	128	133
专业女子青年	77	82	87	92	97	102	107	112	117	122
专业女子少年	55	60	65	70	75	80	85	90	95	100
业余男子成年	66	71	76	81	86	91	96	101	106	111
业余男子青年	55	60	65	70	75	80	85	90	95	100
业余男子少年	44	49	54	59	64	69	74	79	84	89
业余女子成年	55	58	61	64	67	69	74	79	84	89
业余女子青年	44	47	50	53	56	59	62	65	68	71
业余女子少年	33	36	39	42	45	48	51	54	57	60

注：①专业男子成年青年少年每体重10千克，女子5千克。

②业余男子成年青年少年每体重5千克，女子3千克。

③成年比青年多15千克，青年比少年多20千克。

表10-4　网球各体重腰髋力量　　单位：千克

体重	55	60	65	70	75	80	85	90	95	100
专业男子成年	198	208	218	228	238	248	258	268	278	298
专业男子青年	178	188	198	208	218	228	238	248	258	268
专业男子少年	139	149	159	169	179	189	199	209	219	229
专业女子成年	158	163	168	173	178	183	188	193	198	203
专业女子青年	139	144	149	154	159	164	169	174	179	184
专业女子少年	99	104	109	114	119	124	129	134	139	144
业余男子成年	119	124	129	134	139	144	149	154	159	164
业余男子青年	99	104	109	114	119	124	129	134	139	144
业余男子少年	79	84	89	94	99	104	109	114	119	124
业余女子成年	99	102	105	108	111	114	117	120	123	126
业余女子青年	79	82	85	88	91	94	97	100	103	106
业余女子少年	59	62	65	68	71	74	77	80	83	86

表10-5　网球各体重下肢力量　　单位：千克

体重	55	60	65	70	75	80	85	90	95	100
专业男子成年	165	175	185	195	205	215	225	235	245	255
专业男子青年	149	159	169	179	189	199	209	219	229	239
专业男子少年	116	126	136	146	156	166	176	186	196	206
专业女子成年	132	137	142	147	152	157	162	167	172	177
专业女子青年	116	121	126	131	136	141	146	151	156	161
专业女子少年	83	88	93	98	103	108	113	118	123	128
业余男子成年	99	104	109	114	119	124	129	134	139	144
业余男子青年	83	88	93	98	103	108	113	118	123	128
业余男子少年	66	71	76	81	86	91	96	101	106	111
业余女子成年	83	86	89	92	95	98	101	104	107	110
业余女子青年	66	69	72	75	78	81	84	87	90	93
业余女子少年	50	53	56	59	62	65	68	71	74	77

五、网球主要力量的基本指标

（一）男子

表10-6　男子网球运动主要力量基本指标　　单位：千克

体重	上拉			后蹲			半蹲			顶蹲			静蹲			膝上抓			卧推		
	成	青	少	成	青	少	成	青	少	成	青	少	成	青	少	成	青	少	成	青	少
55	200	180	130	200	180	130	220	200	150	180	160	110	300	260	180	100	80	30	100	80	30
60	210	190	140	210	190	140	230	210	160	190	170	120	310	270	190	110	90	40	110	90	40
65	220	200	150	220	200	150	240	220	170	200	180	130	320	280	200	120	100	50	120	100	50
70	230	210	160	230	210	160	250	230	180	210	190	140	330	290	210	130	110	60	130	110	60
75	240	220	170	240	220	170	260	240	190	220	200	150	340	300	220	140	120	70	140	120	70
80	250	230	180	250	230	180	270	250	200	230	210	160	350	310	230	150	130	80	150	130	80
85	260	240	190	260	240	190	280	260	210	240	220	170	360	320	240	160	140	90	160	140	90
90	270	250	200	270	250	200	290	270	220	250	230	180	370	330	250	170	150	100	170	150	100

（二）女子

表10-7　女子网球运动主要力量基本指标　　单位：千克

体重	上拉			后蹲			半蹲			顶蹲			静蹲			膝上抓			卧推		
	成	青	少	成	青	少	成	青	少	成	青	少	成	青	少	成	青	少	成	青	少
55	160	141	99	160	141	99	176	157	114	144	126	84	240	204	137	80	63	23	80	63	23
60	168	149	106	168	149	106	184	165	122	152	133	91	248	212	144	88	71	30	88	71	30
65	176	157	114	176	157	114	192	173	129	160	141	99	256	220	152	96	79	38	96	79	38
70	184	165	122	184	165	122	200	181	137	168	149	106	264	228	160	104	86	46	104	86	46
75	192	173	129	192	173	129	208	188	144	176	157	114	272	236	167	112	94	53	112	94	53
80	200	181	137	200	181	137	216	196	152	184	165	122	280	243	175	120	102	61	120	102	61
85	208	188	144	208	188	144	224	204	160	192	173	129	288	251	182	128	110	68	128	110	68
90	216	196	152	216	196	152\	232	212	167	200	181	137	296	259	190	136	118	76	136	118	76

思考题

①简述网球力量最新训练方法的特点。

②简述全身力量训练中，如何确保力量的均衡性和整体性。

③试述力量训练中如何合理地安排训练负荷。

④网球力量训练中八大核心都有哪些?

⑤应当从哪几部分提高网球运动员的身心力量?

⑥从力量学角度分析有哪几种形式的力量训练?

⑦网球主要力量的基本指标有哪些?

后 记

因许多朋友的催促，我与史兵、马孝刚共同尽力，《网球力量训练理论与实践》一书终于付梓了。这大概是第一本关于运动项目专门力量训练理论与实践的书籍，让大家久等了。

我要感谢我的团队。马孝刚同学努力学习，查阅资料，不断实践，认真研究，付出了心血，并用网球专业的基本功和发展的视角提供了翔实的专业知识。史兵院长教导有方，积极培养网球专业人才，引导学生积极向上，学做事、做好事、做成事，树立了好榜样。

在编写过程中要感谢各方面的关心和支持，感谢国家举重队原教练员冯明先生和中国举重协会张雷先生，还要感谢陕西师范大学的王成定同学的技术动作示范，既让此书图文并茂、学做合一，又让网球力量内外并修、精彩绽放。时间的确太短，力量训练与运动项目的融合需要更多的实践，因此，书中也会有不足之处，敬请大家谅解，并有机会交流得到更多的指教。再次感谢！

钱光鑑

2020.5.18